Zauber und
Schönheit unserer
WÄLDER

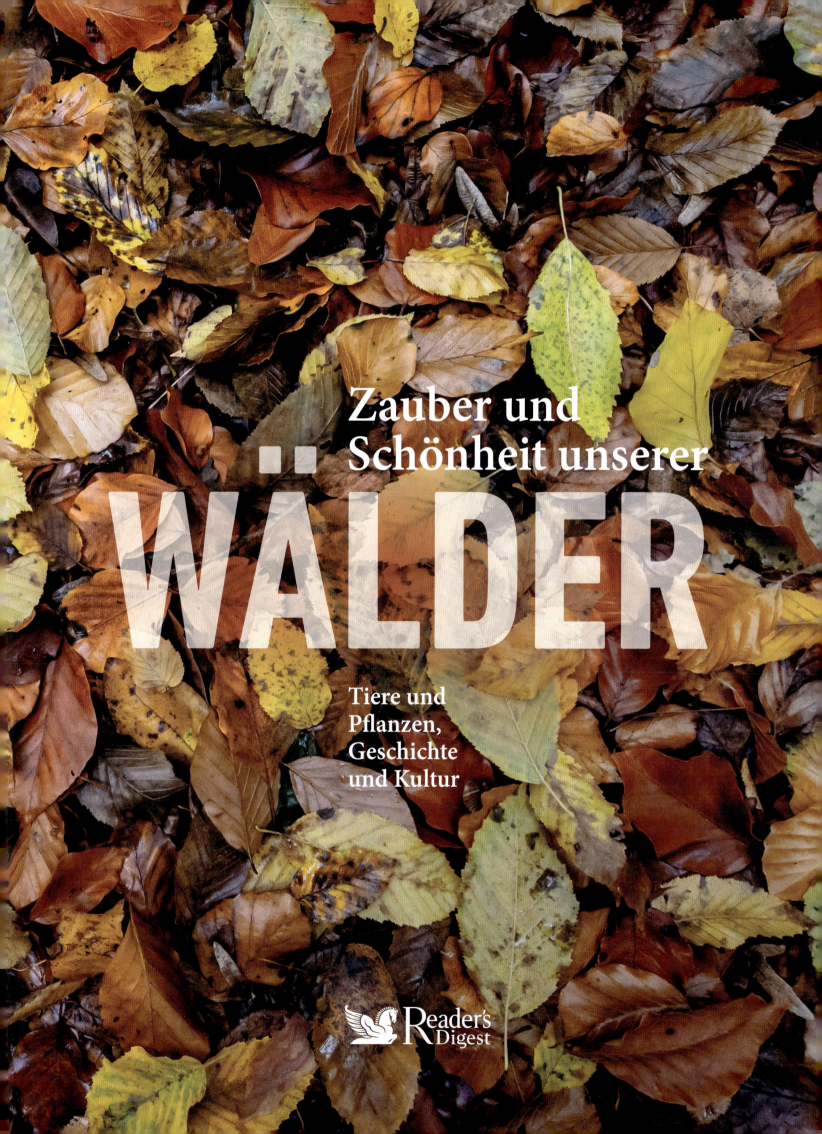

Zauber und Schönheit unserer

WÄLDER

Tiere und Pflanzen, Geschichte und Kultur

Reader's Digest

| Vorwort | 6 |

UNSERE WÄLDER — 8

Zauber der Wildnis	10
Verwunschene Paradiese	28
Grüne Gipfel	44
Bunte Pracht	64
An Ufern und Küsten	90

DIE VIELFALT DES LEBENS IM WALD — 102

Ein komplexes Ökosystem	104
Bäume	116
Vögel	128
Insekten	138
Wildtiere	148
Gräser, Sträuche, Pilze, Waldblumen	160

DER WALD DURCH DIE JAHRHUNDERTE — 172

Waldreiches Europa	174
Lieder, Sagen und Märchen	184
Im Wald, da sind die Räuber	196
Der Blick der Schriftsteller	206
Bilder des Waldes	214
Leben und Arbeiten	224
Mythen und Politik	234

UNSER WALD HEUTE UND MORGEN — 242

Holz: Vielseitig und nützlich	244
Wirtschaften im Wald	254
Auf der Jagd	264
Erholungsort und Freizeitparadies	272
Ein Blick in die Zukunft	284

DAS WALDJAHR IN ALL SEINEN FACETTEN — 292

Frühling	294
Sommer	296
Herbst	298
Winter	300

Bildnachweis	302
Impressum	304

VORWORT

Schon immer ist der Wald ein ganz besonderer Ort für uns Menschen – verwunschen, geheimnisvoll und manchmal gefährlich, auf der anderen Seite aber auch ein Refugium der Stille, der Erholung und Abgeschiedenheit. Diesem so besonderen Ort spürt das vorliegende Buch nach. Begleiten Sie uns auf eine Reise durch den Wald mit all seinen Facetten!

ir beginnen mit einem Panorama bedeutender und legendärer Wälder und nehmen Sie mit zu den wildesten, den höchsten, den buntesten und den verwunschensten Waldgebieten in Deutschland, Österreich und der Schweiz.

Sodann stellen wir Ihnen den Wald als Lebensraum für Tiere und Pflanzen vor. Als komplexes Ökosystem beherbergt er eine riesige Artenvielfalt. Sie erfahren mehr über das geheime Leben der Bäume, gehen mit auf Vogelbeobachtung, sammeln Pilze und werfen einen Blick ins Gehölz, wo sich zahlreiche Insekten tummeln.

Anschließend erfahren Sie etwas darüber, wie wir Menschen unsere Wälder über Jahrhunderte hinweg verändert haben. In Antike und Mittelalter war ein Großteil Europas von Wald bedeckt! Ganze Völkerschaften zogen mehr oder weniger friedlich durch teilweise nahezu undurchdringliche und geheimnisumwitterte Urwälder. Kein Wunder also, dass der Wald später Gegenstand von Dichtung und Kunst wurde. Als Gegenort zur Zivilisation bildet er bis heute eine Projektionsfläche für viele Sehnsüchte.

Am Ende des Buches geben wir Ihnen einen Eindruck vom Wald der Gegenwart als Wirtschafts- und Erholungsraum. Der Wald dient uns heute als Holzlieferant und Erholungsort, Bioreservat und Jagdgebiet. Daher müssen wir alles tun, um ihn zu beschützen und zu bewahren!

Der Wald ist ein Sehnsuchtsort und zugleich ein Refugium für unzählige Pflanzen und Tiere.

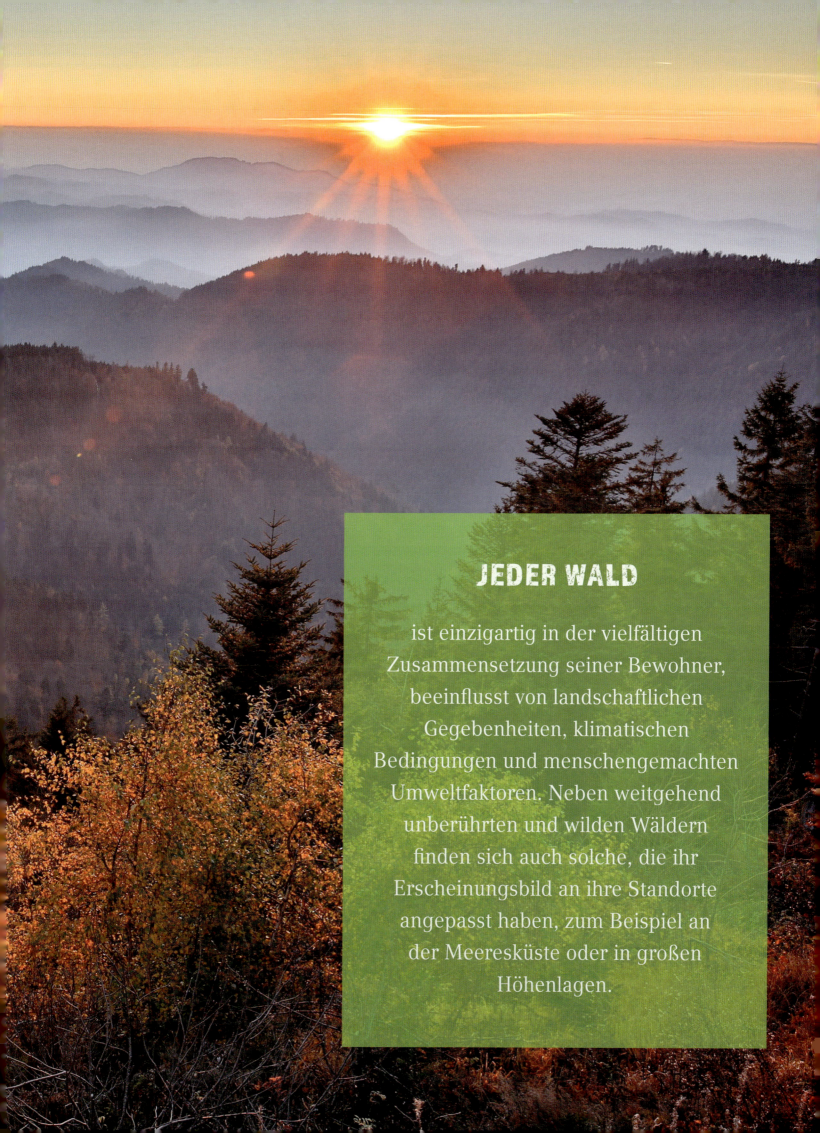

JEDER WALD

ist einzigartig in der vielfältigen Zusammensetzung seiner Bewohner, beeinflusst von landschaftlichen Gegebenheiten, klimatischen Bedingungen und menschengemachten Umweltfaktoren. Neben weitgehend unberührten und wilden Wäldern finden sich auch solche, die ihr Erscheinungsbild an ihre Standorte angepasst haben, zum Beispiel an der Meeresküste oder in großen Höhenlagen.

ZAUBER DER WILDNIS

Einige wenige Wälder werden schon lange nicht mehr bewirtschaftet oder wurden es sogar noch nie. Dadurch konnten sie ihren ursprünglichen Zustand bewahren. Der Mensch ist hier bestenfalls staunender Beobachter, überwältigt von der bis ins Detail aufeinander abgestimmten Harmonie des unberührten Ökosystems.

Die mächtigen Baumkronen des Nationalparks Hainich bilden ein dichtes Blätterdach.

HAINICH

In Thüringen liegt der 7500 Hektar große Nationalpark Hainich, wovon 5000 Hektar bewaldet sind. Damit ist der Hainich das größte zusammenhängende ungenutzte Laubwaldgebiet Deutschlands. Der Nationalpark ist Teil des Naturparks Eichsfeld-Hainich-Werratal. Der Baumbestand des häufig als Urwald bezeichneten naturnahen Nationalparks wird durch die Rotbuche bestimmt, weswegen es nicht verwundert, dass er seit 2011 zum UNESCO-Weltnaturerbe „Buchenurwälder und Alte Buchenwälder der Karpaten und anderer Regionen Europas" zählt.

Rotbuchen sind die natürlicherweise in Mitteleuropa vorherrschende Baumart, die sich im deutschsprachigen Raum durchsetzt, wenn man einen Wald sich selbst überlässt – große Höhenlagen ausgenommen. Sie kommen mit nahezu allen Bodengegebenheiten klar und sorgen durch ihr tief in die Erde ragendes Wurzelwerk für eine gute Bodenbeschaffenheit. Die meist nur als Buchen bezeichneten Bäume werden bis zu 300 Jahre alt und erreichen eine Höhe von bis zu 50 Metern. Im Alter von etwa 30 Jahren beginnen Buchen zu blühen, ihre Früchte sind die für Menschen leicht giftigen Bucheckern. Eine hundertjährige Buche hat eine dicht geschlossene Baumkrone und kann pro Jahr bis zu 500.000 Blätter austreiben.

Im Frühjahr, bevor das belaubte Kronendach den Zugang des Sonnenlichts auf den Waldboden versperrt, ist die Zeit der Frühblüher gekommen. Sie gedeihen ausgesprochen gut auf dem nährstoff- und basenreichen Boden des Hainich und nutzen die wenigen Lichtwochen im Jahr, um den Waldboden in ein blühendes Meer zu verwandeln. Besonders hervorzuheben sind dabei die Märzenbecher, Bärlauch, das gelb bzw. weiß blühende Buschwindröschen, Waldveilchen und Türkenbund. Auch rund 25 Orchideenarten wachsen im Hainich, derzeit vor allem auf den noch offenen Lich-

Frühblüher nutzen das erste Sonnenlicht, um ihre Energiespeicher für das ganze Jahr aufzufüllen.

tungen im Wald. Im Laufe der Zeit werden sich diese Lichtungen wieder schließen und damit auch einige der Orchideenarten verschwinden, denn auch sie erfahren im Nationalpark keinen besonderen Schutz, sondern sind dem Lauf der Natur ausgesetzt. Dennoch ist davon auszugehen, dass sich einige der Orchideenarten im dichten Urwald behaupten werden.

Neben dem vorherrschenden Buchenwald mit variierenden Kraut- und Strauchschichten trifft man auf Eichen-Hainbuchenwälder und in den feuchteren Gegenden auf Erlen-, Eschen- und Moorwälder. Der Wald im Nationalpark Hainich ist heute sich selbst überlassen, eine forstwirtschaftliche Nutzung durch den Menschen gibt es nicht. Doch das war nicht immer so. Der Hainich wurde über Jahrhunderte forstwirtschaftlich, ab den 1930er Jahren dann militärisch genutzt, bis 1989 als Truppenübungsplatz. Dadurch entfiel zwar die fortwirtschaftliche Nutzung des Waldes, von einem Ort unberührter Natur kann man in diesen Jahrzehnten dennoch nicht sprechen. Ein Großteil des Nationalparks wurde in den 1980er Jahren abgeholzt. Dort lässt sich heute verfolgen, wie sich ein Laubwald ohne Forstwirtschaft auf ganz natürliche Weise neu entwickelt.

Bekannt ist der behutsam, aber dennoch touristisch erschlossene Nationalpark auch für seinen Baumkronenpfad, der auf gut einem halben Kilometer in bis zu 40 Metern Höhe durch die Baumwipfel führt. Zu jeder Jahreszeit bietet er einen Einblick in jenen hochgelegenen Teil des Waldlebens, der bei einem Spaziergang am Boden verborgen bleibt. Ob verlassene Nester im Herbst und Winter oder Spinnen- und seltene Schmetterlingsarten, die sich nicht auf den Boden wagen – in dieser Höhe präsentiert sich der Wald von einer anderen Seite.

Im Hainich leben etwa 8500 bekannte Tier-, Pflanzen und Pilzarten, vermutlich sogar einige mehr. Unter ihnen finden sich auch einige Arten, die als ausgestorben galten, und bisher gänzlich unbekannte. Gut 800 Schmetterlingsarten und sogar 1300 Fliegen- und Mückenarten summen durch die Luft. Knapp 200 Vogel- und gut ein Dutzend Fledermausarten flattern durch den Wald. Zu den hier heimischen Säugetieren zählen auch 30 Wildkatzen. Die Tiere sind jedoch äußerst scheu, weswegen ein Wildkatzen-Dorf eingerichtet wurde, in dem Besucher die Tiere zu Gesicht bekommen können. Mit gut 2100 Arten weisen Käfer die größte Vielfalt auf. Gut 500 von ihnen leben ausschließlich in Totholz und kommen damit im Hainich voll auf ihre Kosten.

Der Hainich wurde über Jahrhunderte forstwirtschaftlich, ab den 1930er Jahren militärisch genutzt, bis 1989 als Truppenübungsplatz.

Unter den Käferarten sind drei, die bereits in den Urwäldern Mitteleuropas vorkamen: Reiters Strunk-Saftkäfer, der Kurzhornschröter und der Rötliche Baummulm-Pochkäfer. Auf dem Totholz im Hainich wächst unter anderen der auf das Zersetzen von abgestorbenen Bäumen spezialisierte Pilz namens Geweihförmige Holzkeule.

Wildkatzen sind ein wichtiger Indikator für ein gesundes Ökosystem.

Vom mehr als 500 Meter langen Baumkronenpfad aus lassen sich Vögel, Schmetterlinge und vieles mehr bestaunen.

ROTHWALD

Das niederösterreichische Wildnisgebiet Dürrenstein-Lassingtal zählt seit 2017 zum UNESO-Weltnaturerbe. Auf 7000 Hektar erstreckt sich hier ein Walschutzgebiet, das weitgehend naturbelassen ist und einer großen Zahl an seltenen Pflanzen- und Tierarten Lebensraum bietet. Die Initiative zu diesem geschützten Stück Wald geht auf den Bankier Albert Rothschild zurück, der sich 1875 dafür einsetzte, dass es naturbelassen an die Nachwelt weitergegeben wird.

Das Herzstück des Wildnisgebietes bildet der Rothwald, bei dem es sich um einen echten Urwald – auch Primärwald genannt – handelt, der noch nie forstwirtschaftlich berührt wurde. Mit seinen 450 Hektar ist er jedoch zu klein, um sich selbst regulieren zu können, und so umgibt ihn das Wildnisgebiet Dürrenstein-Lassingtal wie ein Schutzschild. Auch einige wenige ehrenamtliche Helfer unterstützen die Erhaltung des Waldes, indem sie zum Beispiel den Wildbiss, also die von Wildtieren gefressenen jungen Baumknospen, kontrollieren. Notwendig wurde dies, da das Wild wegen der den Wald umgebenden Straßen nicht mehr in der Lage ist, sich großflächig zu verteilen, und bei einem unnatürlich groß werdenden Wildbestand regulierend eingegriffen werden muss.

Charakteristisch für einen Urwald ist der hohe Anteil an alten Bäumen und Totholz, der unzähligen Arten das Überleben überhaupt erst ermöglicht. So trifft man im Rothwald seit einigen Jahren wieder auf Habichtskauze, die hier im Rahmen eines

---

Das Herzstück des Wildnisgebietes bildet der Rothwald, bei dem es sich um einen echten Urwald handelt.

Auswilderungsprojektes angesiedelt wurden. Seit dem letzten Jahrhundert galten die majestätischen Eulenvögel im deutschsprachigen Raum als ausgestorben. Der Habichtskauz braucht zum Brüten einen ausreichend großen Bestand an alten Bäumen,

Uralte Baumwurzeln und umgestürzte Bäume geben dem Boden des Rothwaldes seine Struktur.

in denen er seine Höhlen bezieht. Auch auf den seltenen Dreizehenspecht trifft man im Rothwald. Anders als seine zahlreichen Artgenossen brütet er in Totholz, weshalb sein Lebensraum heute stark eingeschränkt ist.

Ebenfalls im Totholz tummeln sich seltene Käferarten wie der Zottenbock, der in Österreich als ausgestorben galt, bis er im Rothwald entdeckt wurde, und auch der gefährdete und sehr imposant anmutende blau-schwarze Alpenbock ist dort heimisch. Neben seltenen Insekten begegnet man im Rothwald-Totholz auch dem schwarzen Alpensalamander.

Im Rothwald wachsen zwölf unterschiedliche Baumarten, unter ihnen die sehr seltene Berg-Ulme. Dominant sind jedoch drei Baumarten: Fichte, Tanne und Buche. Fichten und Tannen stürzen meist als ganzer Baum um, wobei das riesige Wurzelwerk samt Erdreich aus dem Boden gerissen wird und ein großes Loch hinterlässt. Die auf dem Boden liegenden und dort verrottenden Stämme formen in der Erde gerade Rinnen, die den gesamten Waldboden überziehen.

Junge Fichten findet man im Rothwald nur an ausgewählten Stellen, an denen sie in kerzengerader Linie wachsen. Was zunächst in einem Urwald zu verwundern scheint, ist eine äußerst geschickte Anpassung der Fichten an ihre Umgebung, die man als Kadaververjüngung bezeichnet. Im Winter ist der Rothwald von einer oft meterhohen Schneeschicht bedeckt, die junge Bäume erdrückt, und auch Schneeschimmel kann den noch zarten Bäumchen gefährlich werden. Aus diesem Grund keimen Fichten auf abgestorbenen Baumstämmen, wodurch die Dicke der Schneeschicht, die sie bedeckt, deutlich verringert wird. Wenn der Stamm, auf dem sie wachsen, irgendwann vollständig zerfallen ist, sind sie längst groß und kräftig genug, um auch die harten Winter überstehen zu können. Das Wachsen auf Totholz bringt noch einen weiteren Vorteil mit sich: Die Wurzeln stehen auf bester Nährstoffquelle und bedienen sich an dem, was noch im Stamm des alten Baumes gespeichert ist.

Junge Buchen begegnen den Schneemassen mit einer anderen Strategie: dem Säbelwuchs. Ihr Stamm krümmt sich im wahrsten Sinne des Wortes unter der Schneelast und sie wachsen mit einem kleinen Bogen im Stamm, der sich jedoch im Laufe der Jahrzehnte verwächst und bei erwachsenen Bäumen meist nicht mehr zu erkennen ist.

Im Gegensatz zu den Nadelbäumen wird die Buche von innen heraus morsch und stürzt nicht als ganzer Baum um, weswegen auf dem Boden keine ganzen Buchenstämme zu finden sind, sondern nur Bruchstücke.

Ganz typisch für einen Urwald ist, dass man blühende Pflanzen nur an seinen Rändern findet. Es gelangt einfach zu wenig Sonnenlicht durch die dichten Baumkronen, als dass die zarten Pflanzen am Waldboden überleben könnten.

Totholz ist für das Ökosystem Wald essenziell, denn der Stamm eines abgestorbenen Baumes bietet zahlreichen Pflanzen, Tieren, Flechten und Pilzen einzigartigen Lebensraum.

BÖDMERENWALD

Auf einer Höhe von gut 600 Metern liegt im Muotatal in den Schweizer Alpen der Bödmerenwald. Seit Ende der 1970er Jahre wächst hier im Kanton Schwyz der größte Fichtenurwald der Alpen ohne jegliches menschliche Eingreifen. Er umfasst 70 Hektar und gehört zum Kernstück des Bödmerenwaldes von 150 Hektar Größe. Insgesamt hat dieser eine Fläche von 450 Hektar, die wiederum von einem Natur- und Sonderwaldreservat umgeben ist, welches das Gebiet auf insgesamt 550 Hektar vergrößert. Diese feingliedrige Unterteilung ist wichtig, da der Wald – wie die meisten Wälder der Alpen – über Jahrzehnte von Holzwirtschaft geprägt war (und auf behutsame Weise zum Teil bis heute ist) und daher auch Wälder, in deren Entwicklung der Mensch schon seit etlichen Jahrzehnten nicht mehr eingreift, nicht als Urwald bezeichnet werden können. Das Kernstück liegt jedoch in sehr unwegsamem Gelände, weswegen die Forstwirtschaft bis in diesen Bereich nicht vorgedrungen ist. Aus diesem Grund kann durchaus von einem Fichten-Urwald inmitten des Bödmerenwaldes gesprochen werden, der uns heute zeigt, wie die Alpen-Wälder ursprünglich aussahen.

Die hier stehenden Bäume haben teils ein Alter von mehr als 500 Jahren. Auffallend sind in Gruppen zusammenstehende Fichten unterschiedlichen Alters. Wie man herausfand, sind diese Bäume über ihr Wurzelsystem eng miteinander verbun-

---

Der Bödmerenwald im Kanton Schwyz ist der größte naturbelassene Fichtenurwald der Alpen.

---

den und im ständigen Nährstoffaustausch. Die Fichten im Bödmerenwald haben eine eigentümliche Form: Sie wachsen als sehr schlanke hohe Säulen kerzengrade nach oben. Geschuldet ist diese Wuchsform dem großen Schnee- und Frostbruch der Äste. Bis in den Mai hinein liegt hier Schnee und die Bäume haben ihren Wuchs den Gegebenheiten, die der lange Winter mit sich bringt, angepasst.

Die Landschaft ist stark zerklüftet und von bis zu 15 Meter tiefen sogenannten Dolinden geprägt. Aus diesen Bodenlöchern und aus Felsspalten winden sich Moor-Birken, Bergkiefern besiedeln Felslandschaften, die es anderen Pflanzen schwer machen, dort zu wurzeln. Der Bödmerenwald erstreckt sich übrigens über das „Hölloch", eine Höhle, die mit einer (bekannten) Länge von über 200 Kilometern als das zweitgrößte Höhlensystem Europas gilt.

Der Bödmerenwald zeichnet sich auch durch seine große Vielfalt an Flechten, Moosen und Pilzen aus. Über 40 Flechtenarten konnten hier nachgewiesen werden, von denen viele nur in Wäldern mit intaktem Ökosystem und einem dementsprechend hohen Anteil an Totholz vorkommen. Unter diesen ist auch das äußerst seltene sogenannte Engelshaar, das seinen Namen

Sonnenuntergang über dem Pragelpass im Bödmerenwald.

den dünnen grün-gelben Fäden verdankt, die wie Büschel auf dem Holz wachsen. Daneben sind über 300 Pilzarten bekannt, die im Bödmerenwald heimisch sind und von denen viele ebenfalls als Indikator für ein intaktes Ökosystem gelten. Neun von ihnen gibt es in der ganzen Schweiz nur an einem Ort – hier. Außerdem finden über 250 Moosarten an den zerklüfteten Felsen einen idealen Lebensraum und Farne bedecken weiträumig den Boden. Durchbrochen wird der Wald immer wieder von Alpwiesen mit kleinen Mooren, die ihren eigenen Beitrag zur Artenvielfalt leisten.

Der Bödmerenwald durchzieht das Muotatal, das auf beiden Seiten von steilen Berghängen flankiert wird.

Der Steigerwald besteht wie hier bei Ebrach zu zwei Dritteln aus Buchen.

STEIGERWALD

Der fränkische Steigerwald ist eine Mittelgebirgslandschaft in Bayern, seine höchste Erhebung mit knapp 500 Metern ist der Scheinberg. Der Naturpark Steigerwald umfasst nahezu genau die Grenzen des gleichnamigen Waldes und wurde 1988 zum Schutz des großen zusammenhängenden Laubwaldbestandes, der rund 40 Prozent der Fläche ausmacht, und seiner Artenvielfalt ins Leben gerufen. Typisch für den Steigerwald ist auch der Weinbau, der das Landschaftsbild vielerorts prägt. Gut zwei Drittel der Bäume im Steigerwald sind Buchen, die die ursprüngliche Hainbuchen-Eichen-Population teils verdrängt haben. Nur an einigen Randgebieten wachsen natürliche Kiefernwälder auf sandigem Boden, und an kleinen Waldflussläufen trifft man auf Auwälder aus Eschen und Schwarz-Erlen. In den feuchten Gebieten waren auch Fichten gepflanzt worden, die jedoch zunehmend Stürmen zum Opfer fallen oder von Borkenkäfern angegriffen werden. Sowohl dem Wind als auch den Schädlingen können die Fichten in diesem Gelände, das nicht ihrem natürlichen Lebensraum entspricht, nicht ihre vollen Abwehrkräfte entgegensetzen.

Insgesamt ist der Steigerwald von der forstwirtschaftlichen Nutzung geprägt, wobei er dennoch mehrere als Naturwald-

---

Gut zwei Drittel der Bäume im Steigerwald sind Buchen, die die ursprüngliche Hainbuchen-Eichen-Population teils verdrängt haben.

---

reservat ausgewiesene Gebiete beheimatet, in denen keine Forstwirtschaft betrieben wird und das menschliche Eingreifen auf ein absolutes Minimum reduziert ist. Die Übergänge zwischen den fortwirtschaftlich genutzten Teilen und den im Folgenden beispielhaft vorgestellten Naturwaldreservaten springen vielerorts ins Auge und lassen sich insbesondere an dem sich verjüngenden Baumbestand erkennen.

Solch ein Naturwald ist ein als Waldhaus bezeichnetes Gebiet im nördlichen

Steigerwald mit etlichen Buchen von bis zu 200 Jahren und vereinzelten sehr alten Eichen oder das Naturwaldreservat Brunnstube, das abseits der markierten Wege nicht betreten werden darf. Der Buchenwald im Naturwald Brunnstube profitierte davon, dass man hier früher nur alte, mindestens 200-jährige Buchen entnommen hat, aus denen Getreideschaufeln aus einem Stück gefertigt wurden. Aus diesem Grund nennt man die hier wachsenden Buchen auch „Schaufelbuchen". Dies hatte zur Folge, dass sich der Baumbestand weitgehend natürlich entwickeln konnte; bereits seit den 1950er-Jahren werden in diesem Gebiet keine Bäume mehr zur Holznutzung entnommen. Es verwundert daher nicht, dass hier ein geschützter Lebensraum entstanden ist, dessen Artenreichtum viele Tiere, Pflanzen, Pilze, Flechten und Moose umfasst, die als gefährdet gelten.

Zwei weitere Naturwälder machen den Steigerwald zu etwas wahrhaft Besonderem: Im westlichen Steigerwald der Naturwald Kleinengelein und im nördlichen Teil der Naturwald Knetzberge-Böhlgrund. Auch in letzterem ist die Buche vorherrschend, es findet sich jedoch auch eine Vielzahl an anderen Baumarten. So trifft man hier auf Berg- und Spitzahorn, auf Sommer- und Winterlinden sowie auf Eschen, aber auch auf seltenere Waldvertreter wie die Elsbeere, Flatterulmen oder den in seinem Bestand stark rückläufigen Speierling. Seltene Pilz- und Moosarten wachsen hier und zahlreiche Tierarten finden in diesem Naturwald ihren geschützten Lebensraum. Im Naturwald Kleinengelein begegnet man dem womöglich ältesten Buchenbestand Deutschlands, einige Exemplare stehen hier seit dem Dreißigjährigen Krieg (1618–1648) und sind damit um die 400 Jahre alt. Der altersmäßig stark durchmischte Wald in Kombination mit dem natürlich hohen Anteil an Totholz bietet vielen gefährdeten Pflanzen-, Pilz-, Flechten- und Tierarten einen Lebensraum, darunter auch der Wildkatze, die ausgesprochen hohe Ansprüche stellt.

Doch auch außerhalb der als Naturwälder bestimmten Gebiete finden sich uralte Buchen, so zum Beispiel in der Waldabteilung Holzkreuz Brucksteig. Hier stehen Buchen, deren greise Borke so zerfurcht ist, dass Fledermäuse ihren Schlafplatz in ihr finden. Auch in diesen nach wie vor wirtschaftlich genutzten Arealen ist man bemüht, die sehr alten Bäume zu erhalten.

An manchen Orten trifft man bei einem Spaziergang durch den Steigerwald auf große Vorkommen des in Deutschland sehr seltenen Sprossenden Bärlapps, der in früheren Zeiten für eine Hexenpflanze gehalten wurde, gleichzeitig aber auch zum Schutz vor Hexen eingesetzt wurde. Zauberkräfte wurden der Pflanze, die ein Nachkomme der bereits vor Millionen von Jahren verbreiteten Bärlapppflanzen ist, vermutlich aus zweierlei Gründen zugeschrieben: wegen ihrer aphrodisierenden Wirkung, aber auch aufgrund ihrer sich bodennah ausbreitenden Triebe, die durchaus unheimlich wirken können. Die Sporen des Sprossenden Bärlapps wurden bei Zaubervorführungen eingesetzt. Spuckt man sie nämlich in Feuer, erzeugen sie eindrucksvolle Lichterscheinungen.

Moose, Flechten und Pilze zählen oft zu den unscheinbaren Waldbewohnern.

UNSERE WÄLDER

Malerische Bachläufe durchziehen den Wald.

NATURWALDRESERVAT WASSERBERG IN DER FRÄNKISCHEN SCHWEIZ

Das bayerische Naturwaldreservat Wasserberg liegt in der an Felsen und Höhlen sehr reichen Fränkischen Schweiz, deren Landschaftsformationen entstanden sind, als das Gebiet vom Jurameer bedeckt war. Seinen ungewöhnlichen Namen verdankt der Landstrich der nahegelegenen Stempfermühlquelle, der Quelle mit der stärksten Schüttung in der Fränkischen Schweiz. Das Naturreservat versteckt sich in einer Landschaft, die geprägt ist von steilen Hängen, die hinab zu dem Tal führen, in dem die Wiesent fließt, und beeindruckenden Kalkfelsen. Vorherrschend ist hier ein Buchenwald, dessen Vegetation in der Krautschicht jedoch variiert. Teils dominiert die Waldgerste, an anderer Stelle trifft man auf Leberblümchen oder Wald-Bingelkraut. Auch dem äußerst hübsch anzusehenden, aber giftigen Seidelbast begegnet man im Naturwaldreservat Wasserberg, der früher geweiht und als Schutz vor Hexenzauber verwendet wurde.

Eine wahre Rarität ist der große Eiben-Bestand im Buchenwald, der mit rund 4000 Bäumen bei elf Prozent liegt. Die Bäume, deren Einzelteile nahezu alle sehr giftig sind, werden bis zu 500 Jahre alt. Sie vertragen sich an einem Standort recht gut mit Buchen, da Eiben mit wenig Sonnenlicht auskommen und daher unter der dichten Blätterkrone der Buchen bestehen können. Die höchste Eibe am Wasserberg ragt 15 Meter nach oben und bleibt damit

Ausgedehnte Schluchtwälder prägen das Gelände und bieten oft das Bett für Flüsse – hier die Wiesent.

deutlich unter der Wuchshöhe ihrer belaubten Nachbarn. Früher wurden Eiben in großer Zahl gepflanzt, da ihr Holz sich zum Bogenbau eignet, mittlerweile ist ihr Vorkommen jedoch stark rückläufig.

Die besondere Lage der Schluchtwälder bietet einigen Insektenarten wie dem Schluchtwald-Käfer Lebensraum, die nur in dieser Waldform bestehen können. Darüber hinaus findet am Wasserberg eine außergewöhnlich große Zahl an Schneckenarten optimale Lebensbedingungen, u. a. die Linksgewundene Windelschnecke, die Glatte Glanzschnecke oder die nur hier vorkommende Fränkische Berg-Schließmundschnecke. Die Fränkische Schweiz zählt zum Naturpark Fränkische Schweiz – Frankenjura, dessen Kerngebiet sie ausmacht. Hier gibt es insgesamt 15 endemische Tierarten, also Arten, die weltweit nur an einem einzigen Ort vorkommen. Wenn man bedenkt, dass für Deutschland derzeit 32 solcher Arten bekannt sind, von denen 26 in Bayern

---

Das Naturreservat versteckt sich in einer Landschaft, die geprägt ist von steilen Hängen und Kalkfelsen.

---

leben, ist die Häufigkeit ihres Vorkommens in dem Naturpark durchaus beachtlich. Ebenfalls beeindrucken kann der Park mit seinen Orchideenarten – 40 konnten bisher identifiziert werden.

Im Herbst taucht die Sonne den Buchenwald der Schorfheide in bezauberndes goldenes Licht.

BIOSPHÄRENRESERVAT SCHORFHEIDE-CHORIN

Das UNESCO-geschützte Biosphärenreservat Schorfheide-Chorin liegt im Norden Brandenburgs. Da die Schorfheide über lange Zeit als exklusives Jagdgebiet für preußische Könige und später Politiker-Größen genutzt wurde, blieb der nahezu geschlossene Wald in dieser Region von starken forstwirtschaftlichen Eingriffen verschont. So konnte sich dort auch der Grumsiner Forst erhalten, dessen Buchenwald zu der UNESCO-Naturerbe-Liste der „Alten Buchenwälder und Buchenurwälder der Karpaten und anderer Regionen Europas" zählt. Neben dem alten, naturnahen Buchenbestand, dessen Krautschicht vielerorts von Flattergras dominiert ist, finden sich Moore, Seen, Sölle und Erlenbrüche in dem Gelände. In diesem Gebiet mit einer Mischung aus alten Bäumen, Totholz und Feuchtgebieten fühlen sich zahlreiche Tiere wohl, darunter auch seltene Arten wie der Schreiadler oder Schwarzstörche.

Neben Buchenwäldern finden sich in dem Biosphärenreservat auch Eichen-Hutewälder, also Eichenwälder, die früher als Weidegebiet genutzt und dementsprechend wenig bewirtschaftet wurden. In diesem Teil stehen an die 1000 Eichen zusammen, von denen sehr viele über 250 Jahre alt sind. Die Schorfheide ist nicht nur bekannt für die zahlreichen hier brütenden Weißstörche. Seit einigen Jahren gibt es auch wieder wildlebende Wölfe.

Von den zahlreichen Seen im Biosphärenreservat Schorfheide-Chorin ist der größte der Parsteiner See, im Herzen des Waldgebiets ruht der weithin bekannte Werbellinsee. Mit dem Plagefenn liegt zudem ein Moor im Gebiet des Kleinen und Großen Plagesees, das als sogenanntes Totalreservat besonderen Schutz erfährt, jegliches menschliche Eingreifen ist hier untersagt. Die beiden Seen haben keinen

unmittelbaren Abfluss und entwässern daher in das umliegende Moor, das in der Region auch Fenn genannt wird. Im Mittelalter legten Zisterziensermönche im Zuge der Errichtung des nahegelegenen Klosters Chorin künstliche Gräben an, die die Moorlandschaft entwässerten. Bereits Anfang des 20. Jahrhunderts begannen erste Initiativen damit, das Gebiet unter Schutz zu stellen. Weil die Landschaft aufgrund geringerer Niederschlagsmengen mehr und mehr austrocknete, wurden Anfang der 2000er Jahre einige der Entwässerungsgräben wieder gestaut. Tatkräftige Unterstützung bekommen die Naturschützer dabei von Bibern, die mit der Errichtung ihrer Burgen eben jenen Effekt erzielen. Heute gilt ein Großteil

---

Neben Buchenwäldern finden sich in dem Biosphärenreservat auch wenig bewirtschaftete Eichen-Hutewälder.

---

des Plagefenns als naturnah, Bruch- und Moorwälder gedeihen wieder, genauso wie Röhrichte, also Vegetation im Flachwasser der Uferbereiche. Diese speziellen Biotope bieten zahlreichen Arten einen geschützten Lebensraum und so trifft man hier neben Bibern auf Fischotter, Eisvögel und die in Deutschland vom Aussterben bedrohten Trauerseeschwalben. Letztere bauen ihre Nester an Wasserpflanzen oder in sumpfigem Gelände. Die Jungvögel überleben meist nur, wenn die Kolonie der brütenden Vögel groß genug ist, um sich gemeinsam gegen Fressfeinde verteidigen zu können. Da der natürliche Lebensraum der Trauerseeschwalben in Deutschland stark zurückgegangen ist, sind sie hierzulande meist Durchzugsvögel. Den Winter und auch die Brutzeit verbringen sie in den tropischen Regenwäldern Afrikas. Am Großen Plagesee machen im Oktober bis zu 1000 Kraniche Rast auf dem Weg in ihr südliches Winterquartier. In den Gewässern der Schorfheide ist auch die stark gefährdete Europäische Sumpfschildkröte zuhause, bei der es sich um die einzige Schildkrötenart handelt, die natürlicherweise in Mitteleuropa vorkommt. Die fleischfressende Schildkröte findet in den Sümpfen und Mooren optimale Lebensbedingungen und ein reichhaltiges Angebot an Würmern, Schnecken, kleinen Fischen und weiteren Wasserbewohnern. Doch auch seltene Pflanzen sind hier verbreitet, so der Sonnentau oder bedrohte Arten wie die Blumenbinse oder das Schlanke Wollgras, die beide typische Indikatoren für intakte Moorlandschaften sind.

In den Feuchtgebieten fühlen sich Fischotter wohl.

Die vielfältigen Gewässer bieten zahlreichen seltenen Arten Lebensraum.

FICHTENURWALD SCATLÉ

Der Fichtenurwald Scatlé im Kanton Graubünden ist einer der letzten unberührten Urwälder der Schweiz. Mit nur neun Hektar ist er auch der kleinste. Er liegt von hohen Felswänden eingeschlossen auf einer Höhe von 1500 bis 2000 Metern und übersteigt damit die Baumgrenze. Seine besondere Lage, auf die auch sein Name verweist („scatlé" lässt sich mit „eingeschachtelt" übersetzen), hat ihm seine ursprüngliche Wildheit gesichert. Das Gelände ist zu abgelegen und unwegsam, um es zu bewirtschaften, selbst als Weideplatz wurde es nur sehr zurückhaltend in den niedrigeren Bereichen genutzt.

Der Fichtenurwald Scatlé erstreckt sich über eine steile Bergsturzhalde und bietet den Fichten, die hier im Gegensatz zu anderen mitteleuropäischen Regionen natürlicherweise wachsen, optimale Lebensbedingungen. Fichten dringen mit ihren Wurzeln in Felsspalten ein und verankern sich dort sicher. Anders könnten sie in diesem humusarmen Gebiet auch keinen Halt finden. Ihre Gestalt haben sie den großen Schneemengen angepasst, die hier allwinterlich fallen, und so wachsen die bis zu 600 Jahre alten und häufig 30 Meter hohen Bäume schlank in die Höhe. Ihre Äste hängen herab und bieten den Schneemassen wenig Auflagefläche, was Schnee- und Eisbruch verhindert. Unter die Fichten mischen sich vereinzelt Weißtannen. Die unteren Waldschichten sind geprägt von leuchtend blühenden Gebirgs-Rosen oder der Alpen-Johannisbeere, die in dem Schluchtwald ihren optimalen Lebensraum finden. Heidelbeere, Wolliges Reitgras und der Breite Wurmfarn wachsen hier ebenso wie zahlreiche Moosarten.

An der Baumgrenze lichtet sich der Fichtenwald, und einige Grün-Erlen gesellen sich dazu. Das ist die einzige Erlen-Art in Europa, die als Strauch daherkommt. Sie wird bis zu sechs Meter hoch und kann auch in sehr karger Landschaft wachsen. Hier erweist sie sich als äußerst nützlich, indem sie an den steilen Hängen Rutschungen vorbeugt. Um auch schwierigen klimatischen Bedingungen trotzen zu können, hat die Grün-Erle nicht nur sehr elastische Äste, die auch starkem Schneefall standhalten. Sie lebt darüber hinaus symbiotisch mit einem speziellen Bakterium namens *Frankia alni*. Diese Bakterien leben an ihrer Wurzel, das gegenseitige Gefüge nennt sich Aktinorrhiza. Die Bakterien sind in der Lage, Stickstoff aus der Luft zu binden, der im hier vorherrschenden stickstoffarmen Boden rar ist, und in den Nährstoffkreislauf der Pflanzen einzuspeisen. Hierfür brauchen die Bakterien viel Energie, die wiederum die Grün-Erlen in Form von Kohlenhydraten zur Verfügung stellen.

Menschen ist der Zutritt zum Fichtenurwald mit Ausnahme weniger Wissenschaftler untersagt, und so entwickelt sich das Waldgebiet nach wie vor ganz natürlich. Wie im Rothwald trifft man hier auf Jungbäume, die in einer kerzengeraden Linie wachsen, nämlich auf den umgestürzten Stämmen altersschwacher Fichten, die ihnen ein Aufwachsen in der dichten Schneedecke ermöglichen. Was hier menschengemacht erscheint, könnte nicht natürlicher sein.

Fichten sind wahre Meister des Wurzelns.

Die völlige Abwesenheit menschlicher Einflüsse macht den Fichtenurwald Scatlé zu einem echten Urwald.

UNSERE WÄLDER

NATIONALPARK KALKALPEN

Der Nationalpark Kalkalpen liegt in den oberösterreichischen Voralpen und setzt sich aus dem Sengsengebirge und dem Reichraminger Hintergebirge zusammen. Nicht ohne Grund wird der Nationalpark auch als Waldmeer beschrieben. Das geschlossene Waldgebiet breitet sich nämlich über unzählige Gebirgskämme aus, die allesamt bewaldet sind und die Landschaft wellenartig überziehen.

Gut 80 Prozent des Nationalparks sind von Wald bewachsen, der von Fichten und Buchen geprägt ist. Daneben trifft man aber auch auf Kiefern, Eiben und Lärchen, Weiden, Ulmen, Linden, Bergahorn, Eschen und Birken. Der Artenreichtum an Pflanzen ist beeindruckend. Unterschiedlichste Orchideenarten blühen hier, über 850 verschiedene konnten bislang nachgewiesen werden. Eine besondere Rolle spielt hierbei der Teil des Nationalparks, der auf das Reichraminger Hintergebirge entfällt. Das Gebiet gilt als größtes nahezu unbesiedeltes Waldgebiet Österreichs. Im Föhrenbachtal entwickelt sich ein Mischwald völlig ohne menschliches Eingreifen. Insbesondere alte Laubbäume und deren Totholz locken

Uralte Baumwurzeln prägen Waldboden und Erdreich.

> Das geschlossene Waldgebiet breitet sich über unzählige Gebirgskämme aus, die die Landschaft wellenartig überziehen.

seltene Bewohner wie den Weißrückenspecht an. Der schwarz-weiße Vogel mit dem markanten roten Kopf baut seine bis zu 40 Zentimeter tiefen Höhlen mit Vorliebe in tote Laubholzstämme. Da Laubbäume im Gegensatz zu Nadelbäumen meist nicht

Blick vom Rohrauer Größtenberg über das „Waldmeer" der Kalkalpen.

entwurzelt und am Stück umfallen, sondern nach und nach abbrechen und zu Boden stürzen, geschieht es immer wieder, dass ein Weißrückenspecht-Paar seine Brut verliert, wenn der Stamm, in dem sich die Höhle befindet, doch zu morsch war, um die Zeit, bis die Jungvögel flügge werden, zu überdauern.

Doch als seltenes Tier ist der Weißrückenspecht im Nationalpark nicht alleine. Auch Luchse und Braunbären leben hier, wenn auch noch sehr vereinzelt, genauso wie Biber, Fischotter und viele mehr. Man geht von über 1500 Schmetterlingsarten sowie unzähligen Insektenarten aus, die auf Totholz als Lebensraum angewiesen sind. Auch die Äskulapnatter, mit bis zu zwei Metern Körperlänge eine der größten Schlangen Europas, lebt hier neben zahlreichen weiteren Reptilienarten.

Das viele Totholz ist ideal für den Weißrückenspecht.

VERWUNSCHENE PARADIESE

Mittlerweile zieht sich der Mensch auch aus bewirtschafteten Wäldern so weit wie möglich zurück zugunsten eines weitgehend naturbelassenen Ökosystems. Flora und Fauna wird Vorrang eingeräumt, und so dürfen sich Spaziergänger an Wäldern erfreuen, die ihre teils bizarren Strukturen selbst erschaffen.

Lichtdurchfluteter Buchenwald im Sachsenwald bei Aumühle.

LÜSSWALD UND SACHSENWALD

Im Heiligen Römischen Reich Deutscher Nation war der Lüßwald ein Bannwald, in dem der Wildbann, also ein besonderes königliches Jagdrecht, galt. Im Gegensatz zu vielen anderen niedersächsischen Wäldern wurde er daher im 19. Jahrhundert nicht aufgeforstet, und so haben sich hier jahrhundertealte Waldstrukturen erhalten, die heute zum Landschaftsschutzgebiet Südheide zählen.

Der Lüßwald erstreckt sich in der Lüneburger Heide über etwa 7500 Hektar und gehört zu den größten zusammenhängenden Waldgebieten Deutschlands. Im Lüßwald liegt der gut 29 Hektar große Naturwald Lüßberg, ein Waldstück, das seit den 1970er Jahren sich selbst überlassen ist. Der Mischwald setzt sich hier vor allem aus Eichen, Buchen, Birken, Kiefern und Fichten zusammen. Zwar führen auch an diesem Teil des Waldes Wanderwege vorbei, die ein wunderbares Naturerlebnis ermöglichen, und sehr behutsam gewählte Tourismusangebote erschließen die Region rund um den Lüßwald. Das Verlassen der Waldwege ist jedoch nicht gestattet.

Neben dem alten Baumbestand vornehmlich aus Douglasien und Eichen, von denen mehrere ihr hundertjähriges Be-

Die naturbelassenen Strukturen des Lüßwaldes bieten vielen seltenen Vogelarten perfekte Lebensbedingungen.

Stirbt ein alter Baum, gibt er den Platz frei für den Nachwuchs, wodurch sich Bäume aller Altersklassen durchmischen.

---

stehen bereits hinter sich haben, ist der Prozess der natürlichen Verjüngung, der in den letzten Jahrzehnten stattgefunden hat, deutlich zu erkennen. Stirbt ein alter Baum, gibt er den Platz frei für den Nachwuchs,

Im Billetal entdeckte Otto von Bismarck die Quelle, aus der das nach ihm benannte Mineralwasser stammt.

wodurch sich Bäume aller Altersklassen durchmischen. Das Totholz wird hier selbstverständlich nicht weggeräumt und bietet seinerseits unzähligen Tierarten Lebensraum.

Der hohe Bestand an alten Bäumen ermöglicht es vielen Vogelarten, die beim Bau ihrer Höhlen auf dicke, alte Baumstämme angewiesen sind, hier zu leben. Auch der seltene Schwarzstorch hat sich im Naturwald Lüßberg angesiedelt. Der imposante, metallisch schillernde Vogel ist etwas kleiner als sein weißer Verwandter. Im Lüßwald findet das menschenscheue gefiederte Tier in der naturbelassenen Waldstruktur und den ruhigen Gewässern optimale Lebensbedingungen. Seine großen Nester baut der Schwarzstorch in der oberen Baumhälfte, in der Regel an einem starken Ast in Stammnähe. Die Nester werden oft mehrere Jahre in Folge bezogen. Neben dem Schwarzstorch lebt auch der seltene Sperlingskauz im Naturwald. Auch er ist beim Höhlenbau auf alten Baumbestand oder noch stehendes Totholz angewiesen.

Doch nicht nur seltene Vogel- und Käferarten schätzen den wilden Wald. Seit ein paar Jahren lebt neben einigen Luchsen und Wildkatzen auch ein Wolfsrudel in dem Gebiet. Das Vorkommen aller drei Wildtierarten ist eine große Seltenheit im deutschsprachigen Raum.

Der Naturpark am Lüßberg ist bei Weitem nicht der einzige seiner Art. In Niedersachsen gibt es weitere gut 100 solcher naturbelassenen Wälder, deutschlandweit sogar weit über 700. Bis zum Jahr 2025 sollen zehn Prozent aller Waldgebiete solche sogenannten Naturwälder sein.

Im Norden des Lüßwaldes und östlich von Hamburg erstreckt sich das größte Waldgebiet Schleswig-Holsteins, der Sachsenwald. Der Mischwald wurde 1871 dem ersten deutschen Reichskanzler, Otto von Bismarck, geschenkt und ist seitdem im Besitz der Familie von Bismarck, die den Wald bewirtschaftet. In dem überwiegend forstwirtschaftlich genutzten Wald findet sich auch ein kleiner Eichen-Hutewald, also ein weitgehend ursprünglicher Eichenwald, der in früheren Zeiten als Weidefläche genutzt und dementsprechend nicht gerodet wurde. Im westlichen Teil durchfließt die Bille den Wald, die in die Schwarze Au mündet, die ebenfalls durch den Sachsenwald fließt. Das Naturschutzgebiet Billetal befindet sich in einer früheren Schmelzeisrinne, die ihren Ursprung in der letzten Eiszeit hat. An den Ufern der Bille wachsen üppige Auwälder, in denen Eisvögel, Gebirgsstelzen und Wasseramseln zuhause sind.

Im Billetal entdeckte Otto von Bismarck übrigens eine Quelle, die er nach sich selbst benannte und aus der das „Fürst Bismarck"-Mineralwasser stammt, das bis heute vertrieben wird. Von dem Mineralwasser soll der Reichskanzler täglich einen Schluck getrunken haben.

Mitten in der Lüneburger Heide liegt mit dem Lüßwald eines der größten zusammenhängenden Waldgebiete Deutschlands.

FRANKENWALD

Im Nebel erscheint der Frankenwald noch mysteriöser.

An den südöstlichen Rand des Thüringer Waldes schließt der Frankenwald an, der seit 1973 als Naturpark geführt wird. Er gehört zum Thüringisch-Fränkischen Mittelgebirge, seine höchste Erhebung ist mit knapp 800 Metern der Döbraberg. Charakteristisch für den Frankenwald sind seine tief eingeschnittenen und oft steil abfallenden Täler. Sie geben der Landschaft einen geheimnisvollen Reiz und machen viele seiner Sehenswürdigkeiten aus. Zwei der weithin bekannten Naturdenkmäler sind das zerklüftete und von dichtem Wald bestandene Höllental und die Steinachklamm mit ihren mächtigen Felswänden.

Ende des 19., Anfang des 20. Jahrhunderts wurde der natürliche Rotbuchen- und Tannenbestand des Frankenwaldes abgeholzt und durch Fichten ersetzt. Auch wenn heute der größte Teil des Frankenwaldes eine geschützte Naturlandschaft ist, sind die Folgen jahrzehntelanger forstwirtschaftlicher Nutzung noch immer erkennbar.

Charakteristisch für den Frankenwald sind seine tief eingeschnittenen und oft steil abfallenden Täler.

Tatsächlich von Wald bestanden ist etwa die Hälfte des Frankenwaldes. Daneben ist das abwechslungsreiche Gelände geprägt von blühenden Wiesen, Hochplateaus mit wunderschönen Aussichten über die zerklüftete Landschaft, romantischen Täler und landwirtschaftlich genutzten Flächen.

Durch den Frankenwald verläuft das sogenannte Grüne Band. Hierbei handelt es

VERWUNSCHENE PARADIESE 33

sich um einen knapp 1400 Kilometer langen und zwischen 50 und 200 Meter breiten Streifen entlang der früheren deutsch-deutschen Grenze, dem ehemaligen „Todesstreifen". Er vereint insgesamt 150 Naturschutzgebiete und ist der größte Biotop-Verbund Deutschlands. Dieser geschichtsreiche Landstrich erblüht seit Gründung der Initiative im Dezember 1989 im wahrsten Sinne des Wortes zu neuem Leben. Hier reihen sich Wälder, Büsche, Heidelandschaften und Sümpfe aneinander, die allesamt weitgehend sich selbst überlassen werden und so für eine große Artenvielfalt bei Pflanzen und Tieren sorgen.

Die Landschaft des Frankenwaldes selbst ist ebenfalls gekennzeichnet durch die Aneinanderreihung verschiedenster Naturräume, was einigen sehr seltenen Tierarten das Vorkommen ermöglicht. So hat sich die Wildkatze hier niedergelassen, genauso wie der Schwarzstorch und – nur an einem einzigen Ort im Frankenwald – das stark gefährdete Braunkehlchen, das sich jedoch vornehmlich auf offenen Flächen aufhält und weniger in den Waldgebieten. Dennoch ist das Vorkommen dieser Tierarten ein Zeichen dafür, dass sich das Areal von der starken forstwirtschaftlichen Nutzung zusehends erholt und wieder zu einem natürlich wachsenden Wald entwickelt.

Riesige Felsblöcke prägen die Landschaft – wie hier im Steinachtal.

Braunkehlchen finden hier eine Heimat.

Selbst auf den Felsen der Basteibrücke schlagen Bäume Wurzeln.

SÄCHSISCHE SCHWEIZ

Am 1. Oktober 1990, also nur zwei Tage, bevor am 3. Oktober die DDR der BRD beitrat, wurde der Nationalpark Sächsische Schweiz gegründet, der einzige Felsen-Nationalpark Deutschlands. Er umfasst auf einer Fläche von 9350 Hektar rechtsseitig der Elbe die Kerngebiete des sächsischen Elbsandsteingebirges. Jenseits der tschechischen Grenze geht er in den Nationalpark Böhmische Schweiz über. Etwa 25 Prozent des Nationalparks sind sogenannte Kernzonen, in denen sich das Eingreifen des Menschen auf ein Minimum beschränkt, beispielsweise, um besondere Aussichtspunkte zu erhalten oder Ähnliches.

Heute sind rund 60 Prozent der Sächsischen Schweiz bewaldet. Anfang des 19. Jahrhunderts wurde das Gebiet aus forstwirtschaftlichen Gründen mit Fichten bepflanzt, die den heimischen Eichen-Hainbuchen-Wald verdrängten. Diese Waldform kam häufig im östlichen Mitteleuropa vor, heute trifft man eher selten auf sie. Entstanden ist aber auch sie wohl nicht auf ganz natürliche Weise, sondern aus Wäldern, die von Menschen sowohl zu Weidezwecken als auch zum Holzschlagen genutzt wurden. Auf diese Weise wurde der große Bestand an Rotbuchen stark herabgesetzt, die natürlicherweise Eichenbestände verdrängen. Eichen-Hainbuchen-Wälder folgen einem Aufbau, der sich bewährt hat: Hochwachsende Eichenarten bilden die oberste Waldschicht; unter ihnen wachsen niedrigere Hainbuchen, die zur Familie der Birken zählen und mit der geringeren Menge an Sonnenlicht unterhalb der Eichenkronen gut zurechtkommen. In zwei Buchenwäldern der Sächsischen Schweiz, nämlich am Kleinen und am Großen Winterberg, wachsen Bäume, die älter als 200, teils sogar über 250 Jahre sind. Das Gebiet am Großen

Winterberg trägt daher auch den Namen „Schmilkscher Urwald".

Die Sächsische Schweiz ist vor allem für ihre spektakulären Felsformationen bekannt, die auch unmittelbare Auswirkung auf den Baumbestand haben. An einigen Klippen wachsen Kiefern, die so harschen Wetterbedingungen, insbesondere starkem Wind, ausgesetzt sind, dass sie zu sogenannten Windflüchtern werden. So werden Bäume bezeichnet, die sich zu einer Seite neigen, um dem andauernden Wehen zu trotzen und die sich meist in Küstennähe finden. An vielen Felswänden oder auf Plateaus ist der Gesteinsboden flachgründig, seine Erdschicht ist also verhältnismäßig dünn, was dazu führt, dass dort im Sommer und Winter extreme Temperaturen herrschen. Im Hochsommer erreichen diese Böden Temperaturen von bis zu 60°C, im Winter werden hohe Minusgrade erreicht. Dies hat zur Folge, dass weitläufige Gebiete klimatisch der Waldgrenze entsprechen, die natürlicherweise deutlich höher liegt. Eine weitere Besonderheit des Nationalparks liegt in der Vegetation der zahlreichen Schluchten. Hier herrscht ein „Kellerklima", das durch das Zusammenwirken von äußerst geringer direkter Sonneneinstrahlung, großer Feuchtigkeit, Kälte und weitgehender Windstille verursacht wird. In diesem Klima wachsen Pflanzen, die normalerweise

---

Der einzige Felsen-Nationalpark Deutschlands umfasst die Kerngebiete des sächsischen Elbsandsteingebirges.

---

in sehr großen Höhenlagen vorkommen, wie Hasenlattich, Weiße Pestwurz oder das Zweiblütige Veilchen.

Insgesamt existieren erstaunlich viele unterschiedliche Waldformen auf dem Gebiet des Nationalparks. Neben Auwäldern, die davon geprägt sind, dass sie zeitweise unter Wasser stehen, finden sich auch Schutthang- und Schluchtwälder, die je nach Standort von Tannen, Fichten, Ahornarten, Hainbuchen oder Eschen geprägt sind. Diese Wälder haben meist eine eher lichte Strauch-, dafür aber eine üppige Krautschicht.

Eine wirkliche Rarität ist ein Pilz namens *Uredo kriegeriana*. Sein Vorkommen konnte bislang nur in der Sächsischen Schweiz nachgewiesen werden. Er zählt zu den Rostpilzen und zeigt sich in Form rostig anmutender Flecken auf den Blättern seiner Wirtspflanze Hanf. Das an vielen Stellen feuchte Klima, gepaart mit häufig fehlender Lichteinstrahlung am Boden, führt zu einer üppigen Dichte an Moosarten, die an den Felsen und Höhleneingängen des Mittelgebirges wachsen – über 450 konnten bislang entdeckt werden. Auch Flechten sind ebenso artenreich vorhanden. Die Wolfsflechte etwa kommt in ganz Deutschland nur hier in der Sächsischen Schweiz vor.

Von erhöhten Standorten bieten sich atemberaubende Ausblicke auf die Felsformationen.

UNSERE WÄLDER

Laubbäume mischen sich wieder unter die einstigen Fichten-Monokulturen.

Der geschützte Neuntöter ist in der Sächsischen Schweiz wieder zu Hause.

Doch auch in Bezug auf die in der Sächsischen Schweiz lebenden Tiere bietet die Gegend viele Highlights. Durch den angrenzenden tschechischen Nationalpark entsteht ein großes Gebiet, das landschaftlich äußerst abwechslungsreich ist und entsprechend vielfältige Lebensräume bietet. Zu den seltenen Bewohnern zählen heute wieder Luchse, aber auch Fischotter und Dachse haben sich hier niedergelassen und vermehren sich in freier Wildbahn.

In den Gewässern des Nationalparks leben einige seltene, geschützte Fischarten wie der Atlantische Lachs oder die Westgroppe. Daneben kommen drei geschützte Fledermausarten und eine Reihe an Vögeln wie Uhu, Wanderfalke, Sperlings- und Rauhfußkauz oder der Neuntöter vor. Neuntöter zählen zur Vogelfamilie der Würger. Sie ernähren sich vornehmlich von großen Insekten, aber auch kleine Wirbeltiere wie

---

Zu den seltenen Bewohnern der Sächsischen Schweiz zählen wieder Luchse, Fischotter und Dachse.

Mäuse oder Jungvögel stehen auf dem Speiseplan. Um sich einen gewissen Vorrat anzulegen, spießt der Neuntöter seine Beutetiere auf Dornen auf. Bis zu 30 Käfer wurden in einer solchen Vorratskammer schon gefunden.

Vom Biedermann-Mausoleum zeigt sich im Morgennebel ein atemberaubender Ausblick ins Elbtal mit der Festung Königstein.

TEUTOBURGER WALD UND SAUERLAND

Der Teutoburger Wald ist ein Mittelgebirgszug aus drei parallel verlaufenden 300 bis 400 Meter aufsteigenden Höhenrücken, die sich auf einer Länge von etwa 105 Kilometern über Nordrhein-Westfalen und Niedersachsen erstrecken. Historische Bekanntheit erlangte der Teutoburger Wald durch die Varusschlacht, bei der im neunten Jahrhundert ein germanisches Heer drei römische Legionen besiegte. Obwohl noch immer nicht ganz geklärt ist, wo sie eigentlich stattfand, erinnert heute das Hermannsdenkmal bei Detmold an diese folgenreiche Schlacht.

Der Teutoburger Wald zeichnet sich durch seine 300 Millionen Jahre alte Landschaft aus, in der sich die Spuren von extremen klimatischen Verhältnissen vergangener Zeiten ablesen lassen und die von Überflutungen und Vergletscherungen zeugt. Die bizarr geformten Externsteine sind dabei nur die bekannteste Sehenswürdigkeit. So verwundert es auch nicht, dass sich zahlreiche Sagen um den Teutoburger Wald ranken.

Nahezu seine gesamte Fläche verteilt sich auf zwei Naturparks: im nördlichen Teil gehört er zum Natur- und Geopark TERRA.vita und im Süden ist er Teil des insgesamt etwa doppelt so großen Naturparks Teutoburger Wald/Eggegebirge. Die Vegetation ist davon geprägt, dass hier zwei Klimazonen aufeinandertreffen: atlantisches und kontinentales Klima. Gepaart mit den der Entstehungsgeschichte geschuldeten unterschiedlichen Böden entsteht dadurch eine abwechslungsreiche Pflanzenwelt. Buchenwälder wechseln sich mit Esche-Erlen-Wäldern ab, vereinzelt finden sich naturnahe Hutewälder. Doch auch Stechpalme, Leberblümchen, Lerchensporn oder Heideröschen prägen das Landschaftsbild.

Im Naturpark Teutoburger Wald/Eggegebirge stehen die Externsteine, ein spektakuläres Sandstein-Gebilde aus mehreren

Die Externsteine sind ein Wahrzeichen des Teutoburger Waldes.

freistehenden Felsen, die eine Höhe von knapp 50 Metern erreichen. Sie sind umgeben von einem Naturschutzgebiet, das unter anderem mehreren Farn-, Moos- und Flechtenarten Schutz bietet, die direkt an den Felsen wachsen. Zu dem Naturschutzgebiet zählen auch eine nahegelegene Bergheidefläche und einige kleinere Moore. Hier wachsen vielfältige Grasarten, Wacholder, Blaubeeren, Moor- und Sandbirken und Heidekraut. Daneben trifft man auf große

---

Bekanntheit erlangte der Teutoburger Wald durch die Varusschlacht, bei der ein germanisches Heer drei römische Legionen besiegte.

Vorkommen von drei Orchideenarten: dem gelb blühenden Großen Zweiblatt und den rosa-, lila- oder purpurfarben blühenden Arten Geflecktes Knabenkraut und Mücken-Händelwurz. In dem kleinen Naturschutzgebiet sind auch seltene Tiere heimisch, unter ihnen mehrere Vogel-, Fledermaus- und Libellenarten. Seit einigen Jahren brütet sogar ein Uhupaar an einem der Felsen, an dem seither nicht mehr geklettert werden darf.

Im Süden grenzt das Sauerland an den Teutoburger Wald, das wiederum den nördlichen Teil des Rheinischen Schiefergebirges umfasst. Buchen- und Fichtenwälder dominieren den Waldbestand. Im Sauerland lassen sich die Felsen auch im Inneren erleben. Zahlreiche Tropfsteinhöhlen geben den Blick ins Herz der Gebirgslandschaft frei, die heute noch im Wachstum begriffen ist und stetig höher wird.

Dem forstwirtschaftlich genutzten Wald des Sauerlandes sieht man die Strapazen der letzten Jahre derzeit deutlich an: Dürre, Hitze, Sturm und Schädlinge, insbesondere der Borkenkäfer, haben dem vorwiegend mit Fichten bestandenen Wald erheblichen Schaden zugefügt. Geplant ist eine Aufforstung hin zu einem natürlicheren Mischwaldverhältnis mit widerstandsfähigen Baumarten.

Es kann viele Jahre dauern, bis das Totholz eins mit dem Erdreich geworden ist.

Auch wenn der Wald vor besonderen Herausforderungen steht, ist er als Lebensraum für seltene und geschützte Arten von großer regionaler Bedeutung. Das Sauerland ist untergliedert in zahlreiche Naturparks und Schutzgebiete, in denen sich auch außergewöhnliche Pflanzen- und Tierarten angesiedelt haben. Im Rothaargebirge, das ebenfalls zum Sauerland zählt, trifft man am Kahlen Ast, der mit gut 840 Metern höchsten Erhebung, zum Beispiel auf den Alpen-Milchlattich, der normalerweise erst in Höhenlagen ab 1000 Metern vorkommt. Auf den Briloner Hochflächen finden sich sehr nährstoffarme Flächen, sogenannte Magerrasen, auf denen sich hier allerhand seltene Pflanzen angesiedelt haben, unter ihnen Steppenfenchel und Thymian-Sommerwurz.

Richtig verwunschen zeigt sich das Sauerland im Hemeraner Felsenmeer, das als Folge mittelalterlichen Bergbaus entstand. Zwischen den Buchen des sehr alten und dicht bestandenen Waldes ragen zerklüftete Felsen aus dem Boden, die sich zu einer beeindruckenden Formation zusammengetan haben.

Die Hänge des Thayatals sind dicht bewachsen.

NATIONALPARK THAYATAL

Der mit gut 1330 Hektar kleinste österreichische Nationalpark trägt den Namen Thayatal, benannt nach dem gleichnamigen Fluss Thaya, von dem er durchflossen wird. Er liegt in Niederösterreich an der Grenze zu Tschechien, wo sich unter dem Namen Národní park Podyjí der mit gut 6200 Hektar weitaus größere Teil des Nationalparks fortsetzt. Der Wald beeindruckt mit seinen tiefen, von Hangwäldern bewachsenen Tälern.

Über 90 Prozent des Nationalparks sind bewaldet und bieten auf der kleinen Fläche 40 Prozent aller in Österreich heimischen Tierarten Lebensraum. Bei den Pflanzenarten ist die Vielfalt ähnlich groß: Bislang wurden knapp 1300 Pflanzenarten im Thayatal nachgewiesen, in ganz Österreich sind es knapp 2000. Dieser Reichtum hat mit den häufig variierenden klimatischen Bedingungen an den Hängen zu tun, die je nach Ausrichtung unterschiedlich sind, aber auch die geologische Beschaffenheit des Bodens ändert sich auf dem kleinen Raum häufig. Zur forstwirtschaftlichen Nutzung wurden vor einigen Jahrzehnten Fichten und Douglasien gepflanzt, die natürlicherweise hier nicht vorkommen. Man hat mittlerweile entschieden, einzelne Bäume dieser Arten zu entnehmen und damit die Rückentwicklung zu einem Laubmischwald

---

Über 90 Prozent des Nationalparks sind bewaldet und bieten 40 Prozent der in Österreich heimischen Tierarten Lebensraum.

---

zu beschleunigen. Die hier heimischen Laubbaumarten sind vor allem Rotbuche, Eiche, Hainbuche und – je nach Hanglage – auch Linde und Ahorn. Die natürlicherweise vorkommenden Nadelhölzer sind Tanne, Weißkiefer, Eibe und Wacholder. Durch die Rückführung des Waldes in seinen ursprünglichen Zustand erholt sich auch die Kraut- und Strauchschicht, der hohe Anteil an Totholz tut sein Übriges zur Schaffung

eines äußerst artenreichen und vielfältigen Lebensraumes.

Eine kleine Kuriosität soll nicht unerwähnt bleiben: Im Nationalpark liegt nur eine einzige Ortschaft, nämlich die Stadt Hardegg, die mit 86 Einwohnern (Stand 1. Januar 2022) die kleinste Stadt Österreichs ist. Mit allen Eingemeindungen bringt sie es jedoch immerhin auf gut 1300 Einwohner. Dennoch spricht es für sich, dass der Nationalpark von Menschen nur spärlich bewohnt ist und so Raum lässt für so scheue und überaus seltene Arten wie die Wildkatze, die sich hier seit einigen Jahren wieder angesiedelt hat. Ein weiterer seltener Bewohner des Naturparks ist der Europäische Edelkrebs. Er kommt nur in äußerst sauberen Gewässern vor und baut gerne unter am Ufer liegendem Totholz seine Höhlen.

Ein Exot unter den Pflanzen ist der Gelbe Frauenschuh. Die Orchideenart hat eine sehr raffinierte Form der Fortpflanzung entwickelt. Ihr leuchtend gelber Blütenkessel lockt mit einem süßlichen, fruchtigen Duft zahlreiche Insekten auf Futtersuche an. Über ein Loch im Kessel oder über die große obere Öffnung gelangen diese ins Innere. Der einzige Weg aus der leider völlig nahrungsfreien Falle führt dann über eine kleine Treppe, die die Tierchen unweigerlich an den Geschlechtsorganen des Gelben Frauenschuhs vorbeiführt. Beim Passieren kleben sich Pollen an die Insekten und werden auf diese Weise verbreitet. Nicht selten lauert im Blütenkessel des Gelben Frauenschuhs jedoch ein Raubspinnen-Exemplar, das sich über die leichte Beute freut.

Neben vielen anderen Tierarten hat sich hier auch die scheue Wildkatze wieder angesiedelt.

Nebel liegt über dem naturbelassenen Idyll entlang der Thaya.

SIHLWALD

Der etwa 1100 Hektar große Sihlwald im Wildnispark Zürich ist seit 2010 der erste offizielle Naturerlebnispark der Schweiz. Dahinter verbirgt sich das Konzept, einerseits Erholungsraum für die Einwohner der Metropolregion Zürich zu bieten und andererseits einen geschützten Lebensraum für Pflanzen und Natur zu erhalten. Die 40 Prozent der Waldfläche umfassende Kernzone des Sihlwaldes ist daher bereits seit Ende des 20. Jahrhunderts ausschließlich Flora und Fauna vorbehalten; die bis zu 700.000 Besucher jährlich tummeln sich in der umgebenden Schutzzone.

In der Kernzone, die nur auf wenigen ausgewiesenen Wegen betreten werden darf, findet sich ein für Mitteleuropa typischer Buchenmischwald, den es zu erhalten gilt. Im gesamten Sihlwald ist die Buche mit fast 40 Prozent die am häufigsten vorkommende Baumart, gefolgt von der Fichte, die ein Viertel des Baumbestandes ausmacht. Neben diesen beiden prägenden Baumarten wachsen hier auch Berg-Ahorn, Esche, Eibe, Kiefer, Berg-Ulme und Weißtanne. Dass der Sihlwald sich im ökologischen Gleichgewicht befindet, lässt sich an seiner Altersstruktur ablesen. Von ganz jungen Bäumchen bis zu 250 Jahre alten Buchen finden sich hier alle Altersklassen, Totholz verbleibt selbstverständlich im Wald. Aber auch zahlreiche seltene Arten sprechen für ein intaktes Ökosystem. So trifft man hier auf die *Rinodina polyspora*, eine Flechtenart, die in der Schweiz als ausgestorben galt, oder den stark gefährdeten Urwaldbewohner *Batrisodes buqueti*. Hierbei handelt es sich um einen sogenannten Ameisengast, also ein Tier, das von Ameisen in ihrem Bau geduldet wird. Der *Batrisodes buqueti* ist ein Käfer und sieht – vermutlich zur besseren Assimilation – einer Ameise erstaun-

Im Frühjahr bedeckt ein Teppich aus Bärlauch den Waldboden.

lich ähnlich. Als weiterer Indikator für ein intaktes Ökosystem kommt im Sihlwald die Zitronengelbe Tramete vor, ein auf die Zersetzung von Totholz spezialisierter Pilz, dessen leuchtendhelles Gelb seinem Namen

---

Die Kernzone des Sihlwaldes ist ausschließlich Flora und Fauna vorbehalten.

---

alle Ehre macht. Insbesondere der hohe Totholzanteil bietet Lebensraum für zahlreiche Tiere, darunter verschiedene Amphibienarten, die teils in den Ritzen der zerfurchten Borke alter Bäume Unterschlupf finden.

So gesund und natürlich wie heute war der Sihlwald nicht immer. Bereits Anfang des 15. Jahrhunderts begann eine exzessive wirtschaftliche Nutzung des Waldes als Holzlieferant für die Stadt Zürich, die große Mengen an Brenn- und Bauholz verbrauchte. Zunächst ging man nach dem Kahlschlag-Prinzip vor, später wechselte man zum sogenannten Schirmschlag, bei dem einzelne Bäume gezielt entnommen werden, um die Verjüngung des Waldes zu fördern.

Bereits Mitte des 18. Jahrhunderts schlug die Forstwirtschaft im Sihlwald behutsamere Pfade ein, und die Entnahme von Holz wurde beschränkt. Gänzlich nachhaltig wird der Wald jedoch erst seit Mitte des 20. Jahrhunderts bewirtschaftet. Als um 1920 herum die Steinkohle Holz als Brennstoff ablöste, begann das Umdenken, das sich heute in Form eines intakten Ökosystems auszahlt.

Durch den Sihlwald fließt die Sihl, mit 69 Kilometern Länge der längste Nebenfluss der Limmat.

GRÜNE GIPFEL

Bäume tragen einen Höhenmesser in sich, der sich nicht an Metern, sondern an klimatischen Bedingungen orientiert. So kommt es vor, dass man bereits in rauen Mittelgebirgslandschaften auf eine alpine Vegetationsstruktur trifft. Flora und Fauna können auf diese Weise Kälte, Sturm und Schnee, aber auch intensiver Sonneneinstrahlung trotzen.

Auf den Lichtungen im Bayerischen Wald – wie hier an der Hammerklause – gedeiht eine üppige Krautschicht.

NATIONALPARK BAYERISCHER WALD

Der Nationalpark Bayerischer Wald ist der erste deutsche Nationalpark und umfasst einen Teil des Bayerischen Waldes an der tschechischen Grenze. Der Bayerische Wald bezeichnet ein 100 Kilometer langes Mittelgebirge, in dem man acht Bergen mit einer Höhe von mehr als 1000 Metern begegnet. Die beiden höchsten Erhebungen sind der Große Arber mit 1456 Metern und der Große Rachel mit 1453 Metern, wobei Letztgenannter auf dem Gebiet des Nationalparks liegt. Der Nationalpark Bayerischer Wald hat eine Fläche von 24.000 Hektar, auf tschechischer Seite schließt sich der 68.000 Hektar große Nationalpark Šumava an. Das gesamte Gebiet ist eine der größten zusammenhängenden Waldflächen Europas.

Der Nationalpark Bayerischer Wald gehört zu den größten naturbelassenen Waldgebieten unseres Kontinents. Er entwickelt sich mehr und mehr zu einem natürlichen Urwald (zurück) und leistet einen unschätzbaren Beitrag für ein intaktes Ökosystem und die Wiederansiedelung ausgerotteter Tiere wie dem Luchs.

Das Gebiet des Nationalparks umfasst sehr unterschiedliche Waldformen. Oberhalb von 1200 Höhenmetern trifft man auf Bergfichtenwald, der – im Gegensatz zu den meisten anderen Fichtenwäldern – natürlich gewachsen ist. An den wärmeren

---

Der große Nationalpark Bayerischer Wald ist eines der größten naturbelassenen Waldgebiete Europas.

---

und sonnigeren Süd- und Südwesthängen herrschen Mischwälder mit Rotbuche, Bergahorn, Fichte und Weißtanne vor. In den Tälern findet man Aufichtenwälder, in denen das Bestehen selbst für Fichten herausfordernd ist. Hier staut sich die von den

Moose und Flechten erobern sich ihren Lebensraum auf Totholz.

Im Bayerischen Wald leben wieder Luchse.

Weitläufige Hochmoorlandschaft mit großer Artenvielfalt, im Hintergrund der Wendelstein.

Bergen herabströmende kalte Luft und kann selbst im Sommer für Bodenfrost sorgen.

Neben Regen und Ilz wird der Nationalpark von einem 760 Kilometer umfassenden Netz aus kleinen Bächen und Flüssen durchflossen. Auch Hochmoore, Schachten und Blockhalden findet man hier. Die Hochmoore werden auch Regenmoore genannt, da sie von der Grundwasserversorgung abgeschnitten und ausschließlich auf die Wasserversorgung durch Niederschläge angewiesen sind. Unter Schachten versteht man in der Regel von Menschen angelegte Freiflächen in großen Höhenlagen, die ursprünglich als Weide- und Rastplatz für Tierherden genutzt wurden. Hier wachsen seltene Gräser, und die Bäume, die man als Schattenspender stehen ließ, sind oft jahrhundertealt. Sie beeindrucken mit ihrer imposanten Gestalt, bieten gleichzeitig aber auch vielen seltenen Insektenarten Lebensraum. Die auf Blockhalden versammelten Gesteinsbrocken stammen noch aus der Eiszeit. Sie entstehen, wenn Frost hartes Gestein sprengt, und bieten insbesondere Flechten, Moosen und bestimmten Käferarten Lebensraum.

Fast verschwunden waren auch das Auerhuhn und der Habichtskauz. Der Bestand beider Arten hat sich heute im Bayerischen Wald erholt. Der Habichtskauz ist deutlich größer als ein Waldkauz. Nachdem ein Wiederansiedelungsprojekt im Jahr 1989 erfolgreich war, leben aktuell im Nationalpark Bayerischer Wald etwa 20 Paare der scheuen Vögel, denen es gelingt, ihre Art in freier Wildbahn selbst zu erhalten. Zunächst brüteten die Vögel noch in Nistkästen,

mittlerweile haben sie ihren natürlichen Lebensraum jedoch wieder erschlossen und bauen ihre Nester in tote Baumstämme hinein, denn Totholz gibt es in dem naturbelassenen Wald ausreichend.

Auch 16 Arten von Urwaldreliktkäfern begegnet man im Nationalpark. Hierbei handelt es sich um Käferarten, die in den wenigen Rest-Urwaldbeständen überlebt haben und heute vom Aussterben bedroht sind. Zu ihnen zählen zum Beispiel der Zottenbock und der Reitters Rindenkäfer. Er ist auf ganz spezielle Pilze angewiesen, die auf Totholz wachsen, weshalb er einen hohen Bestand an alten Bäumen und Totholz in großen Mengen braucht.

Mit 2000 nachgewiesenen Arten ist die Vielfalt an Pilzen im Nationalpark Bayerischer Wald vermutlich noch nicht annähernd abgebildet. Besonders seltene und hier heimische Vertreter sind beispielsweise die Zitronengelbe Tramete, die als echter Urwaldpilz gilt. Einmalig in Deutschland ist das Vorkommen des Rosenduft-Feuerschwamms im Nationalpark. Der flache Pilz wächst an abgestorbenen Tannenbäumen und verströmt einen intensiven Duft nach Rosen.

Typisch für das Gebiet ist die frühblühende Wald-Soldanelle. Die zarte blaublühende Pflanze findet im Bayerischen Wald alles, was ihr gefällt: lichte Fichten- und Laubmischwälder an höheren Hanglagen, Bachläufe und Waldwiesen. Daher verwundert es nicht, dass ihr deutschlandweit

---

Der Nationalpark wird von kleinen Bächen und Flüssen durchflossen. Auch Hochmoore, Schachten und Blockhalden findet man hier.

---

größtes Vorkommen hier anzutreffen ist. Wenn die Schneeschmelze auf sich warten lässt, wird die Wald-Soldanelle selbst aktiv und schmilzt den sie umgebenden Schnee mithilfe selbst erzeugter Stoffwechselwärme und gespeicherter Energie.

So wie hier bilden im Bayerischen Wald an vielen Stellen die Waldelemente ein harmonisches Miteinander.

SCHWARZWALD

Der Schwarzwald ist das höchste Mittelgebirge Deutschlands. Vom Schliffkopf aus hat man einen weiten Blick über den Nordschwarzwald.

Der in Baden-Württemberg liegende Schwarzwald ist das höchste Mittelgebirge Deutschlands. Er erstreckt sich über eine Fläche von 365.000 Hektar, von der 75 Prozent bewaldet sind. Geprägt ist seine Landschaft von tief eingeschnittenen Tälern, steilen Hängen, Felsformationen, Karseen, Mooren und Heidelandschaften.

Der Schwarzwald untergliedert sich in verschiedene Bereiche, in denen sich wiederum einige National- und Naturparks finden. Der Nördliche Schwarzwald zeichnet sich durch dichten Wald aus. Bevor der Mensch mit Beweidung, Rodungen und Forstwirtschaft in das Ökosystem eingegriffen hat, wuchs dort ein Buchen-Tannen-Wald, dazwischen gestreut waren Fichten, Kiefern und Eichen. Heute dominieren Fichten und Kiefern, wobei große Bemühungen laufen, den natürlichen Tannen- und Buchenanteil wieder aufzuforsten. Insbesondere die Weißtanne hat schon heute im Schwarzwald eines ihrer größten Verbreitungsgebiete. Die höchste Erhebung des Nördlichen Schwarzwalds ist mit gut 1100 Metern die Hornisgrinde. Als Grinden (schwäbisch für Kahlkopf) bezeichnet man die Feuchtheiden auf den Hochflächen des Gebirges, die nicht natür-

---

Der Schwarzwald erstreckt sich über eine Fläche von 365.000 Hektar, von der rund 75 Prozent bewaldet sind.

---

lichen Ursprungs sind. Die Areale wurden etwa im 15. Jahrhundert gerodet und als Weideflächen genutzt. Heute haben sich hier vor allem Heidekraut, Rasenbinse und Pfeifengras ausgebreitet. Natürlich entstanden hingegen sind die Hochmoore auf dem Gipfelplateau. Sie erreichen eine Tiefe von fünf Metern und sollen ein Alter von rund 6000 Jahren haben. Hier wachsen vornehm-

lich Latschenkiefern, Heidekraut, Erika, Pfeifengras, Rasenbinse und Torfmoose. Die Grinden und Moore bieten zahlreichen seltenen und geschützten Tierarten Lebensraum, darunter einige Heuschrecken- und Nachtfalterarten. Hier trifft man auch auf den ältesten, von Fichten geprägten Bannwald Baden-Württembergs, der bereits seit 1911 unter Schutz steht und sich selbst überlassen ist.

Im Sommer des Jahres 1800 kam es im Nordschwarzwald zu dem bislang größten bekannten Waldbrand, der 2800 Hektar Wald und viele der uralten Moore vernichtete. Moore sind der größte Kohlenstoffspeicher an Land, sie können auf derselben Fläche doppelt so viel Kohlenstoff binden wie ein Wald. Dementsprechend dramatische Auswirkungen hatte der Brand, und auch wenn die Moore heute wieder intakt sind und unter Naturschutz stehen, wurde die ursprüngliche Vegetation vermutlich durch dominante und schnellwachsende Pflanzen verändert. Im weiteren Verlauf wurde hier Torf abgebaut, ab den 1920er Jahren wurden die Hochplateaus der Hornisgrinde militärisch genutzt. Seit 1997 ist der Bereich wieder Spaziergängern zugänglich, bis dahin stand das Gelände unter Kontrolle des französischen Militärs.

Der Mittlere Schwarzwald ist als Vogelschutzgebiet ausgewiesen. Hier haben sich Hasel- und Auerhühner niedergelassen, die in ausgesprochen großen Populationen vorkommen, und auch die seltenen Vogelarten Zitronenzeisig, Ringdrossel und Wiesenpieper sind in dem Gebiet heimisch. Bedeutend ist die starke Ausprägung der Kraut- und Strauchschichten, in denen zahlreiche Vögel brüten und jagen. Der Wald ist hier nicht so dicht wie im Nördlichen Schwarzwald, was insbesondere für viele Raubvögel den Lebensraum attraktiv macht, da sie für ihre Jagd weite Flächen brauchen, ihre Nester jedoch im Waldgebiet haben.

Der Südschwarzwald ist weniger zerklüftet als der Nördliche und Mittlere Schwarzwald und auch der Waldanteil ist niedriger. In sein Gebiet fällt der Feldberg, der mit knapp 1300 Metern höchste Berg

des Gebirges. Eine wirkliche Besonderheit ist der nur hier vorkommende Badische Riesenregenwurm, mit einer Länge von gut 30 Zentimetern im Ruhezustand und von bis zu 60 Zentimetern in seiner ausgedehnten Form die größte europäische Regenwurmart. Er wird bis zu 20 Jahre alt (gewöhnliche Regenwürmer werden im Schnitt nicht älter als acht Jahre) und bleibt, wenn möglich, seinem ursprünglichen Bau treu. Neben den Riesenwürmern sind hier auch mehrere Schlangen-, Echsen- und Amphibienarten zuhause, genauso wie zahlreiche Schmetterlingsarten. Auf den feuchten Wiesen des Südschwarzwalds trifft man zudem auf mehrere Orchideenarten.

Die Hochmoore im Nördlichen Schwarzwald sind rund 6000 Jahre alt.

Der Wildfluss Gauchach schlängelt sich durch die Wutachschlucht im Naturpark Südschwarzwald.

Der Aletschgletscher ist der größte und längste Gletscher der Alpen.

ALETSCHWALD

Im Aletschwald in den Schweizer Alpen geht es hoch hinaus. Auf 1600 bis 2200 Höhenmetern erstreckt er sich oberhalb des Aletschgletschers im Kanton Wallis. Seit 1933 ist der Wald von Menschenhand unberührt, zuvor war er jedoch so stark bewirtschaftet worden, dass sogar seine Existenz bedroht war.

Beim Aletschwald handelt sich um einen alten Arven-Lärchen-Wald, der typisch für diese Höhenlage ist und den Baumbestand benennt: Im oberen Teil des Aletschwaldes wachsen Lärchen und Arven (ein anderer Name für Zirbelkiefern), im weiter unten gelegenen und dichter bewachsenen Teil stehen auch Kiefern. Dazwischen erstrahlt im Sommer die immergrüne Rostblättrige Alpenrose mit ihren roten Blüten, die bis zu 100 Jahre alt werden kann. Einen wichtigen Beitrag zur Verjüngung des Waldes leistet der große Bestand an Totholz, das hier seit fast einem Jahrhundert nicht mehr abgetragen wird. Es bietet nicht nur vielen Tierarten Lebensraum, sondern in der kargen Landschaft auch Sträuchern und jungen Bäumen nährstoffreichen Untergrund zum Wachsen.

Das alpine Klima ist harsch. Die Winter sind lang, die Sommer trocken. So wundert es nicht, dass Lärchen und Zirbelkiefern, die zu den wenigen Baumarten gehören, die auch bei dem rauen Wetter bestehen können, stark miteinander um ihre Standorte konkurrieren. Lärchen verbreiten ihre Samen über den Wind, während die Samen der Zirbelkiefer, die sogenannten Zirbel-

nüsse, vom Tannenhäher als Vorrat angelegt und dann im für den Baum besten Fall vergessen werden. Auf diese Weise ist es der Zirbelkiefer möglich, auch an Orten zu wachsen, die eigentlich optimale Bedingungen für Lärchen bieten. In der Kraut- und Strauchschicht wachsen Erika, Alpenrosen und Heidelbeeren.

Die Bäume im Aletschwald passen sich den harten klimatischen Bedingungen an und wachsen sehr langsam. So kann es sein, dass eine gerade mal drei oder vier Meter hohe Zirbelkiefer bereits ein Alter von 80 Jahren aufweist. Die Zirbelkiefern sind kräftig und beständig. Im Aletschwald stehen mit vereinzelt über 1000 Jahre alten Exemplaren einige der ältesten Bäume der Schweiz. Außerdem hat das Harz der Zirbelkiefern einen hohen Anteil an ätherischen Ölen, womit sie Schädlinge abwehren, aber auch ihre Selbstheilkräfte und ihre Widerstandsfähigkeit werden dadurch gestärkt. Darüber hinaus fallen ihre sonderbar gekrümmten und verdrehten Stämme auf. Diese Formen entstehen, weil sich die Bäume regelrecht an den Felsen, auf denen sie wachsen, festklammern, was sie standfest gegen Sturm und Schnee macht.

Der Aletschwald liegt an dem gleichnamigen Gletscher, der nach und nach seine Seitenmoränen freigibt. An diesen Stellen lässt sich beobachten, wie sich die Pflanzen den neugewonnenen Lebensraum erschließen. Einzigartig ist, dass sich hier alle

Die zahlreichen Bergseen im Aletschwald sind von dichter Vegetation umgeben.

Beim Aletschwald handelt sich um einen alten Arven-Lärchenwald, der typisch für diese Höhenlage ist.

Besiedelungsstadien von Beginn an nachvollziehen lassen. Besonders interessant ist dabei die Pflanzensukzession, bei der die Lebewesen, die sich den Lebensraum zunächst erschlossen haben, von anderen Pflanzen verdrängt werden. Beginnend mit Moosen und Flechten, die als erste Bewohner die kargen Felsen besiedeln, folgen erste blühende Pflanzen, die den Boden mit Nährstoffen anreichern und für zunächst Sträucher und schließlich Bäume vorbereiten. Doch dieser Prozess braucht seine Zeit und so dauert es Jahrzehnte, mitunter auch Jahrhunderte, bis eine Felslandschaft bewaldet ist.

Im Aletschwald fühlen sich vor allem Murmeltiere und Gämsen sowie Birkhühner, Steinadler und Tannenhäher zuhause. Im Sommer besuchen auch Rothirsche den Wald. Doch der unnatürlich große Bestand an Gämsen und Rothirschen, die hier keine Fressfeinde haben und gleichzeitig innerhalb des Schutzreservats nicht geschossen werden dürfen, gefährdet die natürliche Verjüngung des Waldes. Die Tiere fressen nur allzu gern die jungen, nähstoffreichen Triebe, wodurch viele der nachwachsenden Bäume absterben. So kommt es zu der merkwürdig anmutenden Situation, dass Wildtiere aus der Schutzzone des Reservats getrieben werden, um außerhalb gejagt werden zu können. Doch die Tiere wissen, wo sie sicher sind und wo nicht, weshalb sie sich vornehmlich innerhalb des Schutzreservats aufhalten.

NATIONALPARK HARZ

Der Nationalpark Harz zählt zwar nicht zu den höchstgelegenen Wäldern des deutschsprachigen Raumes, doch er ist immerhin das höchste Mittelgebirge Norddeutschlands, weswegen er seinen Platz in diesem Kapitel findet. Abgesehen davon gleicht das raue Klima des Harzes dem in Island herrschenden, weshalb die Baumgrenze bei nur 1100 Metern liegt. Der Nationalpark erstreckt sich rund um seine mit 1142 Metern höchste Erhebung, den sagenumwobenen Brocken, und nimmt etwa zehn Prozent der Fläche des gesamten Harzes ein. 60 Prozent des Nationalparks Harz gelten derzeit als sogenannte Naturdynamik-Zone, in der die Natur ganz sich selbst überlassen wird. In absehbarer Zeit sollen es 75 Prozent sein, wobei der hohe Wildbestand dafür sorgt, dass sich Laubbäume nicht ganz ohne menschliche Unterstützung verbreiten können, da ihre jungen Triebe von den Waldbewohnern bevorzugt gefressen werden.

Um die zerklüftete Landschaft des Harzes ranken sich zahlreiche Legenden.

97 Prozent des Nationalparks machen Wälder aus, vor allem Buchen und Fichten sind hier vorherrschend. Daneben finden sich Moore, Klippen und Flussläufe als landschaftliche Merkmale. Bis zu einer Höhe von 600 Metern dominieren Laubmischwälder, im Hochharz herrschen Fichten und Ebereschen vor. Insbesondere im Herbst beeindruckt der Nationalpark Harz mit gigantischen Ausblicken von seinen Klippen oder vom Brocken aus über die leuchtend bunt verfärbten Baumkronen.

Die im Nationalpark vorkommenden Fichten machen über 80 Prozent des Baumbestandes aus. Sie gehen jedoch nicht auf den natürlichen Baumbestand zurück, sondern sind auch hier der forstwirtschaftlichen Nutzung geschuldet. Allerdings wurde mit einer schnellwachsenden Fichtenart aufgeforstet und nicht mit der natürlicherweise in dieser Gegend vorkommenden Harzfichte. Die „zugezogenen" Fichten sind jedoch insbesondere in den unteren Höhenlagen weniger resistent gegen das raue Klima und die großen Schneemengen

und dementsprechend anfälliger für Schädlingsbefall, was den Wald im Harz ernsthaft gefährdet.

Im Nationalpark Harz leben heute wieder Luchse, nachdem sie viele Jahrzehnte lang ausgerottet waren. Die Wiederansiedelung Anfang der 2000er Jahre war erfolgreich, mittlerweile wurden schon viele Jungtiere in freier Wildbahn geboren. Und auch der kleinere Verwandte des Luchses, die Wildkatze, lebt heute in großer Zahl im Harz. Nicht ursprünglich heimisch, inzwischen aber dennoch im Nationalpark zuhause, ist der Europäische Mufflon, der in den 1930er Jahren hier angesiedelt wurde, um das Angebot an jagdbaren Tieren zu ergänzen. Beim Auerhuhn wurden ab den 1980er Jahren ebenfalls Auswilderungsversuche

> Der Nationalpark erstreckt sich rund um den 1142 Meter hohen Brocken und nimmt etwa zehn Prozent der Fläche des gesamten Harzes ein.

unternommen, allerdings konnte sich keine natürliche Population dauerhaft etablieren, weswegen das Projekt wieder eingestellt wurde und heute nur vereinzelt Exemplare im Harz leben.

Vor wenigen Jahren konnte im Nationalpark Harz der Bluthalsschnellkäfer nachgewiesen werden, was einer kleinen Sensation nahekommt. Es handelt sich bei diesem Käfer nämlich um eine Urwaldreliktart – die erste, die im Nationalpark beobachtet wurde. Sein Vorkommen spricht dafür, dass sich der Wald in einem ökologischen Gleichgewicht befindet, denn die Larven des Bluthalsschnellkäfers wachsen in den bodennahen feuchten Mulmhöhlen alter Bäume heran. Bei Mulmhöhlen handelt es sich um Hohlräume im Inneren eines Baumes, die an verletzten Stellen über Jahrzehnte, manchmal sogar über Jahrhundert entstehen. Mulmhöhlen bieten daher einen einzigartigen Lebensraum: einen mit Totholz ausgekleideten Ort innerhalb eines lebendigen Baumes, der dennoch mehrere Jahrhunderte weiterleben kann.

An den Hochmooren des Nationalparks finden sich Exemplare der äußerst seltenen Karpatenbirke sowie zahlreiche seltene Pflanzen. Unter ihnen ist auch der insektenfressende Sonnentau, der sich diese weitere Nahrungsquelle erschlossen hat, um dem nährstoffarmen Boden des Moors zu trotzen. Aber auch 25 verschiedene Moosarten besiedeln diesen Lebensraum. Sie wachsen nach unten ins Moor und sterben am Boden ab, werden dort aber nicht vollständig zersetzt. Auf diese Weise haben sich Mooskörper mit einer Tiefe von bis zu sieben Metern herausgebildet. Ebenfalls in den Harzer Mooren wächst die Gewöhnliche Moosbeere, die wiederum dem Moosbeerenspanner rar gewordenen Lebensraum bietet. Seine Raupen ernähren sich nämlich ausschließlich von den zarten Trieben der Gewöhnlichen Moosbeere. Das raue und vor allem kalte Klima in den Höhenlagen des Nationalparks ermöglicht auch zwei in Mitteleuropa äußerst seltenen Libellen-Arten die Ansiedlung: der Arktischen Smaragdlibelle und der Alpen-Smaragdlibelle.

Von den Hahnenkleeklippen bietet sich ein einzigartiger Blick über den Oberharz.

Vom Kalksteinfelsen Rossfels aus kann man den Albtrauf gut erkennen, die 200 Kilometer lange schroffe Felskante, die das Hochplateau vom Albvorland trennt.

SCHWÄBISCHE ALB

Die Schwäbische Alb zieht sich hauptsächlich durch Baden-Württemberg, erstreckt sich aber auch nach Bayern und in die Schweiz, in die Kantone Schaffhausen und Aargau. Weithin bekannt ist das bis zu 1000 Meter hohe Mittelgebirge für den Albtrauf, die Abbruchkante eines Hochplateaus, das früher von Meer bedeckt war. Die Kraft des Meerwassers lässt sich heute noch an den zahlreichen Formationen und Höhlen im Fels ablesen.

Der Waldanteil der Schwäbischen Alb bewegt sich im baden-württembergischen Durchschnitt und liegt bei etwa 38 Prozent, wobei er im südwestlichen Teil der Schwäbischen Alb am höchsten ist. Prägend für die Landschaft sind gleich mehrere Waldtypen, die auf die unterschiedlichen klimatischen Bedingungen in den jeweiligen Höhenlagen zurückzuführen sind. Im niederschlagsreichen, flacheren nordwestlichen Teil dominieren Buchenwälder, in höheren Lagen ab 700 Metern trifft man vornehmlich auf Tannen-Buchen-Fichtenwälder. An sonnenbeschienenen Orten in niedrigeren Lagen wachsen Eichenwälder. In den wasserreichen Schluchten gedeihen Ahorn- und Eschenwälder. In felsigem Gelände trifft man auf Bergkiefern.

Das Gebiet Untereck ist seit 2010 als Bannwald ausgewiesen, hier wächst der Wald ohne menschliches Eingreifen. Die Zahl der hier vorkommenden Baumarten ist hoch und sehr durchmischt, viele Schluchtlaubwälder machen die Landschaft abwechslungsreich. Eine wirkliche Rarität dieses Biosphärenreservats stellen die Fichten-Blockwälder dar. Sie wachsen auf großen Geröllflächen, die sich vor sehr langer Zeit durch herabstürzende Felsbrocken gebildet haben. Die Fichten scheinen hier nahezu ohne Boden auszukommen, ganz so, als würden sie direkt in den Felsen wurzeln.

Der Anteil an Laub- und Nadelbäumen ist auf der Schwäbischen Alb recht ausgewogen, wobei Nadelbäume etwas häufiger sind. Die in den höheren Lagen vorkommenden Fichten haben dort ihren natürlichen Lebensraum. In niedrigerem Gelände wurden die Fichten nicht standortgerecht aus forstwirtschaftlichen Gründen gepflanzt. Auch auf der Schwäbischen Alb hat der Prozess, die Fichten-Monokulturen mit Laubwäldern aufzuforsten, begonnen.

Prägend für die Schwäbische Alb sind – neben teils spektakulären Felsformationen – Kalkmagerrasen, weitläufige Wacholderheiden, die durch Weidewirtschaft entstanden sind, und Streuobstwiesen. Charakteristisch für die Schwäbische Alb sind die Silberdisteln, doch auch viele weitere Distel-Arten finden sich hier. Die blühende Welt auf der Schwäbischen Alb ist äußerst üppig: Wohin das Auge blickt, begegnet es Blüten. Die Vegetation an den zahlreichen Felsblöcken unterscheidet sich von der in anderen Gebieten, doch auch hier blüht es allerorten. Unter Naturschutz stehen die vielen Orchideenarten, die allesamt als gefährdet gelten und in einer durchaus seltenen Vielfalt über die verschiedenen Lebensräume der Schwäbischen Alb verteilt sind.

Bei einer solchen Blumenpracht verwundert es nicht, dass hier auch unzählige, teils sehr seltene Insektenarten zuhause sind. Insbesondere Schmetterlinge sind verbreitet, aber auch dem blauschwarzen Alpenbock, den man eigentlich, wie sein Name vermuten lässt, in noch höheren Lagen antrifft, begegnet man hier. Die Felsen und Hänge der Schwäbischen Alb bieten

---

Prägend für die Schwäbische Alb sind Kalkmagerrasen, Wacholderheiden und Streuobstwiesen.

---

vielen Vögeln optimale Brutmöglichkeiten, darunter so seltene wie wählerische Arten wie der Uhu, und auch Fledermäuse haben sich in aller Vielfalt angesiedelt.

Im Frühjahr ist der Hangbuchenwald des Albtraufs von pink und weiß blühendem Hohlen Lerchensporn bedeckt.

STAZERWALD UND SCHWEIZERISCHER NATIONALPARK

Der verschneite Stazersee ist im Winter ein beliebtes Ziel für Wanderer.

Sowohl der Stazerwald als auch der Schweizerische Nationalpark liegen im Kanton Graubünden und damit in den Alpen. Der Stazerwald wächst auf einer Höhe von 1700 bis 2100 Metern. Sein Baumbestand setzt sich vornehmlich aus Bergkiefern, Lärchen und Zirbelkiefern zusammen, alles typische Baumarten für die subalpine Lage. Seine Landschaft wurde von eiszeitlichen Gletschern geformt, die bis heute erkennbar ist. So finden sich hier Flach- und Hochmoore, feuchte Senken und sogenannte Rundhöcker, also Felsformationen, die entstanden sind, als große Eismassen des Gletschers auf massiven Fels trafen. Das Eis schmolz unter dem Druck und bildete eine Gleitschicht zwischen Eis und Gestein, durch die der Fels glatt geschliffen wurde. Im Herzen des Stazerwaldes liegt auf einer Höhe von 1800 Metern der Stazersee. Seine Ufer säumen große Schilfvorkommen und Moorwiesen.

Auch wenn der Stazerwald stark touristisch erschlossen und beliebtes Ziel von Wanderern wie Wintersportlern ist, sind doch viele seiner Gebiete als sogenannte Wildruhezonen ausgewiesen, die der natürlichen Entwicklung des Waldes Priorität einräumen.

Der Schweizerische Nationalpark liegt am östlichsten Zipfel der Schweiz und wurde bereits 1914 gegründet. Damit ist er nicht nur der älteste Nationalpark der Alpen, sondern ganz Mitteleuropas. Der Nationalpark hält noch einige weitere, teils sehr außergewöhnliche Rekorde. Einer

Mit ein wenig Glück begegnet man einem Murmeltier. Bei nahender Gefahr flüchten diese scheuen Tiere sofort in ihre Baue.

davon ist, dass ihn seine Fläche von gut 17.000 Hektar zum größten Naturschutzgebiet der Schweiz macht.

Das Wildnisgebiet ist seit vielen Jahrzehnten als UNESCO-Biosphärenreservat ausgewiesen, und an seine natürliche Entwicklung und Erhaltung werden höchste Ansprüche gestellt, auf ein menschliches Eingreifen wird vollkommen verzichtet. Allerdings dauert es in der kargen Landschaft recht lange, bis menschliche Spuren überdeckt werden; insbesondere die großen

---

Die Landschaft des Stazerwalds wurde von eiszeitlichen Gletschern geformt, was bis heute erkennbar ist.

Weideflächen brauchen Zeit, um zu ihrem natürlichen Zustand zurückzukehren. Dennoch ist davon auszugehen, dass sich der momentan von Nadelhölzern geprägte Wald in den kommenden Jahrhunderten wieder zu einem für die Gegend typischen Mischwald entwickeln wird. Gewandert werden darf im gesamten Nationalpark nur auf den ausgewiesenen Wegen und es ist verboten, etwas aus dem Wald mitzunehmen oder dort zu lassen. Dem Konzept nicht ganz gerecht wird die Tatsache, dass der Ofenpass durch den Nationalpark führt.

Der Pass kann mit einem Rekord aufwarten: Hier wächst ein Hallimasch-Klon, der über 1000 Jahre alt sein soll und dessen Vorkommen auf einen Durchmesser von bis zu 800 Metern geschätzt wird. Von einem Klon spricht man, weil alle oberirdischen Fruchtkörper des Pilzes nachgewiesenermaßen auf einen einzigen Pilz zurückgehen, der sich über sein unterirdisches Geflecht seit Jahrhunderten ausbreitet. Der älteste bekannte Hallimasch-Klon der Welt lebt in den USA. Er hat ein geschätztes Alter von über 2500 Jahren und gilt mit einer Ausbreitung von 900 Hektar zugleich als größtes bekanntes Lebewesen der Welt. Es

Tiefe Täler mit reißenden Gebirgsbächen durchschneiden die Gebirgslandschaft des Schweizerischen Nationalparks wie hier im Cluozzatal.

GRÜNE GIPFEL   59

besteht also eine reale Chance, dass auch der Hallimasch-Klon am Ofenpass seine Lebensmitte noch nicht erreicht hat.

Der Nationalpark erstreckt sich über Höhenlagen von 1400 bis knapp 3200 Metern. Sein größter Teil gehört zur subalpinen Höhenstufe, die Baumgrenze liegt hier bei 2000 bis 2300 Metern. Ein Drittel des Gebiets ist bewaldet, weitere 20 Prozent

Der Nationalpark liegt auf Höhen von 1400 bis 3200 Metern und ist zu rund einem Drittel bewaldet.

sind Wiesen und Bergweiden. Den Rest des Nationalparks machen Wasserflächen, Eis, Felsen oder Geröll aus. Mit einem Anteil von über 90 Prozent dominieren die aus forstwirtschaftlichen Gründen gepflanzten Bergkiefern den Baumbestand, an vielen Orten trifft man auf ein großes Erika-Vor-

kommen. Vereinzelt finden sich Exemplare von Lärchen, Zirbelkiefern und Fichten. Der stetig wachsende Anteil an Totholz beläuft sich derzeit auf ein Viertel – ein klares Zeichen für die Naturbelassenheit des Nationalparks, denn wie bei den Nadeln dauert es auch bei den Stämmen von Nadelhölzern verhältnismäßig lange, nämlich etwa ein Jahrhundert, bis sie zersetzt sind. Insbesondere in Richtung der Baumgrenze zeigen sich die Bergkiefern als sogenannte Legföhren, die sich mit ihrem strauchartigen Wuchs und nahe am Boden liegenden Ästen den rauen klimatischen Bedingungen der Alpen angepasst haben.

Vor einigen Jahren gelang die Wiederansiedelung des Bartgeiers im Nationalpark, der hier mittlerweile wieder natürlich brütet. Seine Flügel können zu einer Spannweite von knapp drei Metern heranwachsen, was ihn zu einem der größten flugfähigen Vögel der Welt macht. Gelegentliche Gäste im Nationalpark sind Luchse, Wölfe und Braunbären.

Wanderern, die den Aussichtspunkt am Ofenpass erreicht haben, bietet sich ein spektakulärer Blick in den Nationalpark.

Die Artenvielfalt des natürlichen Mischwaldes im Kaiserwald zeigt sich auf den ersten Blick.

KAISERWALD (STEIERMARK)

Südlich von Graz liegt der Kaiserwald. Sein geologisches Fundament trägt den Namen Kaiserwaldterrasse und ist ein während der Eiszeit entstandenes Schotterplateau, das von einer Lehmschicht überzogen ist. In der Vergangenheit wurde der Lehm zur industriellen Fertigung von Ziegeln verwendet. Spuren der Siedlungsgeschichte sind hier eng mit dem Waldgebiet verbunden und reichen bis in die Bronzezeit im 14. Jahrhundert vor Christus zurück. Daneben finden sich hier mehr als 100 Gräber aus der Zeit der Römer, die auf das erste und zweite Jahrhundert nach Christus datiert werden. Die als Hügelgräber angelegten Ruhestätten, in denen teils die Leichname, teils Urnen und teils die Asche beerdigt wurden, sind bis heute in Form von deutlich erkennbaren Erhebungen erhalten geblieben.

Die Mehrheit des Baumbestandes ist recht nah an ihrem natürlichen Ursprung geblieben. Ein Großteil des Kaiserwaldes ist ein Mischwald aus vor allem Kiefern und Eichen, aber auch Pappeln, Erlen, Birken und Weiden wachsen hier. Insgesamt dominieren die Laubbäume. Die Krautschicht in den Kiefer-Eichen-Wäldern ist von Pfeifengras geprägt, man trifft aber auch auf Preiselbeere, Heidelbeere und Heidekräuter. Ebenso

---

Geologisches Fundament des Kaiserwaldes ist ein während der Eiszeit entstandenes Schotterplateau, das von einer Lehmschicht überzogen ist.

---

naturnah sind die Auwälder und Schwarzerlenbrüche des Kaiserwaldess. Hier prägen für Feuchtgebiete typische Pflanzen den Waldboden, etwa das zu den Rosengewächsen zählende Mädesüß, Sumpfdotterblumen, Sumpfvergissmeinnicht, meist lilafarben blühende Kuckucks-Lichtnelken oder die giftige Einbeere. Daneben finden sich von Menschen angelegte Fichten-

Monokulturen, die davon zeugen, dass die Forstwirtschaft auch vor dem Gebiet des Kaiserwaldes nicht Halt gemacht hat. Unterbrochen wird die Landschaft immer wieder von freien Moorflächen mit einer ebenfalls äußert üppigen Krautschicht.

Die Tierwelt zeigt sich insbesondere in den Flussläufen und den Ziegelteichen in ausgedienten Lehmgruben artenreich. Besonders hervorzuheben ist der weitgehend naturbelassene Gepringbach, der die Kaiserwaldterrasse durchfließt. Hier tummeln sich Krebse, Fliegenlarven, Würmer, Bachforellen, Bachsaiblinge und Bachneunaugen im Wasser. In und an den Teichen leben Frösche, Lurche, Molche, zahlreiche Vogel-, Libellen- und Schmetterlingsarten, darunter jeweils seltene und teils stark gefährdete Bewohner.

Am Waldboden wächst häufig Pfeifengras.

Der naturbelassene Gepringbach bietet vielen gefährdeten Tierarten einen Lebensraum, auch wenn sie sich nicht immer zeigen.

UNSERE WÄLDER

An den Hängen der Hohen Tauern stehen häufig ausgedehnte Lärchenwälder.

NATIONALPARK HOHE TAUERN

In den Bundesländern Kärnten, Tirol und Salzburg liegt der Nationalpark Hohe Tauern, der größte Österreichs und der Alpen. Landschaftlich ist die Region von Gletschern, tiefen Tälern und sogenannten Schwemmkegeln geprägt, die aus Sedimenten bestehen, die von fließendem Gewässer dort aufgetürmt wurden. Der in den Ostalpen gelegene Nationalpark beheimatet in seiner Kernzone, also jenem Gebiet, in das der Mensch nahezu nicht mehr eingreift, zwei der höchsten Berge Österreichs: den Großglockner mit knapp 3800 Metern und den Großvenediger mit gut 3600 Metern.

Der Nationalpark wartet mit weiteren beeindruckenden Zahlen auf: Auf seinem Gebiet befinden sich mehr als 300 Gipfel, 342 Gletscher, die insgesamt eine Fläche von rund 15.500 Hektar haben, gut 500 Bergseen, mehr als 280 Gebirgsbäche, über 760 Moore und zwei Dutzend große Wasserfälle. Da verwundert es nicht, dass die Waldfläche heute nur neun Prozent des Nationalparks ausmacht. Fichten, Lärchen und Zirbelkiefern dominieren den Baumbestand. Daneben finden sich Latschen und Erlen, die hier in Gebüschform wachsen.

Das Gebiet des Nationalparks um die Kernzone wird seit Jahrhunderten als Weidefläche genutzt und ist heute touristisch erschlossen, insbesondere für Wintersportler und Bergsteiger bietet es unzählige Angebote. Man ist bemüht, eine Balance zu finden, die dem Naturschutz Genüge tut, die Region aber auch gleichzeitig als Erholungsraum für Menschen zugänglich macht.

Der Nationalpark verläuft entlang des Alpenhauptkamms und vereint durch seine Höhenstufen außergewöhnlich viele unterschiedliche Lebensräume. An der sonnenbeschienenen Südseite trifft man auf eine ganz andere Vegetation als an der schattigen Nordseite, auch die Höhenstufen sind an der Südseite deutlich höher angesiedelt. So liegt die Baumgrenze in den nach

GRÜNE GIPFEL 63

Süden ausgerichteten Regionen teils erst bei 2400 Metern, während sie im Rest der Hohen Tauern bei rund 2100 Metern liegt. Dass die Baumgrenze insgesamt verhältnismäßig niedrig angesiedelt ist, liegt daran, dass die ursprünglich hier wachsenden

Auf dem Gebiet der Hohen Tauern befinden sich mehr als 300 Gipfel, 342 Gletscher und gut 500 Bergseen.

Arvenwälder gerodet wurden. Das Gelände wurde als Weidefläche genutzt und ist heute nur noch von Sträuchern bewachsen.

Trotz der starken wirtschaftlichen Nutzung ist der Nationalpark Hohe Tauern beeindruckend artenreich, die hier lebenden Tierarten werden auf knapp 10.000 geschätzt. Einzigartig ist das Vorkommen des imposanten Gänsegeiers, der in den Alpen den Sommer verbringt. Die Flügelspannweite des Aasfressers kann bis zu 2,70 Meter erreichen. Daneben springen Gämsen und Alpensteinböcke über die Felsen, Murmeltiere tummeln sich und

selbst in der Gipfelregion des Großglockners fliegen Schmetterlinge. In der kargen und für die allermeisten Arten lebensfeindlichen Gipfellandschaft wächst der pittoreske Gletscherhahnenfuß. In den Alpen ist keine andere blühende Pflanze bekannt, die in höheren Lagen vorkommt als dieses giftige Gewächs. Daneben finden sich noch einige Flechtenarten, denen es ebenfalls gelingt, dem unwirschen Klima zu trotzen.

Die zerklüftete Gebirgslandschaft bietet atemberaubende Anblicke – wie hier die Sulzbachtäler.

Ein ausgewachsener Gänsegeier wiegt bis zu elf Kilogramm.

BUNTE PRACHT

Umso mehr die natürlichen Nadelholz-Monokulturen mit Laubbäumen aufgeforstet werden, desto bunter leuchten vielerorts die Mischwälder in der Herbstsonne. Die Entwicklung zurück zu der ursprünglich im deutschsprachigen Raum vorherrschenden Waldstruktur bringt auch eine ebenso schillernde Vielfalt bei Pflanzen, Tieren, Pilzen und Flechten mit sich.

Die moosbewachsenen Stämme im Bach im Hafenlohrtal sorgen für eine märchenhafte Stimmung.

SPESSART

Spessart, Odenwald und Südrhön sind drei aneinandergrenzende Regionen, die sich über die Bundesländer Baden-Württemberg, Bayern, Hessen und Thüringen erstrecken. Sie werden auch als Hessisch-Fränkisches Bergland bezeichnet und stellen eine naturräumliche Einheit dar, zu der auch noch der Büdinger Wald zählt. Der Spessart in Bayern und Hessen gilt als größtes zusammenhängendes Laubmischwald-Gebiet Deutschlands. Seine Landschaft ist sehr abwechslungsreich und ähnelt der des Odenwalds und der Südrhön.

Der Spessart vereint ganz unterschiedliche Waldstrukturen – einige davon sind in einzelne Naturwaldreservate unterteilt –, was vor allem auf seine lange Geschichte forstwirtschaftlicher Nutzung zurückzuführen ist. So finden sich uralte Eichenwälder, zwischenzeitlich aufgeforstet mit Buchen, wie der Eichenhall, in dem 400 Jahre alte Eichen stehen, die eine Höhe von 40 Metern erreichen. Um die alten Eichen zu schützen, werden behutsam einzelne Buchen entfernt, deren Baumkronen in

---

Der Spessart gilt als größtes zusammenhängendes Laubmischwald-Gebiet Deutschlands.

---

die der Eichen hineinwachsen und sie so zum Absterben bringen würden. Nur zwei Kilometer entfernt liegt das nächste Naturschutzgebiet, der Rohrberg. Hierbei handelt es sich um einen früheren Eichenhutewald. Als Hutewald bezeichnet man einen Wald, der als Weide genutzt wurde, bei dem man aber von Rodung abgesehen hat und darauf setzte, dass die Tiere auch im Wald Nah-

Der Laubmischwald bei Weibersbrunn im Hochspessart besteht aus alten Eichen und Buchen.

Der Spessart ist bekannt für seine Baumgiganten, die sogenannten Methusalembäume.

rung finden. Hier wachsen Eichen, die bis zu 800 Jahre alt sein sollen und damit zu den ältesten Bäumen im Spessart zählen. Ein weiteres Naturschutzgebiet trägt den Namen Metzgergraben & Krone. Allerdings ist die Zeit der Eichen hier gezählt, denn die Buchen verdrängen diese nach und nach, seit der Mensch sich zurückgezogen hat, da Buchen zum einen höher wachsen als Eichen und sie so vom lebensnotwendigen Licht abschneiden. Zum anderen vertragen Buchen die hohen Niederschlagsmengen an diesem Standort besser.

Insgesamt ist der Spessart berühmt für seine Baumgiganten, die sogenannten Methusalembäume. Unter ihnen sind Douglastannen, Douglasien, Eichen und Buchen, allesamt mehrere hundert Jahre alt. Bei Eichen und Buchen ist definiert, ab wann ein Baum als Methusalem gilt: Buchen ab einem Stammdurchmesser von mehr als 80 Zentimetern und Eichen ab einem Durchmesser von mehr als einem Meter.

Die Vielzahl an Baumgiganten bietet einigen Arten einen einmaligen Lebensraum. So lebt im Eichenhall die einzige baumbrütende Kolonie von Mauerseglern in Bayern. Eigentlich leben die Vögel in Städten. Finden sie jedoch alte Eichen mit ausgedienten Spechthöhlen, ziehen die Vögel, die ihr Leben fast ausschließlich fliegend verbringen, gerne dort ein. Mauersegler ernähren und paaren sich im Flug und schlafen sogar fliegend. Man geht davon aus, dass sie den Luftraum nur zum Brüten und zur Aufzucht der Jungvögel verlassen.

Auch im Spessart wird das Totholz nicht abgetragen. Auf das Holz von Eichen und Buchen angewiesen sind insbesondere zwei Pilzarten, von denen es im Spessart große Vorkommen gibt: der Mosaikschichtpilz und der Igelstachelbart. Letztgenannter hat einen spektakulären Fruchtkörper, der wie herabhängende weiße Stacheln anmutet.

Im Spessart trifft man auf Kalkmagerrasen. Vor vielen Millionen Jahren legte sich eine Kalkschicht über den darunterliegenden Buntsandstein, wodurch sich an diesem Ort für den Spessart eigentlich untypische Tier- und Pflanzenarten ansiedelten. Hier wachsen nun Orchideenwiesen und Wacholderweiden. Damit die Freiflächen nicht von Sträuchern überwuchert werden, weiden Schafe hier, die die Wiesen auf natürliche Weise freihalten. Orchideen benötigen zum Wachsen nämlich viel Licht und können sich nicht besonders gut gegen andere Pflanzen durchsetzen.

In einem gesunden Ökosystem finden sich Bäume jeden Alters.

RHÖN

Die Rhön grenzt sich von der Südrhön ab, die geologisch zu Spessart und Odenwald zu rechnen ist. Sie zählt zu den Mittelgebirgen, ihre höchste Erhebung ist die Wasserkuppe mit 950 Metern. In ihrem Herzen liegt das gleichnamige Biosphärenreservat, in dem sich einige sehr alte und weitgehend naturbelassene Buchenwälder erhalten haben. Hier ist der Artenreichtum der Pflanzen besonders ausgeprägt, unzählige teils sehr seltene oder vom Aussterben bedrohte Blumenarten fühlen sich in dem Gebiet wohl. Der allergrößte Teil der Rhön ist bewaldet. Nur einige Hochmoore, Felsen und Blockhalden durchbrechen die Baumlandschaft. Auch in der Tierwelt, insbesondere unter den Vögeln, gibt es viele seltene Arten, die den alten Baumbestand und den hohen Anteil an Totholz als Lebensraum schätzen. Besonders hervorzuheben ist, dass der Uhu, die größte noch lebende Eulenart der Welt, hier heimisch ist.

Hochmoore wie das Schwarze Moor bilden ganz eigene Lebensräume für häufig seltene Arten.

In der Rhön würde natürlicherweise Buchenwald vorherrschen, doch auch hier wurde bis auf wenige Ausnahmen durch forstwirtschaftliche Eingriffe die Waldstruktur stark verändert. In den Hochlagen trifft man auf Edelholz-Buchenwälder mit seltenen Blumenarten wie dem meist violett blühenden Silberblatt. Sein wissenschaftlicher Gattungsname lautet *Lunaria*, auf Deutsch: Mondpflanze. Seine beiden malerischen Namen beschreiben die filigranen silbrig schillernden Trennwände seines Fruchtstandes, die im Herbst stehen bleiben, nachdem die Samen herausgefallen sind. Daneben wachsen in den Buchenwäldern auch Alpen-Milchlattich oder der Glanz-Kerbel mit dem in Deutschland größten Vorkommen.

In den Tälern haben sich vornehmlich Kalkbuchenwälder angesiedelt, deren Vegetation in der Kraut- und Strauchschicht sich von denen der höhergelegenen Verwandten unterscheidet, aber nicht weniger vielfältig ist. Besonders hervorzuheben sind die zahlreichen Orchideenarten, unter ihnen

mehrere Waldvögelein-Arten, Frauenschuh, Korallenwurz und das Purpur-Knabenkraut.

Doch auch in den Nadelmischwäldern trifft man auf eine bunte Blumenpracht. In den Kiefernmischwäldern der Rhön wächst sogar giftiger Diptam. Die wunderschön anzusehende Pflanze wird bis zu 120 Zentimeter hoch und schleudert im Hochsommer ihre Samen bis zu fünf Meter weit durch die Luft. Das Knallen der aufplatzenden Fruchtkapseln kann man sogar hören. Wenn die Früchte des Diptams heranreifen, geben sie große Mengen eines ätherischen und intensiven Öls ab, das nicht nur starke Hautreizungen hervorruft, sondern auch entflammbar ist. Das geht so weit, dass man an überaus heißen Sommertagen in der Abenddämmerung kleine Flammen an der Pflanze beobachten kann, die sich selbst entzündet haben. Glücklicherweise schadet dies der Pflanze nicht.

Prägend für die Rhön ist ihre Moorlandschaft. Die beiden größten Moore der Rhön sind das Schwarze und das Rote Moor. Sie erreichen eine Tiefe von bis zu acht Metern und beheimaten zahlreiche Torfmoose und vereinzelt Sonnentau. Es haben sich hier auch Birkhühner niedergelassen, die außerhalb der Alpen nur sehr selten vorkommen, genauso wie Baummarder, die stark gefähr-

> Prägend für die Rhön ist ihre Moorlandschaft mit den beiden größten: dem Schwarzen und dem Roten Moor.

dete Sumpfspitzmaus, Iltisse, Hermeline, Dachse und Steinmarder. Dazu kommen spezielle Libellen- und Schmetterlingsarten, deren Larven zum Gedeihen auf Moorgebiete angewiesen sind, vielfältige Heuschreckenarten sowie zahlreiche Vogel- und Raubvogelarten. In der Nähe zum Schwarzen Moor steht ein von Menschen angelegter Fichtenwald, der sich in absehbarer Zeit wieder zu einem Wald mit moortypischen Baumarten wie der Moor-Birke entwickeln soll. Die Randlagen des Roten Moors sind

von einem Karpatenbirkwald bestanden, in den niedrigeren Waldschichten wachsen vor allem Heidelbeeren und Heidekraut.

Die nicht von Wald bestandenen Freiflächen sind von Menschen geschaffen worden, meist als Weide. Hier haben sich einzigartige Biotope entwickelt, die heute unter Schutz stehen. Auf den Kalkmagerrasen wachsen unter Naturschutz stehende Silberdisteln, das Wahrzeichen der Rhön. Besonders im Frühjahr und Sommer erblühen die offenen Flächen in den prächtigsten Farben, wenn Enzian, die Gewöhnliche Kuhschelle, Lilien oder auch die zahlreichen Orchideenarten ihr Blütenkleid tragen.

Einzigartig in der Rhön ist das Vorkommen der Rhön-Quellschnecke. Die nur wenige Millimeter große Schnecke findet man ausschließlich hier, im benachbarten Gebiet um den Vogelsberg in Hessen und in ausgewählten Bereichen des nahegelegenen Spessarts. Sie lebt in kaltem Gewässer und ernährt sich dort von abgestorbenen Tier- und Pflanzenteilen, die über Steine, Totholz oder herabgefallenes Laub ins Wasser gelangen.

Die Silberdistel hat sich zum Wahrzeichen der Rhön entwickelt.

Vom Heidenpfeiler lässt sich weit über den Pfälzerwald schauen.

PFÄLZERWALD

Eines der größten und abwechslungsreichsten Waldgebiete Deutschlands ist der Pfälzerwald. Er gehört zum Naturpark Pfälzerwald, von dessen Fläche er gut 75 Prozent einnimmt. Der Naturpark Pfälzerwald wiederum, der sich auf einer Fläche von knapp 180.000 Hektar erstreckt, bildet gemeinsam mit dem Regionalen Naturpark Vosges du Nord, also den Nordvogesen, das Biosphärenreservat Pfälzerwald-Vosges du Nord. Das gesamte Biosphärenreservat breitet sich über eine Fläche von gut 310.000 Hektar aus. Der Zusammenschluss beider Naturreservate wurde 1998 von der UNESCO als erstes europäisches grenzüberschreitendes Biosphärenreservat ausgewiesen.

Mitte des 20. Jahrhunderts wurde der Pfälzerwald gemäß der Idee von Naturparks zu einem Erholungsgebiet umgestaltet, das in erster Linie der strapazierten arbeitenden Bevölkerung zugutekommen sollte. Mitte der 1970er Jahre verschob sich der Fokus auf die Schaffung von Biotopen und die Auflockerung der großflächigen Nadelholz-Monokulturen durch das bewusste Aufforsten von Mischwäldern. An den sonnigen, trockenen Hängen wachsen heute meist Kiefern, Buchen finden sich an den feuchteren und schattigen Hängen und in den Hochlagen. Von beiden Baumarten gibt es im Pfälzerwald Exemplare, die mehrere hundert Jahre alt sind. Im Herzen des Pfälzerwaldes steht ein Hainsimsen-Buchenwald, ein vornehmlich aus Rotbuchen bestehender Wald. Hier trifft man auf sogenannte Buchendome, also Baumformationen, die unter ihren dichten Baumkronen das Gefühl erwecken, in einer beeindruckenden, in grünes Licht getauchten Kathedrale zu stehen.

In dem Haardt genannten Teil am östlichen Rand des Pfälzerwaldes am Übergang zur Weinstraße wachsen auf einer Fläche von 2600 Hektar Edelkastanienwälder. Edelkastanien sind keine heimischen Bäume, sondern wurden hier von den Römern angepflanzt. Sie gehören zur Familie der Buchen und wurden wegen ihrer essbaren Früchte, der Maroni, kultiviert. Bis ins 20. Jahrhundert hinein nutzte man ihr widerstandsfähiges Holz als Stütze für Weinreben, die Gerüste, die aus dem Holz gebaut wurden, hielten 20 Jahre. Das entspricht genau

der Zeit, die die Edelkastanie nach dem Stockausschlag braucht, um wieder die für diese Verwendungsweise ideale Dicke von 15 Zentimetern zu erreichen. Als die Rebenstützen aus Edelkastanienholz zunehmend durch andere Materialien ersetzt wurden und auch Brennholz nicht mehr in großem Umfang gefragt war, unternahm man den Versuch, den Bestand an Edelkastanien durch wirtschaftlichere Baumarten wie Douglasien oder Lärchen zu ersetzen. Dies misslang jedoch, denn die Triebe, die aus den geschlagenen Kastanienstämmen nachwachsen, sind sehr robust und verdrängten alternative Baumarten.

Das Biosphärenreservat und so auch der Pfälzerwald sind durchsetzt von sogenannten Kerngebieten, in denen die Natur weitgehend sich selbst überlassen wird. Diese Kerngebiete machen insgesamt zwar nur gut zwei Prozent des länderübergreifenden Reservats aus. Wenn man jedoch bedenkt, dass der Pfälzerwald über Jahrhunderte hinweg wirtschaftlich genutzt und auch ausgebeutet wurde, ist das ein vielversprechender Anfang.

Neben einer riesigen Artenvielfalt in Flora und Fauna hat der Pfälzerwald in Rheinland-Pfalz, der – wie sein Name schon verrät – das Herz der Pfalz ausmacht, eine weitere Besonderheit aufzuweisen: Er ist durchzogen von farbenfrohen Buntsandstein-Felsen. Bei einer Waldwanderung lassen sich so beeindruckende Felsgebilde wie der Teufelstisch im Wasgau im südlichen Pfälzerwald bestaunen. Er zählt zu den sogenannten Pilzfelsen, von denen es im Pfälzerwald 20 Exemplare gibt, die allesamt sehenswert sind. Ihre Tischform ist durch Erosion entstanden, die das Gestein um den harten Felskern herum abgetragen hat. Das Gewicht des Teufelstisches wird auf 284 Tonnen geschätzt. Er setzt sich aus einer drei bis vier Meter dicken und 50 Quadratmeter großen „Tischplatte" und einem „Tischbein" zusammen, das die Platte in einer Höhe von etwa elf Metern trägt.

Das vom Pfälzerwald bestandene Mittelgebirge bietet eine abwechslungsreiche Landschaft, die von zahlreichen Tälern und teils skurrilen Bergformationen geprägt ist. Ebenso charakteristisch ist das ausgeprägte Gewässersystem des Waldes, das von Quellen, Bächen und Mooren bis hin zu sogenannten Woogen reicht. Als Woog bezeichnet man ein stehendes Gewässer, das nicht natürlich entstanden ist. Im Pfälzerwald zeugen sie noch von seiner einstigen ausgiebigen Bewirtschaftung.

Auch Tiere aller Art fühlen sich im Pfälzerwald wohl, wobei der seltene Wanderfalke, zahlreiche Fischarten in den meist sehr sauberen Gewässern und die vielen Ameisenarten hervorzuheben sind. Bei einem Waldspaziergang trifft man auf zahlreiche Ameisenhügel, die dort von teils sehr seltenen Arten errichtet wurden.

Eine Besonderheit des Pfälzerwaldes ist in seinem beeindruckenden Farbspiel zu sehen. Nicht nur im Herbst, wenn sich das Laub der Bäume verfärbt, wird die zerklüftete Mittelgebirgslandschaft zu einem leuchtenden Panorama. Auch der Buntsandstein bringt Farbe in die Gegend und erstrahlt, je nach Lichteinfall, Tageszeit und wechselndem Eisengehalt des Gesteins, in vielfältiger Weise.

Auch Buntsandstein-Felsen dienen als Halt für Baumwurzeln.

THÜRINGER WALD

Inmitten des Naturparks Thüringer Wald liegt sein Herzstück, das gleichnamige UNESCO-Biosphärenreservat, übrigens das erste in Deutschland. Der allergrößte Teil des Biosphärenreservats ist von Wald bestanden; Wiesen, Gewässer und Moore ergänzen die landschaftliche Vielfalt. Das Mittelgebirge ist durchzogen von mehreren Erhebungen, von denen der Große Beerberg mit fast 1000 Metern die höchste ist.

Der Thüringer Wald ist zu etwa 90 Prozent bewaldet, wobei in den niedrigen Lagen Mischwälder anzutreffen sind, gefolgt von Laubmischwäldern, wenn man sich in höheren Lagen befindet, und Fichten, die vornehmlich auf den Gebirgskämmen wachsen.

Der Wald des Biosphärenreservats wird heute nach den Prinzipien einer naturnahen Waldbewirtschaftung mit einem hohen Anteil an Totholz betrieben, was den Artenreichtum bei Pflanzen und Tieren ausmacht. Das Kahlschlagverfahren ist in diesem Gebiet verboten und Priorität hat die Aufforstung des Thüringer Waldes zu einem Mischwald, der weitgehend einer natürlichen Bewachsung entspricht. Doch die einstige forstwirtschaftliche Nutzung lässt sich bis heute unter anderem an der unnatürlich hohen Zahl an Fichten ablesen, die noch 60 Prozent des Baumbestandes ausmachen.

Im Frühjahr und Sommer blühen auf den bunten Bergwiesen seltene Blumen und Heilkräuter. In den Hochmooren trifft man auf den fleischfressenden Sonnentau und hübsches Wollgras. Doch wirklich einzig-

---

Im Naturpark Thüringer Wald liegt sein Herzstück, das gleichnamige UNESCO-Biosphärenreservat.

---

artig sind im Thüringer Wald vor allem die fliegenden Bewohner. In den Hochmooren begegnet man an sonnigen Sommertagen der äußerst seltenen Alpen-Smaragdlibelle mit einer Flügelspannweite von bis

Blick über den Thüringer Wald zur Wartburg.

zu sieben Zentimetern. Ebenfalls in den Hochmooren zuhause ist die Torf-Mosaikjungfer, auch eine Libelle, die jedoch mit einer Flügelspannweite von mehr als zehn Zentimetern deutlich größer wird als ihre Artgenossin. Und auch Wachtelkönig, Birkhuhn und Schwarzstorch haben sich hier niedergelassen, die allesamt nicht zu den alltäglichen Waldbewohnern zählen. Selten sind auch die sogenannten Schneeinsekten, auf die man im Winter trifft; zu dieser Zeit paaren sie sich auch. Zu ihnen zählen im Thüringer Wald Stelzmücken, einige Spinnenarten und die Winterhaften, hinter deren märchenhaftem Namen sich Schneeflöhe verbergen.

Beobachten lässt sich all das bei eigenen oder von Rangern geführten Waldwanderungen. Durch das weitgehend naturbelassene Herzstück des Thüringer Waldes führt ein Urwaldpfad, von dem aus sich bei einer rund fünfstündigen Wanderung Flora und Fauna entdecken und genießen lassen. Besonders farbenfroh zeigt sich der Thüringer Wald im September, wenn nicht nur die verfärbten Blätter leuchten, sondern auch die – sehr giftige – Herbstzeitlose die Wiesen bunt färbt.

Das Biosphärenreservat lässt sich jedoch nicht nur bei Waldwanderungen erkunden, auch unterirdisch hat der Thüringer Wald etwas Einzigartiges zu bieten. Vor gut 500 Millionen Jahren entstand mitten im Thüringer Wald, damals am Meeresgrund, der sogenannte Schwarze Crux. Hierbei handelt sich um ein kugelförmiges Erzvorkommen, das durch einen „Schwarzen Raucher" entstand, also durch eine im Tiefseeboden liegende hydrothermale Quelle, aus der heißes Wasser, in dem verschiedene Stoffe gelöst sind, austritt und sich mit dem kälteren Meereswasser mischt. Dabei setzen sich die gelösten Stoffe ab und formen sich zu mineralischen Gebilden mit meist spektakulärer Form. Weltweit gibt es nur zwei weitere bekannte Erzformationen, die mit dem Schwarzen Crux im Thüringer Wald vergleichbar sind. Etwa ab Beginn des 10. bis ins 20. Jahrhundert hinein wurde hier hochwertiges Eisen in Form des schwarzen

Die Verjüngung des Baumbestandes wird auch im Thüringer Wald vorangetrieben.

Die Schwarze Crux entstand vor 500 Millionen Jahren.

Magneteisensteins, auch bekannt als Magnetit, abgebaut. Einzigartig ist hier, dass ein stillgelegter Stollen in einem solchen Crux-Magnetit-Vorkommen im Rahmen von Führungen für Publikum begehbar ist.

Im Herbst verwandelt sich der Naturpark Rheinland in ein Farbenmeer.

EIFEL

Die Eifel gehört zum Rheinischen Schiefergebirge, weist eine große landschaftliche Vielfalt auf und umfasst vier Naturparks: Rheinland, Hohes Venn-Eifel, Vulkaneifel und Südeifel. Die Eifel ist durchzogen von mehreren Erhebungen, die höchste von ihnen ist mit knapp 750 Metern die Hohe Acht. Seit dem Mittelalter wurde und wird die Eifel wirtschaftlich genutzt und in vielen Teilen ausgebeutet. Heute herrscht jedoch vielerorts erholsame Stille, zahlreiche Wälder werden sich selbst überlassen. In der Eifel wurden bislang gut 11.000 Tier- und Pflanzenarten registriert, von denen über 2500 als selten oder sogar gefährdet eingestuft werden.

Der Naturpark Rheinland ist ein Mischwald, auch wenn große Fichtenbestände noch von der fortwirtschaftlichen Nutzung des Gebietes zeugen. Der für die Landschaft typische Hainsimsen-Buchenwald untersteht besonderem Schutz. In dem bei Bonn gelegenen Gespensterwald, trifft man auf die sogenannten Kopfbuchen, auf deren Gestalt sein Name zurückgeht und deren bizarr gewachsene Stämme an Fratzen und Fabelwesen erinnern. Bei den Kopfbuchen handelt es sich um einen sehr alten Baumbestand, der Geschichte erzählt. Im Mittelalter wurde aus den Buchen Brennholz geschlagen. Der Wurzelstock wurde dabei stehen gelassen, damit der Baum neu austrieb und 15 bis 20 Jahre später erneut zu Brennholz verarbeitet werden konnte. Gleichzeitig wurden die Tiere auf die Weiden im Wald getrieben und fraßen munter die nährstoffreichen jungen Triebe. Damit aus eben jenen jungen Trieben erneut Feuerholz wachsen konnte, gingen die Menschen dazu über, das Holz erst in einer Höhe von etwa zwei Metern, also in der für die Tiere nicht mehr erreichbaren „Kopfhöhe", zu schlagen. Auf diese Weise sind Bäume mit einem äußerst dicken und vielgliedrigen Stamm gewachsen, von dem in der niedrigen Höhe von zwei Metern mehrere dicke, häufig von Narben überzogene Äste abzweigen, die den Bäumen ihre gespenstische Gestalt verleihen.

Das Gelände des im Westen der Eifel gelegenen Naturparks Hohes Venn-Eifel ist zerklüftet von tiefen Tälern und vielen wasserreichen Flussläufen, deren Ufer von gelbblühenden Narzissen geschmückt sind.

In der Eifel wurden 11.000 Tier- und Pflanzenarten registriert, von denen über 2500 als selten oder gefährdet eingestuft werden.

Geprägt ist die Landschaft insbesondere um Stolberg von der Eisenindustrie, die hier ab dem 15. Jahrhundert betrieben wurde. Hochöfen findet man dort heute zwar nicht mehr, dafür aber eine üppige Galmeivegetation. Galmei bezeichnet ein Mineralgemenge, zu dem auch das für die allermeisten Pflanzen giftige Zink und Blei zählen und das im Boden des Stolberger Raums anzutreffen ist. Einige wenige Pflanzen vertragen jedoch diese Bodenart, so das Galmeiveilchen, das dort in großer Zahl blüht.

Der Naturpark Südeifel hat viele idyllische Ecken, in denen sich sogar seltene Bewohner wie Schwarzstörche, Wildkatzen und Orchideen zuhause fühlen. Geprägt ist auch die Südeifel von einschneidenden Tälern und Gesteinsformationen, unter denen einige als Naturdenkmale geführt werden.

Die gesamte Eifel ist von einem beeindruckenden Wassersystem durchzogen, das sich aus zahlreichen Flüssen und Bächen, aus Stauseen und den natürlich entstandenen Maarseen sowie einem Kratersee und einer Caldera zusammensetzt. Insbesondere die Vulkaneifel weist hier auf kleinem Raum eine hohe Dichte an vulkanischen Landschaftsstrukturen auf, die in einer äußerst explosiven Zeit vor etwa 15.000 Jahren entstanden sind. Bei einer Caldera handelt es sich um eine kreisförmige Vertiefung, die durch das Absacken des Erdreichs in die entleerte Magmakammer eines Vulkans entstanden ist. Einzigartig in Mitteleuropa ist, dass sich in der Vulkaneifel die Caldera mit Wasser gefüllt und so den Laacher See hervorgebracht hat. Daneben finden sich mehrere Maarseen, die bei Vulkanausbrüchen entstanden sind. Es handelt sich hierbei um Krater, in denen das aus der Erde schießende heiße Magma auf Wasser getroffen und zu einer Sedimentschicht erstarrt ist. Die Anzahl an Trockenmaaren, die als weitläufige runde Bodenvertiefungen zu erkennen sind, ist noch weitaus höher. Zu guter Letzt gibt es in der Vulkaneifel auch noch einen Kratersee, der sich wiederum in seiner Entstehung von Caldera und Maar unterscheidet. Ein Kratersee hat sich nämlich in einem tatsächlichen Vulkankrater gebildet.

Der letzte Vulkanausbruch in der Eifel liegt etwa 11.000 Jahre zurück. Vulkanische Aktivität ist hier jedoch nach wie vor vorhanden und wird ständig beobachtet. Derzeit deutet zwar nichts auf einen bevorstehenden Vulkanausbruch hin. Die Forschung ist sich jedoch einig, dass sich die unterirdischen Magmakammern stetig füllen und mit einem erneuten Ausbruch zu rechnen ist – der aber gut und gerne auch noch mehrere tausend Jahre auf sich warten lassen kann.

Steile Felswände prägen Teile der Eifel.

HUNSRÜCK, TAUNUS UND WESTERWALD

Hunsrück, Taunus und Westerwald sind allesamt Wälder des Rheinischen Schiefergebirges, die nahezu ineinander übergehen und teils durch Nationalparks miteinander verbunden sind. Die nordwestliche Ecke des geografischen Kleeblatts bildet die Eifel, die in diesem Buch wegen ihrer besonderen vulkanischen Prägung in einem eigenen Kapitel behandelt wird.

Zum in Rheinland-Pfalz liegenden Hunsrück zählt der Nationalpark Hunsrück-Hochwald, der sich aus Idar- und Hochwald zusammensetzt, sowie Soonwald, Lützelsoon und Binger Wald. Insgesamt ist der Hunsrück von einer intensiven Bewirtschaftung gekennzeichnet, die bis heute die landschaftliche Erscheinung prägt. Eine Aufforstung der Wälder hin zu einem deutlich gemischteren Wald ist jedoch in Angriff genommen, insbesondere in dem als Naturpark ausgewiesenen Gebiet. Hier ist es das Ziel, dass in absehbarer Zeit 75 Prozent der Fläche der natürlichen Entwicklung überlassen sind und wieder verwildern. So verbleibt das Totholz mittlerweile im Wald und erweitert den Lebensraum für eine Vielzahl an Tier- und Pflanzenarten.

Trotz der forstwirtschaftlichen Nutzung haben sich aufgrund der landschaftlichen Besonderheiten des Mittelgebirges einige

---

Die Landschaft des Hunsrück ist bis heute von einst intensiver forstwirtschaftlicher Nutzung geprägt.

---

ganz besondere Wälder erhalten, die heute unter Schutz stehen. Die von mehreren Gebirgsbächen durchflossene Landschaft wird

Vom Aussichtsturm auf dem Erbeskopf kann man den Nationalpark Hunsrück-Hochwald überblicken.

von teils sehr steilen Tälern durchschnitten, an deren Hängen ganz unterschiedliche Waldtypen wachsen, je nachdem, ob es sich um die Sonnen- oder die Schattenseite des Tals handelt. Dem Sonnenlicht ausgesetzte Hänge sind von Eichen oder Eichen-Hainbuchen-Wäldern bestanden, an den schattigen Hängen wachsen Blockschutt- und Hangmischwäldern. Daneben finden sich in den Mooren des Hunsrücks auch Erlenbruch- und Moorwälder.

Diese Naturvielfalt bietet selbstverständlich auch zahlreichen Tieren und Pflanzen optimale Bedingungen, darunter auch seltene und geschützte Arten. So hat sich hier die Wildkatze niedergelassen, die die Ruhe eines weitläufigen zusammenhängenden Waldes sucht, oder Rauhfußkauz und Schwarzspecht, beides Vogelarten, die in alten Wäldern leben. Schwarzspechte sind die größten Vertreter ihrer Art in Europa und hämmern ihre geräumigen Höhlen in alte Bäume, also solche mit Stämmen einer gewissen Dicke. Der Rauhfußkauz lebt vornehmlich in Nadelwäldern, wo er wiederum ausgediente Schwarzspecht-Höhlen bezieht. Der anpassungsfähige Schwarzspecht, der zwar am liebsten in Buchenwäldern lebt, aber auch nahezu jeden anderen Wald als Lebensraum auswählt, liefert dem Rauhfußkauz reichlich Einzugsmöglichkeiten.

Im Osten grenzt der Taunus an den Hunsrück, getrennt werden beide Gebiete durch den Rhein. Im Süden liegt mit dem Vorder- und dem Hohen Taunus der höchste Teil des gesamten Rheinischen

Moorlandschaft im Hunsrück-Hochwald.

Der Rauhfußkauz ist eine kleine Eulenart und wird bis zu 26 Zentimeter groß.

Der Große Feldberg liegt im Hohen Taunus und ist der höchste Berg des Rheinischen Schiefergebirges.

Schiefergebirges, der weitgehend bewaldet ist. Auch den Großen Feldberg mit knapp 900 Metern Höhe kann man hier erklimmen. Im nördlicher gelegenen Hintertaunus dominieren Laubwälder, wobei dieser Bereich weit weniger bewaldet ist und vor allem landwirtschaftlich genutzt wird.

Das Gebiet des Taunus ist in drei Naturparks eingegliedert: den Naturpark Taunus, den Naturpark Rhein-Taunus und den Naturpark Nassau. Da der Taunus unmittelbar an das Rhein-Main-Gebiet grenzt, dessen Einwohnern er als Erholungsort dient,

---

Drei Naturparks gibt es im Taunus: den Naturpark Taunus, den Naturpark Rhein-Taunus und den Naturpark Nassau.

---

gehört es zu den primären Aufgaben der Naturparks, den Touristenstrom so waldfreundlich wie möglich zu gestalten. Zum Naturpark Taunus zählt der Hochtaunus, der kaum besiedelt und weitgehend von Nadelwald bedeckt ist.

Der Naturpark Rhein-Taunus erstreckt sich über den südwestlichen Taunus sowie den angrenzenden Rheingau. Auch er umfasst Teile des Hohen und des Hintertaunus. Der Park besteht zu mehr als 60 Prozent aus Waldfläche, die sich aus Buchen, Eichen, Fichten und Douglasien zusammensetzt.

Der Naturpark Nassau zieht sich über den nordwestlichen Teil des Taunus und das südwestliche Gebiet des Westerwaldes. Im Norden schließt der Westerwald an den Taunus an. Seine mit gut 650 Metern höchste Erhebung ist die Fuchskaute, die vulkanischen Ursprung hat. Das schroffe Klima an ihren Hängen führt hier zu einer Vegetation, wie man sie eher aus den Alpen kennt. Charakteristisch für diese Landschaft waren offene Heideflächen, von denen heute nur noch die Heide bei Westernhohe existiert. Prägend ist auch die Westerwälder Seenplatte, zu der sieben angelegte Stauseen zählen. Gemeinsam mit den sich anschließenden Bruchwäldern bietet das Naturschutzgebiet insbesondere zahlreichen und teils bedrohten Vogelarten Lebensraum, darunter vielen Wasser- und Wattvögeln, die hier entweder brüten oder einen Zwischenstopp auf ihrer Reise in den Süden einlegen. Auch im Westerwald ist das Rheinische Schiefergebirge von den charakteristischen tiefen Tälern, Schluchten und steilen Hängen bestimmt, die die Landschaft samt Flora und Fauna so vielfältig und abwechslungsreich machen.

Beeindruckendes Winterkleid.

Das Schwarzwassertal ist eines der Naturschutzgebiete im Erzgebirge. Zu den beeindruckenden Sehenswürdigkeiten gehören Teufelswand und Nonnenfelsen.

ERZGEBIRGE

Das Erzgebirge in Sachsen, an der Grenze zu Tschechien gelegen, machte jahrhundertelang seinem Namen als große Bergbauregion alle Ehre. Nach der Vereinigung der beiden deutschen Staaten wurden die Bergwerke stillgelegt. Heute ist nur noch eines in Betrieb, das Kalkwerk Hammerunterwiesenthal, in dem Marmor gefördert wird. Der Bergbau hat das Erzgebirge stark geprägt, Wasserläufe wurden in den Fels geschlagen und Pingen unterschiedlicher Größe und Form haben der Landschaft einen ganz eigenen Charakter verliehen. Bei Pingen handelt es sich um eingestürzte Bergbaugruben, die mehr oder weniger große Löcher in den Boden reißen. Viele dieser Pingen sind schon jahrhundertealt und mittlerweile natürlich in das Landschaftsbild integriert.

Der höchste Berg des Erzgebirges ist mit gut 1200 Metern der Fichtelberg. Ursprünglich bestand der Wald des Erzgebirges ausgewogen aus Buchen, Weißtannen und Fichten. Mit der starken wirtschaftlichen Nutzung kam es immer wieder zu Kahlschlägen und im Anschluss zu einer großen Dominanz des Fichtenbestandes. Als zu Beginn des 19. Jahrhunderts die forstwirtschaftliche Nutzung auch in diesem Gebiet einsetzte, wurden die großen Fichtenbestände weiter gefördert. In den 1970er und 1980er Jahren wurde der Wald in diesem Gebiet nachhaltig durch Schadstoffe geschädigt, die vor allem aus Chemiefabriken und Braunkohlekraftwerken stammten. Ein großer Teil des Waldes musste wiederaufgeforstet werden – und man entschied sich für Fichten. Dementsprechend jung ist der Wald um den Fichtelberg. Heute geht die Entwicklung zwar dorthin, den Mischwald wieder aufzuforsten, aber dennoch hat der Wald im Erzgebirge mit den Nachwirkungen der hohen Schadstoffbelastungen zu kämpfen und auch, wenn die umliegenden Kraftwerke mittlerweile mit deutlich verbesserten Filteranlagen ausgestattet sind, ist die Umweltbelastung für den Wald hier nach wie vor hoch.

Im gesamten Erzgebirge gibt es Naturparks und -schutzgebiete, die innerhalb der stark wirtschaftlich und touristisch – insbesondere durch den Wintersport – genutzten Strukturen geschützte Lebensräume schaffen, in denen sich eine reiche Artenvielfalt bei Pflanzen und Tieren entwickelt hat. Feuchtwiesen gehören ebenso zur Landschaft wie die sogenannten Lesesteinhaufen. Hierbei handelt es sich um aufgeschichtete Steine, die bei der landschaftlichen Bearbeitung der Böden im Weg waren. In diesen teils recht großen Steinhaufen haben sich ganz eigene kleine Biotope gebildet, die zwar nicht auf natürliche Weise entstanden sind, dafür aber vor allem Kleintieren wie Spinnen und Insekten Lebensraum bieten, den sie sonst so komfortabel nicht gefunden hätten. Ganz natürliche und sehr artenreiche Lebensräume schaffen die Hochmoore, in denen seltene Arten von überregionaler Bedeutung vorkommen, darunter Enzian- und Orchideenarten. Aber auch Vogelarten, die man nicht überall antrifft, leben hier, zum Beispiel Eisvogel, Sperlingskauz und Birkhuhn. Insbesondere Birkhühner kommen durch die landwirtschaftliche Vielfalt in den Genuss ihres optimalen Lebensraumes. So balzen sie auf offenem Gelände, brüten in dichten Krautschichten, verbringen den Winter in Waldgebieten und den Frühling im Moor. Die Küken picken auf Ackerflächen, da sie dort ohne große Mühe an nährstoffreiche Nahrung kommen – ein vielfältiger Anspruch an den Lebensraum, den das Erzgebirge gut erfüllen kann. Eine wirkliche Rarität ist die im Erzgebirge vorkommende Flussperlmuschel, die in Deutschland sehr selten ist. Die Muschel braucht zum Gedeihen näm-

Im gesamten Erzgebirge gibt es Naturparks und -schutzgebiete, die geschützte Lebensräume schaffen.

lich nicht nur sauberes Flusswasser, sie ist auch auf das Vorkommen der Bachforelle angewiesen, in deren Kiemen die Muschel in ihren Frühstadien heranreift. Man geht heute davon aus, dass sie bis zu 280 Jahre alt werden können.

Die Fichtelbergbahn auf ihrem Weg durch den verschneiten Winterwald im Erzgebirge.

GÜTTINGER WALD

Der Güttinger Wald liegt im schweizerischen Kanton Thurgau in unmittelbarer Nähe zum Bodensee. Der Wald ist äußerst abwechslungsreich, verschiedenste Waldarten treffen hier aufeinander. Mit etwas mehr als einem Viertel macht die Fichte den größten Teil des Baumbestandes aus. 90 Prozent des Waldes werden zur Holzproduktion genutzt, wobei das zu einem großen Teil mit einem nachhaltigen Ansatz geschieht.

Bekannt ist der Güttinger Wald vor allem für seine großen zusammenhängenden Eichenwälder. Der Eichenwald ist vollbewirtschaftet, im Mittelpunkt steht die Züchtung von Edelhölzern. Da Eichenholz langsam reift, stehen hier Exemplare, die bis zu 200 Jahre alt sind. Eichen brauchen sehr viel Licht, um sich vollständig entfalten zu können. Stehen sie in Konkurrenz mit anderen Baumarten, werden sie in der Regel über kurz oder lang verdrängt. Aus diesem Grund wird im Güttinger Wald zwar konsequent, aber durchaus nachhaltig und mit großem Verständnis für die Natur und für Eichen im Speziellen von Menschenhand eingegriffen. Absterbende Eichen werden geschlagen, aber entnommen wird nur der unterste Teil des Stammes, vorausgesetzt, sein Holz ist wertvoll. Der Rest verbleibt als Totholz im Wald, genauso wie Bäume anderer Arten, die den Eichen Sonnenlicht nehmen würden. Die Anzahl an unterschiedlichen Tieren und Pilzen, die Eichen und deren Totholz bewohnen, ist um ein Zigfaches höher als bei anderen Baumarten; kein anderer Baum im deutschsprachigen Raum kann mit einer vielfältigeren Lebendigkeit aufwarten.

Bevor die Eichenwälder im Güttinger Wald in der heutigen Form kultiviert wurden, war hier bis in die 1940er Jahre hinein die Mittelwaldwirtschaft verbreitet. Mit dieser Waldform wurde gleich zwei Ansprüchen Genüge getan: Sowohl Brennholz als auch Bauholz konnten hier geerntet

Der Güttinger Wald mit Blick auf den Bodensee.

werden. Das Brennholz wurde alle 20 bis 30 Jahre aus dem sogenannten Niederwald entnommen. Unter einem Niederwald versteht man einen Wald, dessen Holz aus meist zahlreichen Trieben wächst, die aus einer abgeschlagenen Sproßache wachsen – also einen Wald, der alle paar Jahrzehnte immer aufs Neue abgeschlagen wird, ohne dass der Baumstumpf entfernt wird, aus dem dann immer wieder neue Triebe wachsen. Auf diese Weise wachsende Bäume werden Stockausschlag genannt. Zwischen diesen Stockausschlägen wurden ausgewählte Bäume, nämlich die kräftigsten bestimmter Baumarten, stehen gelassen, die durch die fehlende Konkurrenz mit parallel wachsenden Bäumen ums Sonnenlicht prächtig gedeihen konnten. Häufig handelte es bei diesen den Oberwald bildenden Bäumen um Eschen, Pappeln oder – wie im Güttinger Wald – Eichen. Diese Form

Auf nachhaltige Weise werden das Gedeihen und die Biodiversität des Eichenwaldes gesichert.

der Waldbewirtschaftung schwand, als mit dem Aufkommen von Erdöl und Kohle als Heizmaterial die Bedeutung von Brennholz abnahm. Die Mittelwälder wurden teils mit Nadelhölzern aufgeforstet, teils wurden die Flächen aber auch sich selbst überlassen. Dies hatte zur Folge, dass der Niederwald nachwuchs und sich nach und nach mit dem Oberwald durchmischte, was die Qualität des Holzes negativ beeinflusste. Diese frühere Form der Waldbewirtschaftung wird nun wieder aufgegriffen, um auf nachhaltige Weise das Gedeihen und die Biodiversität des Eichenwaldes zu sichern.

Eine Eiche sticht dabei ganz besonders hervor: die mittlerweile vermutlich knapp 150 Jahre alte Vierereiche. Ihren Namen verdankt sie ihren vier Baumstämme, die als Stockausschlag begannen, bei der nächsten Brennholzernte jedoch nicht abgeholzt wurden – womöglich, weil schon in diesem zarten Alter ersichtlich war, welch prächtiger Baum daraus erwachsen würde.

Mit dem großen Eichenbestand hat sich auch der im deutschsprachigen Raum eher seltene Mittelspecht hier niedergelassen. Er findet in dem alten Baumbestand optimale Bedingungen für seine weiträumigen Höhlen und ein reiches Nahrungsangebot durch die unzähligen Insekten- und Spinnenarten, die in der zerklüfteten Borke sowohl der lebendigen als auch der toten Eichen leben.

Bis heute wird im Güttinger Wald Holz gewonnen.

Der in Teilen naturbelassene Wald hat auch den seltenen Mittelspecht angelockt.

Der Wienerwald vereint gekonnt Naturschutz und Erholung.

WIENERWALD

Der in Niederösterreich und Wien gelegene Wienerwald liegt am Rande der Alpen. Mit einer Höhe von bis zu knapp 900 Metern ist er als Mittelgebirge klassifiziert, seine höchste Erhebung ist der Schöpfl. Über das gesamte Gebiet erstreckt sich das Biosphärenreservat Wienerwald. Da der Wald zu einem Teil auf Wiener Stadtgebiet liegt, aber auch seine restlichen Gebiete von Gemeinden mit teils recht hoher Einwohnerzahl belegt sind, hat er eine vergleichsweise hohe Bevölkerungsdichte. Damit steht das Gebiet vor großen Herausforderungen, denn es dient der Erholung der dort lebenden Bevölkerung und räumt gleichzeitig dem Schutz der Natur Priorität ein.

Im 19. Jahrhundert war der Wienerwald stark durch Abholzung gefährdet, da für den zunehmenden industriellen Ausbau der Region Brennmaterial gebraucht wurde. Glücklicherweise setzte sich jedoch der Journalist Josef Schöffel für den Erhalt des Waldes ein. Anfang der 1870er Jahre gelang es ihm mit einer Zeitungskampagne, den geplanten Verkauf von einem Viertel des gesamten Wienerwaldes an einen Holzhändler zu verhindern. Zwei Jahre lang kämpfte Schöffel für die Erhaltung des Waldes, stand mehrfach vor Gericht und sah sich dem großen Druck all jener ausgesetzt, die von der Privatisierung des Wienerwaldes profitierten. Letztlich jedoch hielten die Klagen gegen ihn einer Faktenprüfung nicht stand und er gewann die Gerichtsprozesse. Seiner Initiative ist es wohl zu verdanken, dass der Wienerwald 1905 von der Stadt Wien als Schutzgebiet ausgewiesen wurde und bis heute neben dem Ballungszentrum Wien wirtschaftlichen Interessen zum Trotz bestehen konnte.

Der nördliche und größte Teil des Wienerwaldes gehört zu den sogenannten Flyschalpen, die sich durch die dort vorherrschende Gesteinsart aus vornehmlich Sandstein und Ton auszeichnen. Gut Dreiviertel der Fläche sind hier mit Laubwald bestanden, der sich vor allem aus Buchen, Eichen und aus den zu den Birkengewächsen zählenden Hainbuchen zusammensetzt. Der südöstliche Teil des Wienerwaldes, der zu den Kalk-Alpen gehört, ist knapp zur Hälfte mit Nadelbäumen bewachsen. Der Nadelbaumbestand setzt sich vor allem aus Kiefern, Fichten und Tannen zusammen.

Fünf Prozent des Wienerwaldes zählen zur sogenannten Kernzone des Biosphären-

reservats, die nicht mehr forstwirtschaftlich genutzt wird. Neben der Kernzone sind auch weitere Naturschutzgebiete im Wienerwald ausgewiesen, darunter der spektakuläre Teufelstein und das ihn umgebende Gebiet südwestlich von Wien, das eine Vielzahl an seltenen und schützenswerten Pflanzenarten beherbergt. Das dicht mit einem bunten Mischwald aus Schwarzkiefern, Buchen, Eichen und Ahorn bewachsene Gelände bietet allen Waldbewohnern einen geschützten Lebensraum. Zu diesem Naturschutzgebiet zählen auch die Fischerwiesen, die in einem früheren Steinbruch liegen und deren Natur seit den 1980er Jahren weitgehend sich selbst überlassen ist.

Die Kernzone des Wienerwalds, fünf Prozent, wird nicht mehr forstwirtschaftlich genutzt.

Das Ufer des Sees, der sich im alten Steinbruch gebildet hat, darf von zwei Seiten besucht werden, im restlichen Gebiet rund um die Fischerwiesen ist der Zutritt verboten. Über 300 Pflanzen- und mehr als 1000 Tier- sowie zahlreiche Pilz- und Flechtenarten sind hier heimisch. Dabei lassen sich auch ganz seltene Beziehungen entdecken. Hier ist beispielsweise die Wiener Schnirkelschnecke heimisch, deren Häuschen nach ihrem Tod noch jahrzehntelang stabil ist. Dies macht sich die Zweifarbige Schneckenhausbiene zunutze, indem sie ihre Eier samt einem reichlichen Vorrat an Pollen und Nektar in den leeren Häusern deponiert. Die Larven können in dieser häuslichen Umgebung dann ganz sicher überwintern und aufwachsen, bis aus ihnen im darauffolgenden Frühjahr wieder Bienen schlüpfen.

Auch mehrere Naturparks liegen im Wienerwald, die sich auf vielfältige Laubmischwälder verteilen. Je nach Zusammensetzung der Baumarten und der Bodenbeschaffenheit variiert die Krautschicht in den einzelnen Waldgebieten stark. So finden sich Rotbuchen-Wälder mit ausgeprägten Waldmeisterbeständen oder Mischwälder aus vornehmlich Buchen und Hainsimsen, in denen sich Labkraut sehr wohlfühlt. Der Artenreichtum der unterschiedlichen Wälder bietet dementsprechend vielfältigen Tier-, Pilz- und Flechtenarten Lebensraum. Im Wienerwald konnten bislang allein über 800 verschiedene Pilzarten nachgewiesen werden. Föhren oder Schwarzkiefern werden auf Wienerisch Parapluiebäume genannt und prägen zwei weitere Naturparks: Föhrenberge und Sparbach. In der zum Naturpark Föhrenberge zählenden Perchtoldsdorfer Heide leben stark gefährdete Europäische Ziesel. Häufig sind die possierlichen Nagetiere ganz und gar nicht scheu und wagen sich sogar an Menschen heran. In dem von Forstwirtschaft weitgehend verschont gebliebenen Naturpark Sparbach steht eine mehrere Jahrhunderte alte Schwarzkiefer, die sogenannte Fürstenföhre.

Bekannt ist der Wienerwald übrigens zudem durch seine verhältnismäßig vielen Elsbeerbäume, die meist als freistehende Exemplare vorkommen und die Früchte für den regionaltypischen Elsbeerbrand liefern.

Eindrucksvolle Ausblicke belohnen die Wanderer im Wienerwald – wie hier vom Peilstein.

Weltweit gibt es rund 850 verschiedene Heidekräuter.

KYRITZ-RUPPINER HEIDE UND PRIGNITZ

Wegen der jahrzehntelangen Nutzung (1952–2011) als Truppenübungsgelände wurde der natürlich auf dem Gebiet der Kyritz-Ruppiner Heide in Brandenburg vorkommende Wald verdrängt, und es entstand eine der größten zusammenhängenden Heideflächen Nordostdeutschlands mit mehreren unterschiedlichen Landschaftstypen. Auch wenn die militärische Nutzung das Gelände strapaziert hat und ihre Auswirkungen bis heute zu spüren sind, war die Landschaft doch davor geschützt, durch Bewirtschaftung zerstückelt oder umgewidmet zu werden. Spannend ist, dass sich die besondere und schützenswerte Vegetation je nach der früheren Nutzung des jeweiligen Areals unterscheidet. Dort, wo schweres Gerät den Boden verdichtet hat und wo Geschütze eingeschlagen sind, findet man heute auf dem Magerrasen vor allem dichte Vorkommen von Silbergras und Draht-Schmiele, aber auch Moose und Flechten fühlen sich hier wohl. Die Heidelandschaft ist von der leuchtend lila- und rosafarben blühenden Besenheide, weithin als Heidekraut bekannt, geprägt.

Von den 12.000 Hektar, die das gesamte Gelände umfasst, sind 9000 als Flora-Fau-

BUNTE PRACHT 87

Die Spuren der militärischen Nutzung sind auch heute noch klar zu erkennen.

na-Habitat Wittstock-Ruppiner Heide ausgewiesen. Um die große Artenvielfalt der Heidelandschaft zu erhalten, werden große Flächen jährlich kontrolliert abgebrannt, da-

In der Landschaft der Ruppiner Heide findet sich überall die lila- und rosafarben blühende Besenheide, weithin als Heidekraut bekannt.

mit sich die Heidevegetation den Vorsprung gegenüber dem Wald sichern kann, der sich ohne menschliches Eingreifen wieder über die gesamte Fläche ausbreiten würde. Auf dem unwirtlichen Sandboden der Heide- und Magerrasenlandschaften wachsen Hängebirken und Kiefernforste, die hier zur Holzgewinnung angebaut werden. Anders ist das Landschaftsbild im östlichen Teil der Wittstock-Ruppiner Heide, in der Ruppiner Schweiz. Das teils als Naturschutzgebiet ausgewiesene Gelände ist geprägt von der Seenkette, die es durchzieht, und dem Rhin, einem Nebenfluss der Havel. Hier wachsen Mischwälder, in denen Buchen und Eichen dominieren.

Im Nordwesten Brandenburgs grenzt an die Kyritz-Ruppiner Heide die Prignitz. Diese ist geprägt von der sie durchfließenden Elbe, die vielerorts von einer weitgehend natürlichen Auenlandschaft gesäumt ist. Hier wachsen Weiden, und die natürlichen Überschwemmungen der Auen schaffen einen Lebensraum, der vielen Vögeln als optimales Brut- und Rastgebiet dient. Weit-

Blick auf die lebendige Auenlandschaft der Elbe in der Prignitz.

hin bekannt ist die Prignitz für die große Weißstorch-Population, die hier zuhause ist, und für die Kraniche, die zu Tausenden an den Elbtalauen rasten. Die Flusslandschaft

---

Die Prignitz wird geprägt von der sie durchfließenden Elbe, die vielerorts von einer weitgehend natürlichen Auenlandschaft gesäumt ist.

Elbe-Brandenburg ist daher als UNESCO-Biosphärenreservat ausgewiesen. In der Prignitz wechseln sich Wiesen, Moore, Felder und Wälder ab. Eine Vorstellung davon, wie die Elbauen wohl ursprünglich entlang des gesamten Flusses aussahen, bekommt man in dem kleinen Ort Cumlosen.

Hier trifft man auf urwaldartig anmutende Weichholzauen mit einer überaus üppigen Vegetation auch der Kraut- und Strauchschichten.

In dem Gelände abseits der Elbauen trifft man immer wieder auf geschlossene Mischwälder, in denen zahlreiche Tierarten zuhause sind. Südöstlich des Ortes Rambow liegt das Rambower Moor mit dem Rambower See in seiner Mitte. Hier lebt die Rohrdommel. Rohrdommel-Männchen sind bekannt für ihre tiefen, dumpfen Balzlaute, die im Frühling über große Entfernungen zu hören sind und ihnen den Beinamen „Moorochse" beschert haben. Die großen Rohrdommeln brauchen für ihren Nestbau eine üppige Bodenvegetation in feuchten Gebieten. Da solche Lebensräume mehr und mehr verschwinden, gelten die Vögel heute als stark gefährdet.

Das Rambower Moor ist ein sogenanntes Durchströmungsmoor, da es von zahlreichen Quellen gespeist und durchflossen wird.

AN UFERN UND KÜSTEN

Wälder an Gewässern oder in Feuchtgebieten haben einen ganz eigenen Charme. Oft unterscheidet sich ihr Baumbestand deutlich von anderen Wäldern, Biber hinterlassen ihre unverkennbaren Spuren und seltene Wasservögel finden hier optimalen Lebensraum. Im Winter verzaubert ihre gefrorene Wasserlandschaft Waldspaziergänger, während die Biber durch das Eis geschützt in ihren Burgen Winterschlaf halten.

Im Spreewald verschwimmt die Grenze zwischen Wald und Wasser.

AN UFERN UND KÜSTEN

SPREEWALD

Der Spreewald mit seiner charakteristischen Auen- und Moorlandschaft im Südosten Brandenburgs zeichnet sich durch seine unzähligen Wasserstraßen aus, die heute eine Länge von insgesamt 1575 Kilometern haben. Ursprünglich handelte es sich hierbei um Flusslaufverzweigungen der Spree, die jedoch um zahlreiche künstlich angelegte Kanäle erweitert wurden.

Seit 1991 ist der Spreewald ein Biosphärenreservat, das verschiedenste Arten von Biotopen vereint, darunter auch zahlreiche Feuchtwiesen. Etwa zwei Prozent des Spreewaldes zählen zu der sogenannten Kernzone des Biosphärenreservats. Hier darf der weitgehend natürliche Wald nur zu Forschungszwecken betreten werden, ansonsten bleibt er sich selbst überlassen.

Verbreitet im Spreewald ist der Erlenbruchwald, man geht davon aus, dass diese Waldform die ursprünglich im Spreewald verbreitete darstellt, wobei es auch Stimmen gibt, die meinen, dass die Schwarzerlen auf menschliche Bewirtschaftung zurückgehen. Schwarzerlen wachsen verhältnismäßig schnell und liefern Holz von guter Qualität, weswegen ihr Anbau durchaus rentabel ist. Erlenbruchwälder fühlen sich bei hohen Grundwasserständen und in Niedermooren wohl, wobei die Bäume durch das Hochwasser 2010/11 nachhaltig geschädigt wurden – das Maß und die Dauer an Feuchtigkeit waren offensichtlich zu viel für die Bäume. Im Laufe der letzten Jahrzehnte, vielleicht sogar Jahrhunderte hat sich der Boden verändert und in vielen Teilen der Erlenbruchwälder siedelten sich zunehmend auch Eschen an. Als sich Mitte des 19. Jahrhunderts eine groß angelegte Forstwirtschaft ausbreitete, wurden viele Erlenbruchwälder durch Erlen-Rabattenkulturen ersetzt. Die heute noch bestehenden und weitgehend natürlichen Relikte der Erlenbruchwälder sind geradezu ein Paradies für viele Tierarten, darunter auch einige sehr seltene.

Vom Wasser aus ist der Spreewald eindrucksvoll zu erkunden.

Seerosen bieten Insekten und Amphibien Schutz und Nahrung.

Schwarzspechte fühlen sich im Biosphärenreservat Spreewald wohl.

Nach wie vor machen Erlen-Eschen-Wälder einen großen Teil der Fläche des Spreewaldes aus. Ebenfalls sehr typisch für den Spreewald sind Stieleichen-Hainbuchen-Wälder. Diese Waldform mit einer sehr üppigen Krautschicht erblüht vor allem im Frühjahr in den buntesten Farben. Vereinzelt finden sich auch die ansonsten für den deutschsprachigen Raum so typischen Buchenwälder. Ebenso prägend ist heute jedoch der große Anteil der Kiefernforste. Auch wenn man sich seit vielen Jahren um eine Durchmischung dieser Forste mit anderen Baumarten bemüht, ist ihre exzessive forstwirtschaftliche Nutzung nicht zu übersehen.

Der Spreewald weist mit über 18.000 Pflanzen- und Tierarten eine beeindruckende Artenvielfalt auf, alleine mehr als 830 Schmetterlingsarten sind hier beheimatet. Von den nachgewiesenen wild wachsenden Pflanzenarten gilt ein Viertel bis ein Drittel als gefährdet, die Katalogisierung aller Arten ist aber noch lange nicht abgeschlossen. Zu den bedrohten Pflanzenarten zählen fleischfressende Sonnentauarten, die wunderschöne Wassernuss, die am liebsten in stehenden Gewässern wächst und ihre Blätter auf der Wasseroberfläche ausbreitet, oder das zu den Orchideen zählende Knabenkraut. Nicht gefährdet, aber sehr charakteristisch für den Spreewald sind die saftig gelb blühenden Sumpfdotterblumen, die schon früh im Jahr die Ufer der Fließe säumen. Vielerorts bedecken Seerosen die Wasseroberfläche, bevölkert und umschwirrt von Fröschen und Libellen.

Die Tierwelt ist im Spreewald ebenso vielfältig wie die Pflanzenwelt. Sieben hier heimische Tierarten stechen besonders her-

---

Die heute noch bestehenden Relikte der Erlenbruchwälder sind geradezu ein Paradies für viele Tierarten.

---

vor, weil sie als stark gefährdet gelten. Mit etwas Glück trifft man auf Mopsfledermäuse oder die Käferarten Eremit und Großer Eichenbock. Bei den Vögeln haben sich der seltene Wachtelkönig sowie die Gastvögel Seggenrohrsänger und Zwerggänse niedergelassen, die hier zwar den Sommer verbringen, aber nicht im Spreewald brüten. Außerdem ist – wenig verwunderlich bei dem Wasserangebot – der Fischotter hier heimisch. Wie in ganz Brandenburg ist auch im Spreewald der Storch zuhause, der hier ein reiches Nahrungsangebot findet.

Trotz aller Artenvielfalt gilt der Spreewald als bedroht. Vor allem giftiger brauner Eisenockerschwamm, der täglich aus dem Lausitzer Braunkohlerevier in die Gewässer des Spreewaldes geschwemmt wird, gefährdet Pflanzen und Tiere. Aber auch die zunehmenden Dürreperioden setzen der Auen- und Moorlandschaft zu. An erster Stelle sind die Fischbestände gefährdet, da die Tiere in dem niedrigen Wasser zu einer äußerst einfachen Beute für Raubvögel werden. Doch die Bemühungen zur Rettung des Spreewaldes laufen und es bleibt zu hoffen, dass das beeindruckende Biosphärenreservat in seiner Artenvielfalt erhalten bleibt.

Die kleinen Flussläufe links und rechts der Spree werden Fließe genannt.

Das tiefe Blau des Himmels spiegelt sich im Schweingartensee.

MÜRITZ-NATIONALPARK

Der Müritz-Nationalpark in Mecklenburg-Vorpommern ist mit einer Fläche von 32.000 Hektar der größte Waldnationalpark Deutschlands. Er spaltet sich in zwei Gebiete auf, in deren Mitte die Stadt Neustrelitz liegt. Westlich liegt das größere Teilgebiet Müritz, östlich das kleinere Teilgebiet Serrahn. Seine zahlreichen Seen und Moore lassen den Müritz-Nationalpark zu einer einzigartigen Landschaft werden. Dreiviertel des Baumbestandes machen Kiefern aus, aber es gibt auch ein beträchtliches Vorkommen von alten Buchen im Teilgebiet Serrahn, das zum UNESCO-Weltnaturerbe „Buchenurwälder der Karpaten und Alte Buchenwälder Deutschlands" zählt. Insbesondere der hohe Anteil an Totholz macht diesen natürlichen Buchenwald zu einem bunten Lebensraum für unzählige Tier-, Insekten-, Flechten- und Pilzarten.

Insgesamt 107 Seen liegen auf dem Gebiet des Nationalparks, die mit einer Gesamtfläche von über einem Hektar 14 Prozent des Gebietes ausmachen, und mehr als 400 Moore, auf die acht Prozent der Fläche entfallen. Darüber hinaus durchziehen einzelne Wasserläufe das Gelände und der Nationalpark grenzt auf einer Länge von zehn Kilometern an die Müritz. Landwirtschaftlich genutzte Gebiete machen lediglich zwei Prozent des Nationalparks aus.

Wenn man bedenkt, dass Süßgewässer in Mitteleuropa nur zwei Prozent der Fläche einnehmen, dafür aber 25 Prozent aller Tierarten beheimaten, wird deutlich, wie artenreich der Müritz-Nationalpark ist. Jeder See ist anders. Der eine ist ein eher nährstoffarmer, aber glasklarer Quellsee,

---

Seine zahlreichen Seen und Moore machen den Müritz-Nationalpark zu einer einzigartigen Landschaft.

---

der nächste ein von einem Gewässer durchflossener und dementsprechend nährstoffreicher See – damit ist auf kleinem Raum für unzählige Tierarten der optimale Lebensraum dabei.

Auch der vergleichsweise hohe Anteil, den die Moore ausmachen, trägt zum Artenreichtum bei. Gleichzeitig sind Moore aber auch gigantische Kohlenstoffspeicher. Die Pflanzen, die an ihren Ufern wachsen,

nehmen Kohlenstoffdioxid aus der Luft auf und verarbeiten es. Sterben die Pflanzen, geraten sie oft ins Moor, wo sie nicht vollständig wieder zersetzt und zu Torf werden. Auf diese Weise wird Kohlenstoffdioxid gebunden, weshalb der Schutz und Erhalt von Mooren ganz unmittelbar zum Klimaschutz beiträgt. Werden die Moore trockengelegt und die großen Torfvorkommen abgebaut, gelangt das Kohlenstoffdioxid wieder in die Atmosphäre.

Zu DDR-Zeiten war das Gebiet des heutigen Nationalparks Spitzenpolitikern als Jagdrevier vorbehalten, Teile wurden als Truppenübungsplatz genutzt und für Angehörige des Militärs war es ein Erholungsgebiet. Abgesehen davon war die Natur sich selbst überlassen, andere Menschen hatten keinen Zutritt. Dies führte dazu, dass sich der Wald hier verhältnismäßig natürlich entwickelte und allzu große Eingriffe des Menschen ausblieben.

Viele wasserliebende, aber bedrohte Tierarten habe hier ein Zuhause gefunden, zum Beispiel Fischotter, See- und Fischadler oder Kraniche. Im Herbst sammeln sich die Kraniche, die an der Müritz gebrütet haben, für ihren Flug in ihr Winterquartier. Kurz darauf erreichen Tausende weitere aus Skandinavien den Nationalpark, die hier einen kurzen Stopp einlegen, bevor auch sie ihre weite Reise in den Süden antreten. Im November treffen dann die nordischen Singschwäne ein, die hier ihr Winterquartier beziehen und deren unvergleichliche Rufe weithin vernehmbar sind.

Eine Besonderheit bieten die Wiesen um den Feisnecksee bei Waren. Hier wachsen unter anderem Sommerwurzen. Diese Vollschmarotzer können selbst keine Fotosynthese betreiben, sind also völlig auf die Versorgung durch eine andere Pflanze angewiesen, in deren Nährstoffkreislauf sie sich einklinken und alles, was sie benötigen, im wahrsten Sinne des Wortes absaugen. Außerdem finden sich hier einige seltene Orchideenarten.

Die hier vorkommende Sommerwurz besticht durch ihre leuchtenden Farben.

Kraniche in der Abendsonne sind im Müritz-Nationalpark keine Seltenheit.

DARSSWALD

Der 5800 Hektar große Darßwald liegt auf dem Westteil der gleichnamigen Halbinsel in Mecklenburg-Vorpommern und gehört zum Nationalpark Vorpommersche Boddenlandschaft. Die nördlichste Halbzunge der Halbinsel Darß, auch Darßer Ort genannt, ist als Schutzzone 1 ausgewiesen. In diesem Bereich darf der Wald nicht durch den Menschen genutzt werden und die Entwicklung des Waldes soll möglichst ohne jedes menschliche Zutun erfolgen.

Frühere Nutzungen sind auch heute noch deutlich an den Bäumen abzulesen. Nicht nur zeugen unnatürlich gewachsene Buchen davon, dass der Darßwald lange Zeit als Weidefläche genutzt wurde. Auch die Zusammensetzung der Baumarten ist nicht rein natürlichen Ursprungs. So wurden insbesondere Eiben in großem Ausmaß gerodet, da das edle Holz zur Auskleidung herrschaftlicher Säle sehr begehrt war. Aufgeforstet wurden diese Flächen dann mit schnellwachsenden Nadelhölzern wie Fichten, Douglasien, Lärchen oder Kiefern. An vielen älteren Kiefern erkennt man noch Einschnitte am Stamm, mit denen zu DDR-Zeiten Harz für industrielle Grundstoffe gewonnen wurde. In den etwas weiter vom Strand entfernten Gegenden trifft man vor allem auf Buchen, Eichen und Erlen.

Die klimatischen Bedingungen im Darßwald sind besonders. Der Wald wächst hier in nahezu einzigartiger Weise bis an den Strand heran, wo ein konstanter steifer Wind weht, was man vielen Bäumen an ihrer Wuchsform ansieht. Die sogenannten Windflüchter finden sich vor allem am Weststrand und haben stark zu einer Seite geneigte Äste, bei manchen hat sich auch der Stamm in diese Richtung geneigt. Ihre typische Form macht sie sehr widerstandsfähig.

Den Bäumen sieht man das raue Klima an der Küste der Halbinsel Darß an.

AN UFERN UND KÜSTEN   97

Meer und Wind bringen ständig neue Sandverwehungen an den Strand, die sogenannten Vordünen. Diese noch sehr lockeren Frühstadien der Dünen werden hier zunächst von Meersenf und Salzmiere

> Der Wald wächst im Darßwald bis an den Strand heran, wo ein konstanter steifer Wind weht, was man vielen Bäumen an ihrer Wuchsform ansieht.

bewachsen, die mit dem hohen Salzgehalt des Wassers und den Herausforderungen des Wetters wie starken Winden und hoher Sonneneinstrahlung gut klarkommen. Nach und nach werden diese Pflanzen von weiteren abgelöst, die dann mit der Düne weiter ins Landesinnere wandern und dort irgendwann wieder zu Wald werden.

Bei der Landschaft des Darßwaldes unterscheidet man zwischen trockenen Reffs und feuchteren Riegen. Die Reffs sind ehemalige Dünen. Auf den jüngeren Reffs wachsen vor allem Kiefern, da sie gut mit dem recht nährstoffarmen Boden auskommen. Die älteren Reffs sind von Rotbuchen bestanden. In der streng geschützten Gegend rund um den Darßer Ort wachsen viele Wacholderbüsche, und das zahlreiche Vorkommen der Flechten ist auffällig. In den Riegen, also den Tälern zwischen den Dünen, wachsen heute naturnahe Roterlen-Buchen-Wälder. In regenreichen Jahren werden diese Wälder im Frühjahr und Herbst zu einem Erlenbruch, stehen also unter Wasser, und bieten dann vielen Bodenbrütern ausgezeichnete Brutmöglichkeiten.

Der gesamte Boden des Darßwaldes ist von Königsfarn bewachsen. Gemeinsam mit einem sehr hohen Rotwild-Bestand erschwert dies eine natürliche Verjüngung des Waldes. Der Farn macht es den jungen Trieben schwer, ans Sonnenlicht zu gelangen, und jene, denen es gelingt, werden schnell vom Rotwild verspeist.

Im Frühjahr und Herbst stehen weite Teile des Darßwalds unter Wasser.

Die Mischung aus Wasser und Wald sorgt am Rheindelta für große Artenvielfalt.

RHEINHOLZ UND NATIONALPARK DONAU-AUEN

Im österreichischen Vorarlberg liegt der größte Teil des Rheinspitz, ein Teil des naturbelassenen Deltas, in dem der Rhein in den Bodensee mündet. Hier wächst der Rheinholz genannte Auwald auf der österreichischen Seite des Alten Rheins, der die Grenze zur Schweiz bildet. Als Alter Rhein werden jene Teile des Flusses bezeichnet, die bei der Flussbettbegradigung außen vor gelassen wurden und noch in dem alten Flussbett fließen.

Beim Rheinholz handelt es sich um einen Auwald aus Hartholz-Bäumen, der regelmäßig vom Bodensee überflutet wird. Im Gegensatz zu klassischen Auwäldern sind die Überschwemmungszeiten im Rheinholz niedriger, weswegen es Hartholzbäumen gelingt, hier dauerhaft zu wachsen. Der Baumbestand im Rheinholz setzt sich aus Ahorn, Birken, Eichen, Eschen und Ulmen zusammen. Das Rheinholz ist ein Paradies für Vögel, unter ihnen sind auch einige seltene Arten wie der Grauspecht, der in den feuchten Gefilden des Auwaldes seinen optimalen Lebensraum findet, ebenso wie Kiebitz und Pirol, die wie der Grauspecht durch das Verschwinden der Auwälder aus vielen Teilen des deutschsprachigen Raumes vertrieben wurden und sich hier in ihrem bevorzugten Lebensraum aufhalten können. Doch auch viele Reptilien-, Amphibien- und einige Schlangenarten sind hier zuhause, genauso wie Biber, die genügend Stellen zum Errichten ihrer Burgen finden. Zum Ufer des Bodensees hin lichtet sich der Wald und geht in vereinzelt stehende Weiden und Pappeln über.

Am entgegengesetzten Ende Österreichs, nämlich von Wien bis Bratislava, erstreckt sich entlang des Donauufers der Nationalpark Donau-Auen. Im 19. Jahrhundert wurde das Flussbett der Donau begradigt, was ihre Fließgeschwindigkeit deutlich erhöhte und den Naturraum an ihren Ufern nachhaltig beeinflusste. Ihre Seitenarme, die die bis heute erhaltene vielfältige Auenlandschaft prägen, verloren stark an Was-

ser, was das Gefüge des gesamten Gebietes durcheinanderbrachte. Heute ist es Ziel des Nationalparks, die Donau wieder in einem nahezu natürlichen Bett fließen zu lassen. Auch hierfür ist ein hoher Totholzanteil

Aufgrund der kürzeren Überschwemmungszeiten im Rheinholz können Hartholzbäume hier dauerhaft wachsen.

unerlässlich, da das Totholz gemeinsam mit Gehölzen die Fließgeschwindigkeit von Flüssen beeinflusst, indem es das Wasser an bestimmten Orten staut und Prozesse wie Erosion und Anlandungen in den Uferbereichen begünstigt.

Trotz der massiven menschlichen Eingriffe hat sich hier ein ursprungsnaher Auwald, in dem Silberpappeln, Weiden und Erlen vorherrschen, erhalten, der nicht betreten werden darf. Er ist von einer Durchmischung der Altersstruktur und eben dem hohen Anteil an Totholz geprägt. In diesem heute seltenen Lebensraum fühlt sich eine große Zahl an Vogelarten zuhause, aber auch die Europäische Sumpfschildkröte. Das ist eine Besonderheit, da sie die einzige in Mitteleuropa natürlich vorkommende Schildkrötenart ist und die letzte in Österreich bekannte Population. Für die intakten Uferbereiche sprechen Kiesbrüter wie der Flussregenpfeifer oder der Flussuferläufer, die sich hier angesiedelt haben. Sie bauen ihre Nester nahe am Wasser in Bodenmulden und sind auf naturnahe Uferbereiche angewiesen, die im deutschsprachigen Raum sehr selten geworden sind.

Bis 2028 soll der Wald seinem ursprünglichen Baumbestand wieder angenähert sein. In jene Waldabschnitte, in denen heute nur die natürlicherweise vorkommenden Baumarten wachsen, wird schon nicht mehr eingegriffen. Eine wahre Seltenheit, die in Österreich nur zweimal, nämlich hier und an der March in Niederösterreich, vorkommt, ist die Wilde Weinrebe.

Auwälder wie entlang der Donau findet man heute nur noch sehr selten.

THURAUEN

Die Thurauen an der Mündung der Thur in den Rhein sind eines der größten Auengebiete der Schweiz. Sie liegen im Zürcher Weinland des Kantons Zürich. Ende des 19. Jahrhunderts wurde das Flussbett der Thur in Mündungsnähe begradigt, was den Lebensraum zahlreicher Arten vernichtete.

Die gelenkte und auf diese Weise beschleunigte Fließrichtung der Thur zerstörte die Uferbereiche, die zuvor von der äußerst breit gefächerten, mäanderartigen Struktur des Flusses geprägt waren. 2017 wurden die Renaturierungsarbeiten, bei denen auch frühere Thurarme wieder freigebaggert wurden, abgeschlossen. Nun wechseln sich tiefere und schneller fließende Bereiche wieder mit flachen, langsam strömenden ab. Erste Erfolge lassen sich bereits erkennen, denn nun ist die Thur geprägt von Kiesinseln, die in den flachen Gewässerteilen entstanden sind. Der Eisvogel nistet hier, und teils seltene Fisch-, Amphibien- und Insektenarten haben sich angesiedelt. Die Thur hat ihren Lauf um viele Meter verschoben und seit die Auen wieder natürlicherweise überflutet werden, gedeiht der

Auf den letzten Kilometern vor der Mündung hat die Thur wieder ein natürliches Flussbett, das Lebensraum für seltene Tiere und Pflanzen bietet.

Die Thurauen an der Mündung der Thur in den Rhein sind eines der größten Auengebiete der Schweiz.

Auwald und mit ihm sein Artenreichtum von Flora und Fauna, samt Bibern, die hier mit ihren Burgen das Wasser stauen. Der Baumbestand setzt sich vor allem aus Erlen und Silberweiden zusammen, die Kraut- und Strauchschicht ist äußert üppig. Kletterpflanzen winden sich und verleihen dem Auwald etwas Exotisches, verschiedene Orchideenarten und Gewöhnlicher Fransenenzian erblühen hier leuchtend blau.

Eisvögel fangen bis zu zehn Zentimeter lange Fische.

DIE VIELFALT DES LEBENS IM WALD

WÄLDER

sind Kraftwerke unseres Lebens, sie versorgen uns mit Sauerstoff, spenden Schatten, speichern Wasser und Kohlenstoff und bieten unzähligen Tieren, Pflanzen, Pilzen und Mikroorganismen Lebensraum. Ohne Wälder gäbe es das Leben, wie wir es kennen, auf der Erde nicht, und es macht Freude, sich bei einem Waldspaziergang darauf zu besinnen.

EIN KOMPLEXES ÖKOSYSTEM

Von all dem, was im Wald geschieht, ist nur ein kleiner Ausschnitt sichtbar – zum einen, weil Prozesse wie die Entstehung von Sauerstoff oder das Binden von Kohlenstoff für uns nicht unmittelbar wahrnehmbar sind, zum anderen, weil das Erdreich, in dem ein großer Teil des Waldlebens stattfindet, meist im Verborgenen liegt.

Buchenblätter im Gegenlicht.

Nicht nur sind die allermeisten Pflanzen mit ihren Wurzeln, die zahlreichen Tieren Lebensraum bieten und es den Bäumen ermöglichen, miteinander ins Gespräch zu kommen, fest im Erdreich verankert. Es wird in diesen Tiefen auch unaufhörlich gefuttert, verwertet und kompostiert. Zudem befinden sich im Waldboden riesige Wasserreservate. Im Winter, wenn der Wasserbedarf der entlaubten Bäume gering, die Niederschlagsmenge aber hoch ist, speichern Bäume in ihrem Wurzelraum Wasser für das Sommerhalbjahr. Ein erwachsener Baum kann sich in einer vom Menschen nicht bewirtschafteten Umgebung einen Vorrat von 25 Kubikmeter Wasser anlegen, das sind 25.000 Liter. Am Tag braucht ein Baum bis zu 200 Liter Wasser. Dank ihrer gespeicherten Reserven können Bäume also auch längere niederschlagsarme Zeiten selbst im Sommer problemlos überstehen.

WÄLDER IM DEUTSCHSPRACHIGEN RAUM

Wälder bedecken weltweit rund 32 Prozent der Landfläche, das entspricht auch etwa der Fläche, die Wälder in Deutschland und der Schweiz in Bezug auf die Landesfläche einnehmen. In Österreich machen Wälder knapp 50 Prozent der Landesfläche aus. Für Deutschland entspricht das einer Fläche von 11,4 Millionen Hektar. In der Schweiz sind 1,32 Millionen Hektar bewaldet und in Österreich vier Millionen Hektar. Den weitaus größten Teil nehmen in allen drei Ländern landwirtschaftlich genutzte Flächen ein.

Unter dem Begriff Wald werden unterschiedlichste Naturräume zusammengefasst, die als kleinster gemeinsamer Nenner vereint, dass sie allesamt einen dichten und zusammenhängenden Baumbestand aufweisen. Jeder Wald ist einzigartig in der Zusammensetzung seiner Flora und Fauna

---

Wälder bieten 4300 Pflanzen- und Pilzarten sowie knapp 7000 Tierarten Lebensraum.

---

und dennoch ist allen gemein, dass sie ein schier unüberschaubar komplexer Lebensraum sind. Die Rollen der einzelnen Waldbewohner sind bis ins Detail aufeinander abgestimmt und die Prozesse, die einen gesunden Wald zu einem riesigen Kohlenstoffspeicher und Sauerstoffproduzenten machen, greifen wie Zahnräder ineinander.

Ursprünglich waren die Gebiete von Deutschland, Österreich und der Schweiz nahezu vollständig bewaldet, weshalb Flora und Fauna in unseren Wäldern in einer atemberaubenden Vielfalt vertreten sind. Auch wenn es in unseren Wäldern heute kaum eine Ecke gibt, die nicht vom Menschen mitgestaltet wurde, gelten sie als die artenreichsten Naturgebiete an Land und bieten in unseren Breiten Lebensraum für rund 4300 Pflanzen- und Pilzarten sowie knapp 7000 Tierarten.

Welche Waldart sich herausbildet, ist in erster Linie von den Gegebenheiten vor Ort abhängig, also der Bodenbeschaffenheit samt Nährstoffgehalt, der Höhenlage, der Niederschlagsmenge und den herrschenden Temperaturen. Natürlich spielt bei unseren Wäldern auch die Forstwirtschaft eine wesentliche Rolle für den dominierenden bzw. abgetragenen Baumbestand. Unser Klima ist optimal für Laubwälder. Dennoch machen sie nur einen verhältnismäßig geringen Teil unserer Wälder aus. Der Grund hierfür ist so einfach wie ernüchternd: Laubbäume müssen 200 bis 300 Jahre wachsen, ehe ihr Holz für den Menschen verwendbar ist. Nadelbäume dagegen sind bereits nach 80 bis 120 Jahren bereit für die Verarbeitung und dementsprechend wirtschaftlich lukrativer.

WALD IST NICHT GLEICH WALD

Einteilen lassen sich die Waldarten in Laub-, Nadel- und Mischwälder. Doch innerhalb dieser Gruppen existieren Besonderheiten und es gibt auch Waldarten, die unabhängig von der am häufigsten vorkommenden Baumart Eigenheiten aufweisen. Vorherrschend sind zudem sogenannte Altersklassenwälder, bei denen die Bäume in einem Gebiet ein ähnliches Alter haben – eine Folge der forstwirtschaftlichen Nutzung, bei der die eigens gepflanzten Bäume alle zur gleichen Zeit gerodet werden, um die Fläche im Anschluss neu zu bepflanzen. Im Gegensatz dazu stehen naturbelassene Wälder, in denen sich Bäume und Pflanzen jedes Alters durchmischen.

Der häufigste Laubwald im deutschsprachigen Raum ist der Buchenwald, er entspricht der natürlichen Waldart Mitteleuropas. Durch forstwirtschaftliche Eingriffe ist der Bestand an Buchenwäldern heute stark zurückgegangen. Besonders in Österreich und der Schweiz gibt es jedoch geschützte Buchenwälder mit altem Baumbestand. Das österreichische Wildnisgebiet Dürrenstein ist nicht nur der größte unberührte alpine Buchenurwald, sondern zugleich Standort der mit 550 Jahren ältesten Buche der Alpen. Doch auch die meisten anderen Buchen sind deutlich über 100 Jahre alt, viele von ihnen sogar zwischen 400 und 500 Jahre.

Unter den Laubwäldern ist der Auwald der facettenreichste. Man findet ihn entlang von Flüssen und Bächen, deren Überschwemmungen für das üppige Wachstum

Wald auf den Kreidefelsen im Nationalpark Jasmund auf Rügen.

Durch Forstwirtschaft geprägte Fichtenwälder im Thüringer Wald.

und die Artenvielfalt sorgen. Typisch für die Vegetation entlang eines ursprünglichen Flusslaufes sind Bäume mit weicherem Holz wie Weiden, Schwarzpappeln und Grau- oder Schwarzerlen. Besonders bei Bibern, deren Wirken man leicht an den typisch zugespitzten Holzstümpfen erkennt, sind diese Bäume sehr beliebt. Nadelbäume oder Buchen trifft man in Auwäldern nicht an, da sie mit dem feuchten Boden nicht zurechtkommen.

Anders als Auwälder stehen Bruchwälder sowie Moorwälder permanent unter Wasser. Im Vergleich zum nährstoffarmen und sauren Moorwald ist der Bruchwald deutlich nährstoffreicher. Sein Boden besteht aus einer bis zu 20 Zentimeter dicken Torfschicht und ist moorartig. Bruchwälder kommen in allen Höhenlagen vor, auch in Gebirgen. Hat ein Bruchwald alle paar Jahre Phasen, in denen sein Boden trocken ist, spricht man von einem Sumpfwald.

Ursprünglich kommen Fichtenwälder in Gebirgslagen vor, dort ist ihr natürlicher Lebensraum. Fichten ertragen große Kälte, was sie für diese Gebiete prädestiniert. Dennoch bedecken vom Menschen angelegte Fichtenwälder große Flächen in Deutschland, Österreich und der Schweiz, da die Bäume verhältnismäßig schnell wachsen und ihr wirtschaftlicher Ertrag dementsprechend hoch ist. Auch Kiefernwälder wurden weitgehend vom Menschen angelegt. Sie wachsen sowohl auf sehr feuchten als auch auf sehr trockenen Böden, wo viele andere Baumarten nicht mehr existieren können.

Mischwälder sind weit verbreitet und zeichnen sich dadurch aus, dass sie verschiedene Laub- und Nadelbaumarten vereinen. Durch die unterschiedlichen Baumkronen dringt viel Licht nach unten, weshalb sich Mischwälder durch eine ausgeprägte Vegetation am Boden auszeichnen.

Unter den härtesten Bedingungen wächst der Bergwald. Hier herrschen lange, schneereiche Winter, die Sonneneinstrahlung ist intensiver, Niederschlagsmenge und Windgeschwindigkeit sind höher. Nährstoffarme Böden und häufige Wetterumschläge fordern eine an diese Witterungsbedingungen angepasste Vegetation. Bei den Bergwäldern unterscheidet man drei Höhenstufen: submontan, montan und subalpin. In der submontanen und der montanen Höhenstufe wachsen vor allem

In einem gesunden Ökosystem finden sich Bäume aller Altersklassen.

URWALD

Von einem echten Ur- oder Primärwald spricht man, wenn ein Wald nie vom Menschen beeinflusst wurde. In Österreich liegt in den Kalkalpen das Wildnisgebiet Dürrenstein, das den Rothwald, einen Fichten-Tannen-Buchen-Urwald, umgibt. Auch in der Schweiz gibt es zwei Urwälder, den Fichten-Tannenurwald von Derborence im Kanton Wallis und den Fichtenurwald Scatlè bei Brigels im Kanton Graubünden.

Urwälder zeichnen sich vor allem durch eines aus: ihr sehr langsames Wachstum. So wird das Holz der Bäume äußerst dicht und widerstandfähig und kann Schädlingen und nahezu allen Witterungsbedingungen trotzen. Ein wichtiges Merkmal von Urwäldern ist der hohe Anteil an Totholz, das Lebensraum für zahlreiche Tiere, Insekten, Pilze und Pflanzen bietet, in bewirtschafteten Wäldern aber in der Regel abtransportiert wird. Gleichzeitig weisen Urwälder einen hohen Bestand an alten Bäumen auf, was sie zu riesigen Kohlenstoffspeichern macht.

Es ist unmöglich, einen forstwirtschaftlich genutzten Wald wieder in seinen ursprünglichen Zustand zurückzuführen. Er kann verwildern und naturbelassen fortbestehen, zu einem echten Urwald wird er dadurch jedoch nicht mehr.

Im Urwald läuft die Zeit langsamer als im Rest der Welt.

Buchen, Fichten und Tannen, jeweils mit etwas unterschiedlichem Anteil am Baumbestand. Die subalpine Stufe ist die höchste Lage vor der Baumgrenze, in der noch Wälder vorkommen. Hier findet man neben Fichten, die auch diese klimatischen Bedingungen gut verkraften, Lärchen und Zirbelkiefern. Andere Baumarten treten nur noch äußerst selten auf, wobei man ihnen häufig an ihrem verkrüppelten Wuchs ansieht, wie sehr sie das Wetter herausfordert.

DER WALD VON UNTEN NACH OBEN

Das faszinierende Ökosystem des Waldes entfaltet sich über verschiedene Schichten. Man unterscheidet Wurzel-, Boden-, Kraut-, Strauch- und Baumschicht. Bis auf die Wurzelschicht lassen sich alle Schichten ausgezeichnet bei einem Waldspaziergang erkennen und auf ihre Eigenheiten hin beobachten.

Die Wurzelschicht reicht bis zu fünf Meter in die Tiefe. In den ersten humusreichen Zentimetern des Waldbodens, der sogenannten Oberschicht, sind winzige Bodenorganismen aktiv, die sich von allem ernähren, was im Wald wiederverwertbar ist. Hier werden abgestorbene Pflanzenteile und Tierkörper sowie bereits teilabgebaute Biomasse wieder zu nährstoffreicher Kost für Pflanzen. In dem tiefer gelegenen Teil leben zahlreiche Würmer und Insekten, viele Waldbewohner wie Fuchs, Dachs oder Nagetiere graben sich hier ihre Baue. Die größte Zahl der Bewohner dieser Schicht bilden jedoch Bakterien und Pilze.

Auf dem Waldboden, der sogenannten Streu- oder Moosschicht, finden sich Blätter, Pflanzenteile und tote Tiere, hier

Bei einem Waldspaziergang lassen sich die Waldschichten gut erkennen.

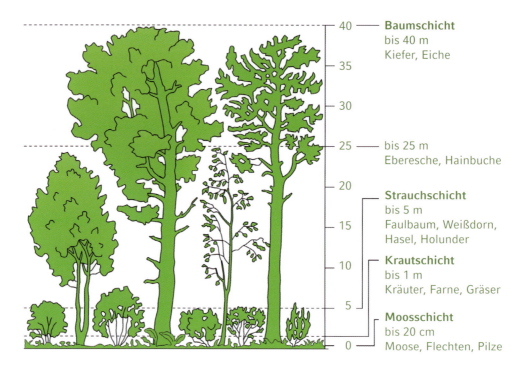

Baumschicht
bis 40 m
Kiefer, Eiche

bis 25 m
Eberesche, Hainbuche

Strauchschicht
bis 5 m
Faulbaum, Weißdorn, Hasel, Holunder

Krautschicht
bis 1 m
Kräuter, Farne, Gräser

Moosschicht
bis 20 cm
Moose, Flechten, Pilze

Sonnenlicht ist am Waldboden oft sehr rar.

wachsen auch Pilze sowie kleine Pflanzen wie zum Beispiel Sauerklee, Flechten und Moose. Insekten, Spinnen und Asseln, aber auch Eidechsen, Salamander, Schnecken und Mäuse tummeln sich hier. Die Humus-Produktion, die in der Wurzelschicht weitergeführt wird, nimmt hier unter Mitwirkung von den am Boden lebenden Tieren, Pilzen und Mikroorganismen ihren Anfang.

Als Krautschicht wird der Teil des Waldes bezeichnet, der bis in etwa 1,50 Meter Höhe reicht. Sie umfasst Blumen, Gräser, Kräuter und junge Bäume. Hier fühlen sich Schmetterlinge, Bienen und Käfer wohl. Bei Einbruch der Dunkelheit trifft man zudem auf Glühwürmchen. Wie üppig die Vegetation ausfällt, ist davon bestimmt, wie viel Sonnenlicht in diesen Bereich des Waldes vordringt. Kiefern oder Birken lassen recht viel Sonnenlicht bis zum Boden durch und sorgen für eine gut gedeihende Krautschicht. In Wäldern mit dichten Laubbäumen, bei denen weniger Sonnenstrahlen bis zum Boden vordringen, behelfen sich die kleinen Pflanzen mitunter mit einem Trick: Sie blühen einfach, bevor die Blätter der Bäume ausgewachsen sind und das Licht abschirmen. So findet man gleich zu Beginn des Frühlings Frühblüher wie Leberblümchen oder Buschwindröschen, die schon in den ersten warmen Tagen den Insekten Nektar liefern.

An die Krautschicht schließt sich die Strauchschicht an und endet etwa in fünf Metern Höhe. Wie ihr Name schon sagt, zählen hierzu Sträucher aller Art wie Haselnuss, Holunder, Weißdorn, Him- und Brombeere, Schlehe oder Vogelbeere, aber auch junge Bäume. Diese Schicht bietet vielen Tieren, die sich von Beeren und Früchten ernähren, einen wichtigen Nahrungsraum. Die großen Waldbewohner wie Reh, Hirsch oder Wildschwein finden hier Unterschlupf

Dichte Baumkronen bilden die höchste Waldschicht.

und für Vögel bietet sich ein großes Angebot an geeigneten Orten für ihr Nest. Insbesondere Dornhecken sind als Nistplatz beliebt, weil sie Fressfeinde von vornherein abschrecken. Wie bei der Krautschicht spielt auch bei der Strauchschicht die Dichte der Baumkronen eine Rolle. Umso lichter das Dach ist, umso üppiger fällt die Strauchschicht aus.

Abschließend folgt die Baum- oder Kronenschicht als höchster Teil des Waldes. Obwohl sie in einigen Metern Höhe angesiedelt ist, geht es in ihr genauso lebhaft zu wie im Rest des Waldes. Neben zahlreichen Vogelarten jagen und toben hier Eichhörnchen und Baummarder. Die Baumkronen sind nicht nur ausschlaggebend dafür, wie viel Sonnenlicht die unteren Schichten erreicht, sie halten auch Regen ab und bieten Schutz.

Eichhörnchen vergessen häufig, wo sie ihren Wintervorrat abgelegt haben, und pflanzen so neue Bäume.

FOTOSYNTHESE: DER WALD ALS ENERGIELIEFERANT UND KOHLENSTOFFSPEICHER

Bäume betreiben – wie alle grünen Pflanzen, Algen und einige Bakterien – die für das Leben auf der Erde unerlässliche Fotosynthese, bei der in einem biochemischen Prozess Sauerstoff und Glucose, also Traubenzucker, gewonnen werden. Den Traubenzucker brauchen Pflanzen für ihr Wachstum, der entstehende Sauerstoff ist dabei ein Nebenprodukt und zwar ein für uns Menschen lebensnotwendiges, das wir zum Atmen brauchen und das die uns schützende Ozonschicht bildet. Gleichzeitig wird durch die Fotosynthese das für die globale Erderwärmung verantwortliche Kohlenstoffdioxid absorbiert, der Kohlenstoff wird dabei im Holz und in den Wurzeln des Baumes gebunden, aber auch im Humus. Eine Buche mit einer Höhe von 35 Metern kann bis zu 1,7 Tonnen Kohlenstoff speichern, da ihr Holz ausgesprochen dicht ist und eine dementsprechend große Speicherkapazität hat. Ein Hektar Wald nimmt in einem Jahr im Schnitt zehn bis zwölf Tonnen Kohlenstoffdioxid auf.

Bei der Fotosynthese werden energiearme anorganische Substanzen, nämlich Kohlendioxid und Wasser, mithilfe von Sonnenlicht in die energiereichen organischen Substanzen Sauerstoff und Glucose umgewandelt. Um möglichst viel Sonnenenergie aufzunehmen, richten Pflanzen ihre Blätter nach der Sonne aus. Je nachdem, ob es sich um ein Sonnen- oder ein Schattengewächs handelt, ist der für die Fotosynthese notwendige Bedarf an Sonnenenergie an die Gegebenheiten angepasst. Selbst bei einem einzigen Baum können die Blätter, abhängig von den Verhältnissen, unterschiedliche Strukturen aufweisen: die reichlich mit Sonne versorgten Blätter der Krone sind klein und dick, während die sogenannten Schattenblätter in Bodennähe groß und dünn sind. Ein Phänomen, das beispielsweise bei Buchen zu beobachten ist.

Die Fotosynthese geschieht in den Chloroplasten, das sind bestimmte Zellorganellen,

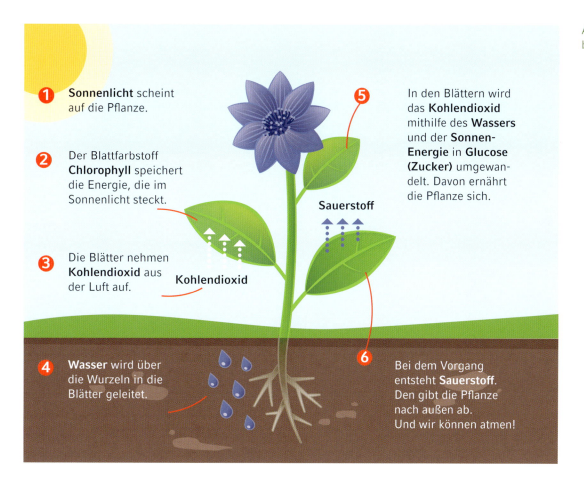

Alle grünblättrigen Pflanzen betreiben Fotosynthese.

1. **Sonnenlicht** scheint auf die Pflanze.
2. Der Blattfarbstoff **Chlorophyll** speichert die Energie, die im Sonnenlicht steckt.
3. Die Blätter nehmen **Kohlendioxid** aus der Luft auf.
4. **Wasser** wird über die Wurzeln in die Blätter geleitet.
5. In den Blättern wird das **Kohlendioxid** mithilfe des **Wassers** und der **Sonnen-Energie** in **Glucose (Zucker)** umgewandelt. Davon ernährt die Pflanze sich.
6. Bei dem Vorgang entsteht **Sauerstoff**. Den gibt die Pflanze nach außen ab. Und wir können atmen!

die den Farbstoff Chlorophyll enthalten, der den Pflanzen ihre grüne Farbe verleiht. Das Chlorophyll ermöglicht die Aufnahme von Sonnenenergie, die dort in chemische Energie verwandelt wird. Gemeinsam mit Kohlenstoffdioxid (CO_2) und Wasser (H_2O) erfolgt dann die Reaktion, bei der Zucker ($C_6H_{12}O_6$) und Sauerstoff (O_2) entstehen. Die chemische Formel für die Fotosynthese lautet:

$$6\ CO_2 + 6\ H_2O + \text{Lichtenergie} \rightarrow C_6H_{12}O_6 + 6\ O_2$$

Ausgeschrieben liest sie sich wie folgt:
Sechs Kohlenstoffdioxid plus sechs Wasser plus Lichtenergie reagieren zu Glucose und sechs Sauerstoff.

NAHRUNGSKETTEN IM WALD

Ohne die Fotosynthese, bei der Pflanzen organische Nährstoffe, also Kohlenhydrate, produzieren, wäre ein Leben, wie wir es kennen, nicht möglich. Tiere sind nicht in der Lage, die für sie überlebensnotwendigen Stoffe selbst herzustellen und daher darauf angewiesen, die Nährstoffe über das Fressen von Pflanzen oder anderen Tieren aufzunehmen, wodurch sich Nahrungsketten herausbilden.

Innerhalb der Nahrungsketten werden Produzenten, Konsumenten und Destruenten unterschieden. Unter Produzenten oder Erzeugern versteht man Blätter, Kräuter, Gräser, Früchte oder Beeren, die als Nahrungsgrundlage für Lebewesen dienen. Als Konsumenten oder Verbraucher bezeichnet man sowohl Pflanzenfresser, die sich direkt von den Produzenten ernähren, als auch Fleischfresser, deren Nahrung andere Tiere sind. Pflanzenfresser gelten als Primärkonsumenten. Fleischfresser spalten sich auf in Sekundärkonsumenten, die Primärkonsumenten fressen, in Tertiärkonsumenten, die ihrerseits Sekundärkonsumenten fressen und so weiter. Ganz am Ende der Nahrungskette steht der Endkonsument. Als Destruenten oder Zersetzer wiederum bezeichnet man Bakterien, Pilze und Insekten, die totes pflanzliches und tierisches Material sowie organische Abfallstoffe verwerten, indem sie diese wieder in anorganische Masse verwandeln und in Form von Nährstoffen dem Boden zuführen. Diese Nährstoffe verwenden nun die Produzenten wieder, um neue Blätter, Früchte und Beeren hervorzubringen.

Eine Nahrungskette ist eine stark vereinfachte Abbildung eines sehr komplizierten Geflechts innerhalb des Ökosystems. Auch Destruenten werden gefressen und Allesfresser lassen sich keiner Konsumenten-Kategorie eindeutig zuordnen. Dennoch sind solche vereinfachten Nahrungsketten sehr anschaulich, wenn es darum geht, den Fluss von Energie und Nährstoffen innerhalb eines Ökosystems nachzuvollziehen.

OHNE KOMPOSTIERUNG GEHT ES NICHT

Für die Weiterverwertung von toten Tierkadavern, abgefallenen Blättern, verwelkten Blumen oder tierischen Ausscheidungen, also von jeglichem organischen Abfall, sind die bereits genannten Destruenten zuständig. Dieser Prozess ist für das Ökosystem des Waldes von ähnlicher Wichtigkeit wie die Fotosynthese. Ohne den Abbau der toten organischen Masse, die man auch Detritus nennt, würde der Kreislauf des Lebens schnell unterbrochen werden. In Wäldern besteht der Detritus zu 90 Prozent aus abgefallenem Laub und Totholz, meist in Form abgebrochener Äste.

Bei den Destruenten unterscheidet man Streufresser, auch Saprovoren genannt, und Mineralisierer, die auch als Saprophyten bezeichnet werden. Zu den Streufressern gehören Bodenbewohner wie Regenwürmer, Asseln, Tausendfüßer, Hornmilben oder Springschwänze. Sie ernähren sich von totem organischem Material, das sie aber nicht vollständig verwerten, sondern teilweise als Kot wieder ausscheiden. Sie übernehmen damit die erste Phase des Biomasse-Abbaus, in der das organische Material zerkleinert und im Waldboden verteilt wird.

Die Mineralisierer, zu denen im Wald Bakterien und Pilze zählen, ernähren sich sowohl vom Detritus als auch von den Hinterlassenschaften der Streufresser. Beides wandeln sie in der zweiten Verwertungsphase vollständig in anorganische Stoffe

In einem intakten Ökosystem wird jeder Lebensraum erschlossen und besiedelt. Hier wachsen Fichtenzapfenrüblinge auf einem herabgefallenen Fichtenzapfen.

Regenwürmer durchlüften und durchwühlen das gesamte Erdreich.

wie Kohlenstoffdioxid, Wasser und Mineralstoffen um. Ohne sie wäre es nicht möglich, tote Biomasse gänzlich wieder in ihre anorganischen Teile zu zerlegen, die wiederum die Lebensgrundlage für alle Pflanzen

---

Ohne den Abbau der toten organischen Masse würde der Kreislauf des Lebens schnell unterbrochen werden.

---

bilden. Neben den anorganischen Stoffen entstehen auch Humusstoffe, die den Boden fruchtbar machen. Doch auch hier gilt, dass es im Wald keine Eile gibt. Auch wenn es nicht ganz einfach ist, die Dauer der Kompostierung einzuschätzen, kann man doch von etwa zwei bis vier Jahren für die Umwandlung von Laub in anorganische Masse ausgehen. Nadeln brauchen sogar 350 Jahre!

Wie vielfältig das Leben im Waldboden ist, verdeutlicht allein die Anzahl der in deutschen und schweizerischen Böden lebenden Regenwurmarten: Es sind 46, in Österreich sogar 62 Arten. Regenwürmer futtern sich querbeet durch die Walderde, ihren Kot dagegen hinterlassen sie immer an der Oberfläche, wodurch das Erdreich durchmischt und über die unterirdischen Gänge genügend Sauerstoff in den Waldboden eingebracht wird, den wiederum die Bakterien für ihren Verwertungsprozess benötigen.

In ihrer Artenvielfalt übertroffen werden die Regenwürmer von den Hornmilben, einer uralten Spezies, die schon vor 380 Millionen Jahren auf der Erde lebte und heute mit rund 400 Arten im deutschsprachigen Raum vertreten ist. Hornmilben ernähren sich fast ausschließlich von pflanzlichen Stoffen und übernehmen die Zersetzung von zehn bis 20 Prozent der auf den Boden fallenden Laubmenge. Hornmilben können das nur schwer abbaubare Lignin, das für die Verholzung von Pflanzen verantwortlich ist, sowie Zellulose zersetzen. Auf einem Quadratmeter Waldboden kann man bis zu 50.000 Exemplare antreffen – Regenwürmer gibt es etwa 100 Stück auf dieser Fläche, wobei Hornmilben natürlich deutlich kleiner sind.

Mit ebenfalls über 400 Arten sind die allesfressenden Springschwänze im deutschsprachigen Raum vertreten, wobei viele von ihnen im Wasser oder küstennah leben. Und sie bevölkern den Waldboden noch einmal in deutlich größerer Zahl als die Hornmilben: Bis zu 100.000 Exemplare der sechs-

Totengräber gehören zu den Aaskäfern.

beinigen Mini-Insekten tummeln sich in der oberen Schicht auf einem Quadratmeter.

Wahre Meister der Kompostierung sind die Aaskäfer. Zu ihnen zählen die Totengräber, die Tierkadaver bis zu einer Größe von Mäusen verwerten, indem sie sie mehrere Zentimeter tief ins Erdreich einbuddeln.

Totengräber sind Meister der Kompostierung und können Tierkadaver bis zur Größe einer Maus verwerten.

Gibt es mehrere Totengräber, die sich für den Kadaver interessieren, kämpfen die Tiere so lange miteinander, bis ein Pärchen übrigbleibt. Neben dem Kadaver werden dann die Eier abgelegt. In den ersten Tagen füttert die Mutter die Larven noch, weil sie noch nicht kräftig genug sind, um selbst zu fressen. Im Anschluss dringen die Larven in den Kadaver ein und ernähren sich von ihm. Zu den Aaskäfern zählt auch die Rothalsige Silphe. Der Käfer sowie seine Larven verwerten neben Aas auch Kot, verfaulte Pflanzenreste und Stinkmorcheln.

WENN DAS ÖKOSYSTEM AUS DEM GLEICHGEWICHT GERÄT

Auch wenn wir gemeinhin den Begriff Wald verwenden, wäre es in Bezug auf die meisten Wälder im deutschsprachigen Raum korrekt, von einem Forst zu sprechen. Im Gegensatz zum Wald wird ein Forst von Menschen bewirtschaftet, wurde sogar eigens angelegt oder zumindest entsprechend aufgeforstet. Die meisten Forste dienen der Holzwirtschaft und unterscheiden sich von naturbelassenen Wäldern durch den erheblich geringeren Anteil an Totholz, durch Monokulturen oder fehlende Durchmischung beim Alter des Baumbestandes. All dies beeinflusst das Waldsystem als Ganzes und oft ist nicht mehr nachvollziehbar, an welchem Punkt eine grundsätzliche Veränderung des Lebensraumes begonnen hat.

Ein eindrückliches Beispiel für ein solches veränderndes Eingreifen des Menschen bietet sich beim Waldspaziergang. Es ist immer ein Highlight, ein möglichst großes Wildtier zu beobachten, am liebsten Rehe oder Hirsche. Allzu oft kommt es aber gar nicht dazu, denn die Tiere haben Angst vor Menschen. Diese Angst ist kein natürlicher Instinkt, sondern menschengemacht. Es gibt kaum ein Fleckchen im Wald, das heute nicht als Jagdgebiet ausgewiesen ist, und über die zahlreichen Jägerstände lässt sich nahezu jeder Waldwinkel einsehen. Freie Flächen, auf denen nicht gejagt werden darf, gibt es kaum. Gleichzeitig wissen die Tiere, dass der schärfste Sinn des Menschen das Sehen ist. Im Dickicht und in der Nacht sind sie daher am besten geschützt. Die natürliche Lebensart der Tiere wird dadurch jedoch stark eingeschränkt, denn sie sind keineswegs nachtaktiv und müssen auch tagsüber ausreichend fressen. Insbesondere Rehe bevorzugen zum Äsen eigentlich offene Wiesen. Da sie im Hellen aber mit einem Jäger rechnen müssen, nehmen sie mit dem vorlieb, was sie im Dickicht finden – und das sind insbesondere am Übergang vom Winter zum Frühjahr energiereiche Baumknospen. Ein einzelnes Reh verzehrt davon bis zu 100.000 Stück am Tag, rund zwei Kilogramm Grünmasse nimmt es zu sich. Die jungen Bäume erholen sich von dem Wildfraß nicht und erreichen nie ihr volles Wachstum. In einem naturbelassenen Wald mit ursprünglichem Wildbestand fällt der Verzehr der Knospen nicht sonderlich ins Gewicht, da sich die Rehe über ein großes Gebiet verteilen. Da aber in Jagdgebieten Wildtiere gefüttert werden, wenn auch oft nur mit geringen Mengen, um sie anzulocken, hat sich der Wildbestand merklich erhöht und ihre Nahrungssuche hinterlässt deutliche und oft irreparable Schäden. Auch Rothirsche spüren tagsüber großen Hunger, weshalb sie im Dickicht verborgen darauf zurückgreifen, die Rinde junger Bäume abzuschaben und zu fressen. Dadurch faulen die Bäume und brechen beim nächsten Sturm. Beides sorgt dafür, dass kein für das Ökosystem so wichtiger Altbaumbestand in ausreichendem Maße heranwächst.

Erstaunlicherweise ist es also so, dass eine Familie, die mit tobenden und lärmenden Kindern durch den Wald läuft, viel eher auf ein Wildtier stoßen wird, da die Tiere wissen, dass Jäger sich anschleichen und nie laut sind. Ein sprechender, lachender Mensch stellt keine Gefahr dar. Mountainbiker abseits der Waldwege dagegen müssen mit aufgeschreckt flüchtenden Tieren rechnen.

Unnatürlich große Wildbestände sorgen zudem dafür, dass große Flächen, die mit genießbaren Blumen bewachsen sind, kahlgefressen werden. An ihrer Stelle wachsen oft giftige Pflanzen wie der Rote Fingerhut oder das Fuchssche Greiskraut. Die Ausbreitung giftiger Pflanzen ist also auch ein Indikator für einen sehr hohen Wildbestand.

Rehe bevorzugen Waldränder und Lichtungen. Aus Angst vor Jägern halten sie sich jedoch oft im Dickicht verborgen.

BÄUME

Bäume sind fühlende Wesen mit individuellen Eigenschaften. Mutterbäume versorgen ihre Kinder über das Wurzelgeflecht mit einer Zuckerlösung, Bäume kommunizieren miteinander, warnen sich, stimmen sich auf gegenseitige Bedürfnisse ab, konkurrieren aber durchaus auch miteinander und rangeln um die begehrten Sonnenplätze am Kronendach des Waldes.

Der Austausch der Bäume untereinander erfolgt artenübergreifend, wobei zu beobachten ist, dass Artgenossen sich solidarisch zeigen. So werden kranke Bäume der eigenen Art mit einer energiereichen Zuckerlösung versorgt, und wird ein Baum von seinen Artgenossen isoliert, sei es durch Forstwirtschaft oder Umwelteinflüsse, hat er es inmitten anderer Arten deutlich schwerer zu bestehen.

Der individuelle Charakter eines Laubbaumes zeigt sich für uns am eindrücklichsten daran, wann er seine Blätter abwirft und wann er austreibt. Die Blätter sind die Solarzellen des Baumes, die bei großer Sonneneinstrahlung Höchstleistung erbringen. Im Winter, wenn der Gefrierpunkt erreicht ist, fällt der Baum in die Winterruhe, da wegen des gefrorenen Wassers kein Austausch zwischen Wurzeln und Krone mehr möglich ist. Aus diesem Grund wirft ein Laubbaum in der Regel im Herbst seine Blätter ab, wodurch sich seine Widerstandsfähigkeit bei Stürmen erhöht, da der Wind durch die kahlen Äste hindurchpfeifen kann und die Wahrscheinlichkeit, umgeworfen zu werden, deutlich geringer ist. Außerdem wird Erfrierungen und Schneebruch vorgebeugt. Ziel jedes Baumes ist es, mit möglichst gut gefüllten Zuckerspeichern in den Winter zu starten und gleichzeitig seine Blätter vor dem ersten Frost abzuwerfen, weil es danach nicht mehr möglich ist – doch wann es das erste Mal Frost gibt, kann auch ein Baum nur schätzen. Das Verfärben des Laubes als ersten Schritt leitet der Baum ein, indem er eine Trennschicht zwischen Blatt und Ast bildet. Ist dies bis zum ersten Frost nicht geschehen, bleiben die vertrockneten braunen Blätter bis zum Frühjahr am Baum und erhöhen die Gefahr für Sturmschäden, weil sie die Fläche des Baumes deutlich vergrößern.

Im Frühjahr stellt sich dann die Frage nach dem richtigen Zeitpunkt, um auszutreiben. Sind die ersten warmen Sonnenstrahlen schon ein Garant für den Frühling oder kommt noch einmal Frost, der die jungen Knospen absterben lässt? Auch unter den Jungbäumen gibt es risikobereite. Sie treiben am Stamm noch einmal einen Ast aus, obwohl die Rinde an dieser Stelle schon gut verholzt war. Wenn diese Triebe

Wenn der Gefrierpunkt erreicht ist, begeben sich Bäume in die Winterruhe.

später wieder absterben, weil das Sonnenlicht, das die Jungbäume erreicht, nicht ausreicht, um genügend Energie zu liefern, entsteht an dieser Stelle ein offenes Astloch. Es kann einige Jahre dauern, bis es dem Baum gelingt, diese Wunde völlig zu verschließen. In dieser Zeit ist er dort äußerst anfällig für Schädlings- und Pilzbefall.

DAS INTERNET DES WALDES

Ein Wald ist nicht nur eine Ansammlung hochspezialisierter Individuen, sondern gleichzeitig eine funktionierende Baumgemeinschaft. In einem dicht bestandenen Wald erreichen aufgrund des weitgehend geschlossenen Kronendaches nur etwa drei Prozent des Sonnenlichts den Boden. Dadurch müssen junge Bäume mit einem Mindestmaß an Licht auskommen und ihr Wachstum beträgt nur wenige Millimeter pro Jahr. Doch im Wald gibt es keinen Grund zur Eile, denn dieses natürlich langsame Wachstum bringt immense Vorteile mit sich. Auf diese Weise bilden sich sehr schmale Jahresringe heraus, die den Stamm dicht und widerstandsfähig werden lassen, wodurch der Baum vor Pilzbefall geschützt ist, aber auch Stürmen ohne Weiteres standhält. Alte und besonders gut vernetzte Bäume werden als Mutterbäume bezeichnet. Und der Mutterbaum hieße nicht Mutterbaum, würde er sich nicht um seinen Nachwuchs kümmern. Der bei der weiter oben ausführlicher beschriebenen Fotosynthese in den Blättern entstehende Zucker wird in die Wurzeln geleitet und von den Mutterbäumen in Form einer Zuckerlösung unterirdisch an die Jungbäume weitergegeben – auch Bäume stillen also ihre Kinder.

Bäume erziehen zudem im wahrsten Sinne des Wortes ihren Nachwuchs. Jungbäume gibt es sehr viele, die in der Nähe

Das Wurzelgeflecht eines Baumes bietet unzähligen Wesen Lebensraum wie Nagetieren oder Insekten.

Bis aus einem jungen (Buchen-)Schössling ein erwachsener Baum wird, muss er sich gegen zahlreiche Gefahren behaupten. Dazu gehören ungünstige Wetterverhältnisse, aber auch Fressfeinde wie zum Beispiel Rehe.

zum Mutterbaum und sehr eng beieinander stehen. Dadurch gibt es nicht genügend Platz für alle, um groß zu werden. Das Erwachsenenalter erlangen nur diejenigen, die kerzengerade nach oben wachsen und so schneller die Bereiche mit mehr Sonnenlicht erreichen. Wer zur Seite wächst statt nach oben, bleibt auf der Strecke. Zudem bietet ein gerader Stamm den besten Schutz vor Sturmschäden, da er kräftig ist und keine Spannungen ausgleichen muss, die ein krummes Wachstum mit sich bringt.

Doch nicht nur Eltern und Kinder sind in enger Verbindung. Heute weiß man, dass Bäume – auch unabhängig von ihrer Art – über ein an ihre Wurzeln angeschlossenes Pilzgeflecht miteinander kommunizieren

---

Wood Wide Web: Das Kommunikationsnetz aus Wurzel- und Pilzgeflecht kann das Gebiet eines gesamten Waldes durchziehen.

---

und Nährstoffe austauschen. Dieser Austausch erfolgt über eine Distanz hinweg, die über die Größe des Wurzelwerks eines einzelnen Baums weit hinausgeht. Befinden sich Bäume einer Art an einem Ort,

stimmen sie sich beispielsweise über diese unterirdischen Gesprächskanäle ab und passen ihr Wachstum aneinander an, damit alle genügend Platz haben. Nicht zuletzt werden auch die Pilze, die die Kommunikation der Bäume untereinander mit ihrem unterirdischen Geflecht ermöglichen, auf diese Weise mit Zucker versorgt, während sie ihrerseits dem Baum Stickstoff und Phosphor liefern. Da das Kommunikationsnetz aus Wurzel- und Pilzgeflecht das Gebiet eines gesamten Waldes umfassen kann, spricht man hierbei auch vom WWW, dem Wood Wide Web.

Bäume verständigen sich aber nicht nur untereinander, auch die einzelnen Teile des Baumes selbst stehen in ständigem Austausch – so weiß die Krone, wie es den Wurzeln geht und umgekehrt. Senden die Wurzelspitzen, mit denen Bäume ihre Umgebung erforschen, an die Blätter das Signal, dass es ziemlich trocken ist, dann reduzieren diese die Verdunstung. Umgekehrt erfahren die Wurzeln, ob der Baum ausreichend mit Nährstoffen versorgt oder ob ein Energieschub notwendig ist.

Den Bäumen steht aber noch ein weiteres Kommunikationsmittel zur Verfügung. Über Duftstoffe und Warngase können sie sich auch oberirdisch miteinander in Verbindung setzen. Wenn wir bei dem Bild des Internets bleiben wollen, wäre das die WLAN-Verbindung des Waldes. Bestimmt halten auch Bäume einmal einen beiläufigen Plausch, wobei uns der Inhalt dieser Unterhaltungen bedauerlicherweise verborgen bleibt. Wir wissen jedoch, dass Bäume sich beispielsweise vor Schädlingen warnen. Wurde Alarm gegeben, bleibt den anderen Zeit, sich zu schützen, indem sie Abwehrstoffe in die Rinde und Blätter transportieren, mit denen Schädlingen Widerstand geleistet werden kann.

DER AUFBAU EINES BAUMES

Alle Baumarten sind im Großen und Ganzen gleich aufgebaut und umfassen die drei Grundorgane Wurzel, Sprossachse – dies meint den Stamm samt Ästen – und Blätter, weswegen im Folgenden nur bei den Blättern zwischen Laub- und Nadelbaum unterschieden wird.

DIE WURZEL

Aufgabe der Wurzel ist es primär, Wasser und Nährstoffe aus dem Boden aufzunehmen und den Baum fest im Boden zu verankern. Bei Bäumen gibt es drei unterschiedliche Wurzeltypen: Pfahl-, Flach- und Herzwurzeln.

Pfahlwurzelsysteme, wie sie bei Kiefern, Tannen oder Eichen vorkommen, zeichnen sich durch eine starke, nach unten wachsende Wurzel aus, von der kleinere Seitenwurzeln abgehen. Sie wachsen häufig auf trockenen Böden, um das tiefliegende Grundwasser zu erreichen, können sich aber auch in Felsspalten gut entwickeln. Bäume mit Flachwurzeln sind beispielsweise Fichten oder Weiden. Die Wurzeln breiten sich flach in der oberen Bodenschicht aus, was sie sturmanfällig macht. Aus diesem Grund suchen sich Flachwurzler häufig Gesteinsbrocken im Erdreich, an die sie anwachsen, um fest im Boden verankert zu sein. Sie sind spezialisiert darauf, das in den Boden einsickernde Regenwasser aufzunehmen. Herzwurzeln sind eine Mischform aus Pfahl- und Flachwurzeln, bei denen die einzelnen Wurzelsprossen in alle Richtungen wachsen. Sie kommen zum Beispiel bei Buchen, Birken oder Linden vor. Dies ist jedoch nur eine sehr grobe Einteilung, denn die Ausprägung des Wurzelsystems eines Baumes ist vor allem abhängig von den Standortfaktoren und dem Boden.

Der Aufbau der Baumwurzeln ist bei allen Typen gleich. Außen wird die Wurzel von der Rhizodermis, der Wurzelrinde, umschlossen. Diese Außenhaut besteht aus sehr dünnen Zellen, um die Wasser- und Nährstoffaufnahme zu erleichtern. Aus einzelnen Zellen der Rhizodermis wachsen die feinen Wurzelhaare. Sie vergrößern die Oberfläche der Wurzeln und unterstützen so die Aufnahme von Wasser und Nährstoffen aus dem Boden.

An die Rhizodermis schließt die Exodermis an, die verhindert, dass Wasser und Nährstoffe aus der Wurzel in den Boden gelangen. Anschließend folgt die Wurzelrinde. Hier werden Wasser- und Nährstoffe gespeichert, zudem schützt sie den Zentralzylinder, das Herz der Wurzel, und ermöglicht den Stoffaustausch zwischen der Rhizodermis und dem innenliegenden Xylem, dem Wasserleitsystem. In der Wurzelrinde wachsen Mykorrhizapilze, die sich wie ein weicher weißer Flaum um die Feinwurzeln

In den Wurzeln speichert ein Baum Nährstoffe, die bei Bedarf bis in die Krone transportiert werden.

Astlöcher werden von Vögeln, kleinen Säugetieren und Insekten bewohnt.

der Bäume legen. Dieses unterirdische Netz aus feinen Fäden wird Myzel genannt. Myzel und Baumwurzel gehen dabei eine Symbiose – Mykorrhiza genannt – ein, die dem Nährstoffaustausch dient. Der Pilz versorgt den Baum mit Nährsalzen wie Phosphat und Nitrat, dafür erhält er vom Baum bis zu 25 Prozent der bei der Fotosynthese entstehenden Kohlenhydrate. Zudem schützt die Mykorrhiza die Baumwurzel vor Infektionen durch Bakterien oder andere Pilze. Mit ihrem weitreichenden Geflecht spielt die Mykorrhiza bei der Kommunikation und dem Nährstoffaustausch der Bäume untereinander eine entscheidende Rolle.

Die innerste Schicht der Rindenhaut heißt Endodermis. Sie enthält den sogenannten Casparischen Streifen, dessen wasserundurchlässige Zellen einerseits verhindern, dass Wasser samt der darin gelösten Stoffe ins Wurzelinnere gelangt, und andererseits, dass die Mykorrhiza tiefer in die Wurzel eindringt. Der innenliegende Zentralzylinder wird außen vom Perizykel umschlossen. In diesem Teil werden die Seitenwurzeln ausgebildet und er trägt zum sekundären Wachstum der Wurzel, also zu ihrem Dickenwachstum, bei. Im Inneren des Zylinders befindet sich das sternförmige Leitbündel aus einer oder mehreren Leitbahnen, die Wasser und Nährstoffe transportieren. Sie grenzen stellenweise an den Perizykel an. Der Raum zwischen Perizykel und Xylem wird von Phloem ausgefüllt, das ebenfalls dem Nährstofftransport dient.

Am unteren Teil der Wurzel sitzt die Wurzelspitze. Sie schützt das Meristem der Wurzel, von dem ihr Wachstum ausgeht. Gleichzeitig bilden die Zellen der Wurzelspitze Schleim aus, mit dem der Boden aufgeweicht und das Vordringen der Wurzel ins Erdreich vereinfacht wird.

SPROSSACHSE

Stamm und Äste bilden die Sprossachse. Sie ist die Verbindung zwischen Wurzeln und Blättern, stellt die Versorgung in beide Richtungen sicher und koordiniert die Ausrichtung der Blätter zur jeweils sonnigsten Seite.

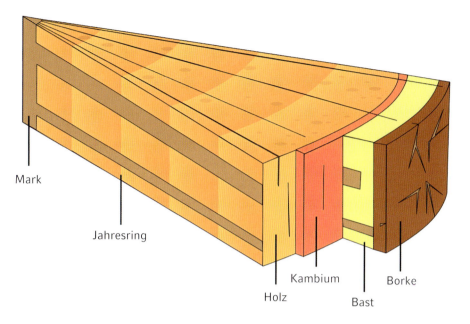

Von außen nach innen betrachtet setzen sich Stamm und Äste eines erwachsenen Baumes wie folgt zusammen: Die äußere Schicht bildet die Baumrinde, die wiederum aus der umgebenden Borke und der Bastschicht besteht. Die Borke entsteht aus Kork und abgestorbenen Teilen des darunterliegenden Bastes. Es gibt ganz unterschiedliche Borkentypen. Bei der Birke findet sich sogenannter Ringelkork, der papierartig anmutet, andere Baumarten haben eine zerfurchte und zerklüftete Außenhaut wie alte Kiefern. Wieder andere Bäumen haben einen sehr glatten Stamm, andere schälen sich wie die Ahornblättrige Platane. Allen

Der Stamm von außen nach innen.

Die Baumrinde schützt den Baum vor äußeren Einflüssen und ist gleichzeitig Lebensraum für Fledermäuse, Vögel, Pilze, Moose und Flechten.

gemein ist, dass sie den Baum vor äußeren Einflüssen wie Regen, Frost, Temperatur, Sonne oder Wind schützen, Schädlinge abwehren und Infektionen vorbeugen.

In der feuchten Bastschicht aus lebendigem Gewebe, die auch als Phloem bezeichnet wird, werden Wasser und Nährstoffe von der Krone in die Wurzeln geleitet, aber auch gespeichert. Der Bast schützt zudem das lebenswichtige Leitsystem, das Wurzeln und Blätter miteinander verbindet.

Auf die Bastschicht folgt das Kambium, das für das Dickenwachstum des Baumes verantwortlich ist. An das Kambium schließt sich das Splintholz an, das junge und aktive Holz. In diesem Teil des Stammes werden Wasser und Nährsalze von der Wurzel in die Baumkrone geleitet sowie Zucker und Stärke gespeichert. Der Wassergehalt eines Stammes beträgt zwischen 40 und 60 Prozent. Mit zunehmendem Alter wird bei einigen Baumarten wie Eibe, Eiche, Kiefer oder Esche das Splintholz zu Kernholz aus abgestorbenen Holzzellen. Auch Harze und

---

Nach der Winterruhezeit werden die Vorräte an Nährstoffen abgerufen, die im Herbst angelegt wurden.

Gerbstoffe finden sich im Kernholz, wodurch es den Stamm sehr stabil und widerstandsfähig macht. Gut sichtbar ist das bei gefällten Baumstämmen am Wegesrand, bei denen ein deutlich dunklerer Innenteil des von Jahresringen durchzogenen Holzanteils erkennbar wird.

Die Jahresringe, an denen sich das Alter eines Baumes bestimmen lässt, entstehen durch die Vegetationsperioden. Nach der Winterruhezeit werden die Vorräte an Nährstoffen abgerufen, die im Herbst angelegt wurden und nun das energiereiche Austreiben der Bäume im Frühjahr ermöglichen. In dieser Wachstumsphase entsteht das lockere Frühholz, durch das Nährstoffe und Wasser leicht in die Baumkrone transportiert werden können, wo Blätter und Blüten austreiben. Ist der Wachstumsschub im Frühjahr abgeschlossen, bildet sich das dichtere Spätholz heraus, das stabilisierend wirkt. Früh- und Spätholz wachsen ins Innere des Stammes, während an der Außenseite des Jahresrings eine Bastschicht abgeschieden wird, die das Kambium vergrößert und den Stamm in die Breite wachsen lässt.

DIE BLÄTTER

Die Blätter wachsen aus der Sprossachse heraus und sind für Fotosynthese und Transpiration des Baumes zuständig. Laubblätter bestehen in der Regel aus Epidermis, Mesophyll und Leitbündel. Über die Epider-

Eichenblatt

Birkenblatt

Ahornblatt

mis, die Außenschicht eines Blattes, wird die Transpiration geregelt. Im Mesophyll sind die Fotosynthese betreibenden Chloroplasten angesiedelt. Auch die aus Xylem und Phloem bestehenden Leitbündel durchlaufen das Mesophyll engmaschig. Über das Xylem gelangen Wasser und Mineralstoffe ins Blatt und über das Phloem werden Fotosyntheseprodukte abtransportiert.

Nadelblätter unterscheiden sich im Aufbau leicht von Laubblättern. Da Nadelbäume natürlicherweise in trockenen Gebieten mit langen Wintern auftreten, sind ihre Blätter an diese Bedingungen angepasst. Durch die kleinere Oberfläche verdunstet weniger Wasser, zudem ist bei Nadeln die Cuticula, also die wachsartige Außenschicht, die den Wasserverlust verringert, ausgeprägter. Auch bei Nadeln besteht das Leitbündel aus Xylem und Phloem. Neben den meist ein bis zwei Leitbündeln durchziehen auch Harzkanäle die Nadel.

WINTERKAHL ODER IMMERGRÜN

Laubbäume werfen im Herbst ihre Blätter ab. Zuvor legt der Baum einen Zuckerspeicher an, unter anderem wird im Stamm Stärke eingelagert, die im Winter bei Bedarf in Zucker verwandelt oder als Frostschutzmittel verwendet werden kann. Über Hormone steuert der Baum im nächsten Schritt die Bildung einer Trennschicht zwischen Sprossachse und Blatt, die verhindert, dass das Blatt weiterhin mit Nährstoffen versorgt wird und Fotosynthese betreibt. Die Produktion von Chlorophyll wird eingestellt, die Blätter verlieren ihre grüne Farbe und vertrocknen. Herbststürme wehen sie dann von den Bäumen. Das Abwerfen des Laubes bringt gleich mehrere Vorteile mit sich. Nicht nur werden verletzte oder kranke Blätter entfernt, auch die bei der Fotosynthese entstehenden Abfallprodukte, die in den Blättern enthalten sind, werden entsorgt. Die meisten Bäume brauchen eine mindestens dreiwöchige Kälteperiode, um die Hormone, die das Wachstum im Winter hemmen, wieder abzubauen und sich auf das Austreiben im Frühjahr vorzubereiten.

Die allermeisten Nadelbäume sind immergrün, behalten ihre Nadeln also jahre-, manchmal sogar jahrzehntelang. Eine Ausnahme bilden Lärchen, die ihre Nadeln abwerfen.

FORTPFLANZUNG VON BÄUMEN

Bäume pflanzen sich über Pollen fort, die vom Wind oder von Insekten verteilt werden. Die Art der Fortpflanzung unterscheidet sich bei Laub- und Nadelbäumen voneinander. Laubbäume zählen zu den Bedecktsamern, die ihre Samenanlagen in einer Frucht einschließen. Viele Arten, zum Beispiel Buchen, Eichen oder Birken, haben sowohl männliche als auch weibliche Blüten an einem Baum, sie sind einhäusig. Zumeist trägt der Wind die Pollen zur weiblichen Blüte. Bei zweihäusigen Arten haben die Bäume entweder weibliche oder männliche Blüten. Hier übernehmen auch Insekten und wiederum der Wind die Bestäubung.

Nach der Befruchtung entwickeln sich Samen, die bei Laubbäumen in die Früchte eingeschlossen werden und sich auf ganz unterschiedliche Weise verteilen. Rosskastanie, Eiche oder Buche bilden schwere

Pappeln sind zweihäusig und blühen schon ab Februar.

Samen aus, die zu Boden fallen und von Tieren entweder gleich verspeist oder als Wintervorrat angelegt werden. Dort besteht dann die Möglichkeit, dass sie vergessen werden und im kommenden Frühjahr keimen können. Andere Baumarten wie der Bergahorn statten die Samen mit Flügeln aus, die vom Wind fortgetragen werden.

Nadelbäume haben sowohl männliche als auch weibliche Blüten auf einem Baum. Sie zählen zu den Nacktsamern, deren Samenanlagen offen liegen. Zur Blütezeit produzieren die männlichen Blüten Abermillionen Pollen – eine einzige Fichtenblüte bringt knapp 600.000 Pollen hervor –, die vom Wind verteilt werden und in den geöffneten weiblichen Blütenzapfen gelangen. Dort bildet das Pollenkorn einen Pollenschlauch aus, der ins Innere der Eizelle wächst. Über diesen Pollenschlauch gelangt eine Spermazelle in die Eizelle und ein Embryo mit einer Keimwurzel und mehreren Keimblättern entsteht. Mit dem Heranwachsen des Samens bilden sich kleine Flügel heraus, damit die Samen gut vom Wind fortgetragen werden können. Dabei spielt es keine Rolle, ob die Zapfen wie bei Weißtannen stehen oder wie bei Fichten herabhängen.

Ist die Bestäubung abgeschlossen, schließen sich die Schuppen des Zapfens und werden mit Harz verklebt. Darin kann der Samen geschützt heranwachsen. Ist der

---

Männliche Blüten produzieren Abermillionen Pollen, die vom Wind verteilt werden.

Samen ausgebildet, öffnen sich die Zapfen bei trockenem Wetter, wenn es regnet, schließen sich die Schuppen. Auf diese Weise wird sichergestellt, dass der Samen nur bei geeignetem Wetter vom Wind davongetragen wird. Einige der Samen dienen Tieren wie Vögeln oder Eichhörnchen als Nahrung, andere fallen auf den Boden oder werden von Tieren verbreitet.

JEDER BAUM IST EIN KLEINES ÖKOSYSTEM FÜR SICH

Insbesondere im Stamm eines Baumes ist ordentlich was los. Hier finden in gezimmerten Höhlen oder Astlöchern Vögel,

Hier dient eine Baumhöhle einer Blaumeise als Unterschlupf.

TOTHOLZ

Ein Alpenbock auf Totholz.

Anders, als der Name vermuten lässt, ist Totholz ein unerlässlicher und vor allem äußerst lebendiger Bestandteil eines intakten Waldes. Werden tote Bäume wie in forstwirtschaftlich genutzten Wäldern abtransportiert, gerät das Ökosystem leicht aus dem Gleichgewicht.

Ein hoher Bestand an Totholz ermöglicht vielen Arten überhaupt erst ihr Vorkommen. Abgestorbene Bäume sind mit ihren Höhlen, Ritzen und der dicken Borke ein wichtiger Lebensraum und Nahrungslieferant für rund ein Fünftel der Waldbewohner, darunter Vögel, kleine Säugetiere, Insekten, Pflanzen, Pilze, Moose und Flechten. Totholz liefert große Mengen an organischem Material, das beim Kompostierungsprozess dem Nährstoffkreislauf wieder zugeführt wird, zudem speichert es viel Wasser und Kohlenstoff. Aus zersetztem Totholz entsteht Humus, aus ihm wird also neuer Waldboden aufgebaut, was wiederum die Gefahr von Erdrutschen deutlich vermindert. Auf viele weitere, teils sehr spezielle Eigenschaften von Totholz wird an mehreren Stellen in diesem Buch ausführlicher eingegangen.

Eichhörnchen, Baummarder, Siebenschläfer oder Fledermäuse Unterschlupf, gut geschützt vor Regen, Wind und Nässe. Da der aktive Teil des Holzes, durch den Wasser und Nährstoffe transportiert werden, an der Außenseite des Stammes angesiedelt ist, bringt es einen Baum nicht in Gefahr, wenn sich in seinem Stamminneren eine ausgedehnte Höhle befindet. Aber auch auf und unter der Borke bzw. Rinde trifft man auf viele kleine Baumbewohner, meist Insekten, die für viele Tiere, die in den Höhlen des Stammes leben, als Nahrung dienen. Neben Tieren bieten die Baumstämme aber auch Moosen, Pilzen und Flechten Lebensraum.

In den Wurzeln eines Baumes siedeln sich kleine Nagetiere an, aber auch Füchse und Dachse graben hier ihre Baue. Nicht zu vergessen die unzähligen Insekten, Spinnen und Würmer, die im Wurzelraum ihr Quartier beziehen. Die Äste und die Krone eines Baumes sind gleichermaßen bewohnt, von

Insekten umschwirrt, mit Nestern ausgestattet und von Misteln bevölkert.

DER BAUMBESTAND IN UNSEREN WÄLDERN

Die im deutschsprachigen Raum am weitesten verbreitete natürliche Urwaldform war der Buchenwald, da er am besten an die vorherrschenden klimatischen Bedingungen angepasst ist. Durch die Forstwirtschaft, deren vordergründiges Ziel die Holzproduktion ist, hat sich der Anteil von Nadelbäumen jedoch auf 60 Prozent gesteigert. Fichten sind in deutschen Wäldern mit 25 Prozent die am häufigsten vertretene Baumart, gefolgt von Kiefern mit 23 Prozent. Die Rotbuche folgt mit 16 Prozent, erst dann kommt die Eiche mit elf Prozent. Rund zwei Prozent sind Douglasien, alle weiteren Baumarten haben im Vergleich zu den genannten verschwindend geringe Anteile.

In Österreich macht der Bestand an Nadelhölzern sogar 80 Prozent aus. Knapp 60 Prozent der Bäume in österreichischen Wäldern sind Fichten, gefolgt von gut zehn Prozent Rotbuchen. Lärche und Weißkie-

Der Thüringer Wald ist seit dem 19. Jahrhundert vor allem von Nadelbäumen wie Fichten und Kiefern geprägt.

fer mit jeweils gut vier Prozent folgen vor Tannen mit 2,5 Prozent. Der hohe Anteil an Fichten erklärt sich aus den vielen hochgelegenen Wäldern, in denen sich Fichten von Natur aus sehr wohl fühlen.

Den höchsten Anteil an Nadelbäumen hat die Schweiz mit knapp 70 Prozent. Wegen der großen Landschaftsvielfalt und den unterschiedlichen Höhenlagen variiert die Zusammensetzung der Baumarten, aber auch die der Waldarten von Region zu Region recht stark. Abgesehen von Nadelbaumforsten in niedrigen Höhenlagen entspricht der Baumbestand in der Schweiz weitgehend dem natürlichen Vorkommen der Arten.

BAUMREKORDE

HÖCHSTE BÄUME

Den Höhenrekord halten sowohl in Deutschland als auch in Österreich und der Schweiz Douglasien. Das längste deutsche Exemplar steht mit einer Höhe von knapp 70 Metern in Freiburg im Breisgau und trägt den Namen Waldtraut vom Mühlwald, der österreichische Sieger wächst im oberösterreichischen St. Thomas mit rund 60 Metern und in der Schweiz hält eine Douglasie im Oberaargau mit einer Höhe von 61 Metern den Rekord.

ÄLTESTE BÄUME

Das tatsächliche Alter eines Baumes zu bestimmen, insbesondere eines uralten, ist nicht eindeutig möglich. Sicher ist dennoch, dass es viele solcher Baumgreise mit einem beachtlichen Alter gibt. Als ältester Baum Deutschlands wird eine Sommerlinde im hessischen Schenklengsfeld gehandelt, die vermutlich um das Jahr 760 gepflanzt wurde. In Österreich gilt eine über 1000-jährige Eiche in Bad Blumau in der Steiermark als ältester Baum. In der Schweiz ist *der* älteste Baum nicht ohne Weiteres zu bestimmen, aber man kann davon ausgehen, dass es mehrere Eiben gibt, die bereits 1500 Jahre alt sind, womit die Schweiz der Gewinner bei diesem Rekord wäre.

Douglasien zählen zu den höchsten Bäumen im deutschsprachigen Raum.

Sehr alte Bäume werden als „Methusalem-Bäume" bezeichnet.

VÖGEL

Einige Vögel legen in der Erde einen Wintervorrat an Eicheln und Bucheckern an, der größer ist als ihr Bedarf, und bereiten so die Samen optimal für den kommenden Frühling vor. Andere beerenfressende Vögel scheiden die Samen wieder aus und tragen auf diese Weise zur Verbreitung von Pflanzen bei. Vögel pflanzen aber nicht nur Bäume, sie fressen auch Schädlinge und deren Larven. Zudem dienen vor allem Eier und Jungvögel vielen Säugetieren und anderen Vogelarten als Nahrung, aber auch ausgewachsene Vögel sind fester Bestandteil der Nahrungsketten im Wald. Häufig überleben nur etwa 20 Prozent der Jungvögel, nicht selten wird ein ganzes Gelege aufgefressen.

In unseren Wäldern leben sowohl Stand- als auch Zugvögel. Während einige der Zugvögel viele zehntausend Kilometer in ihr Winterquartier zurücklegen, zieht es andere Vögel nur aus dem nördlichen ins südliche Deutschland.

Bei der Wahl ihres Nistplatzes gehen Vögel ganz unterschiedlich vor. Einige zimmern sich ihre Unterkünfte selbst, wie die zahlreichen Specht-Arten, andere lassen sich im Zweitbezug in von anderen verlassenen Höhlen nieder. Wieder andere wie der Zaunkönig bauen gleich mehrere Nester, um mehr als eine Familie zu gründen. Auch in Felsspalten werden Nester gebaut und natürlich in die Zweige von Bäumen und Sträuchern, entweder hängend und in Napfform oder in Gestalt des klassischen Vogelnestes. Die Gelege von Bodenbrütern findet man in Erdmulden oder im dichten Gras versteckt.

Buntspecht und Eichelhäher sind häufige Bewohner mitteleuropäischer Wälder.

Die im Folgenden vorgestellten Vögel repräsentieren nur eine sehr kleine Auswahl der in unseren Wäldern heimischen Arten. Um bei einem Waldspaziergang zu wissen, wo man nach Nestern Ausschau halten kann, sind die Vögel in Höhlenbewohner und Nestbauer unterteilt. Bei den Nestbauern wird angegeben, in welcher Waldschicht die Nester in der Regel angesiedelt sind, um ihr Entdecken zu erleichtern.

HÖHLENBEWOHNER

Spechte hämmern mit ihrem Schnabel bis zu 20 Mal pro Sekunde auf einen Baumstamm ein, das Ganze bis zu 12.000 Mal am Tag. Es grenzt an ein Wunder, dass sie dabei nicht rückwärts vom Baum fallen, denn ihr Schnabel trifft mit einer Kraft auf den Stamm, die einem Aufprall auf eine Wand mit einer Geschwindigkeit von 25 Stundenkilometern entspricht. Vor einer Gehirnerschütterung bewahrt sie eine federnde Verbindung zwischen Schnabel und Schädel, die die Stöße dämpft. Zudem ist das Gehirn von Spechten von verhältnismäßig wenig Gehirnflüssigkeit umgeben, weshalb es recht fest im Schädel sitzt und bei den starken Schlägen wenig Bewegungsspielraum hat. Zusätzlich stabilisieren starke Mus-

Der Grünspecht fängt mit seiner Zunge Insekten am und im Boden.

keln den Schädel. Dennoch wird die Mühe belohnt: Wegen des sicheren Nestes im Inneren des Baumstamms haben Spechte die niedrigste Verlustrate bei ihren Jungen. Nur etwa drei Prozent der Eier und Küken werden nicht flügge. Der Specht hämmert jedoch nicht nur zum Nestbau oder bei der Nahrungssuche unter der dicken Borke, sondern auch beim Balzen.

Die Familie der Spechte gliedert sich in zahlreiche Unterarten, von denen viele in unseren Wäldern zuhause sind. Nur einige von ihnen werden im Folgenden vorgestellt. Der Buntspecht ist die häufigste bei uns vorkommende Art. Er ist in Wäldern mit viel Totholz anzutreffen, da in den morschen Stämmen Insektenlarven zu finden sind, die er gerne frisst. Um auch an besonders tief verborgene Larven heranzukommen, ist seine Zunge mit Widerhaken versehen, mit denen er sie hervorholen kann.

Der Schwarzspecht ist der größte Vertreter seiner Art und ein wahrer Baumeister. Er zimmert unzählige Höhlen in alte Baumstämme, die von anderen Tieren übernommen werden, wenn sein Nachwuchs ausgezogen ist. Häufig werden Bäume bereits gefällt, bevor sie ihre Lebensmitte erreicht haben, um das Holz wirtschaftlich zu nut-

> **Die Familie der Spechte gliedert sich in zahlreiche Unterarten, die in unseren Wäldern zuhause sind.**

zen. Dadurch verkleinert sich der Lebensraum des Schwarzspechts sehr stark und sein Bestand ist deutlich zurückgegangen.

Der Grünspecht wird fast so groß wie der Schwarzspecht, fällt aber durch sein grünes Gefieder an der Oberseite und ein leuchtend rotes Kopfband auf. Seine schwarze Färbung, die vom Schnabel bis hinter die Augen reicht und an eine Gesichtsmaske erinnert, hat ihm den Spitznamen „Fliegender Zorro" eingebracht.

Kleiber laufen Baumstämme gewöhnlich kopfüber hinab.

Der Eichelhäher brütet meist erst, wenn die Bäume vollständig belaubt sind, um die Nester vor Feinden zu schützen.

Der Grünspecht ist an den Rändern von Laubwäldern zuhause und ernährt sich vor allem von am Boden lebenden Insekten wie Waldameisen. Er jagt sie mit seiner Zunge, die zehn Zentimeter aus seinem Schnabel hervorschnellen kann. An der verhornten Spitze ist sie mit einem Widerhaken versehen und ermöglicht es ihm, seine Beute auch dann zu erwischen, wenn sie sich im Boden oder im Ameisenhaufen versteckt. Wie der Grünspecht fängt auch der Mittelspecht mit seiner Zunge Insekten, wobei seine deutlich kürzer ausfällt. Im Frühjahr leckt der in Wäldern mit vielen Eichen und Buchen beheimatete Vogel gerne Baumsaft.

Läuft ein kleiner Vogel mit blau-grauem Federkleid an der Oberseite kopfüber einen Baumstamm hinunter, handelt es sich um einen Kleiber. Er bezieht gerne verlassene Spechthöhlen, zimmert sich bei Bedarf aber auch eine eigene Höhle. Seine Nahrung findet er in Form von Larven in der Borke, ansonsten frisst er Eicheln, Bucheckern oder Nüsse, die er in Rindenspalten klemmt, um sie leichter mit dem Schnabel öffnen zu können. Während der Kleiber vornehmlich baumabwärts unterwegs ist, wird die Gegenrichtung vom Waldbaumläufer belegt. Die Vögel teilen sich oft einen Baum und finden in ihrer jeweiligen Laufrichtung Insekten und Spinnen, die der andere übersieht. Waldbaumläufer bauen ihre Nester in Baumspalten, manchmal auch unter loser Baumrinde.

Der Punk unter den Vögeln ist die Haubenmeise, mit ihrer namensgebenden Haube aus hochgestellten Federn, die sie unverwechselbar macht. Der kleine Vogel ist vor allem in Nadelwäldern anzutreffen. Die Weibchen hämmern Höhlen in morsche Baumstämme, in die sie ihre Nester bauen.

NESTBAUER

An seinen charakteristischen blau-schwarzen Flügelfedern lässt sich der Eichelhäher leicht von anderen Vögeln unterscheiden. Wie das Eichhörnchen legt sich auch der Eichelhäher zahlreiche Wintervorräte mit Eicheln, Bucheckern oder Regenwürmern an. In seinem Kropf kann er zehn Eicheln auf einmal transportieren. Im Vergleich zum Eichhörnchen merkt sich der Vogel seine Verstecke jedoch erstaunlich gut. Allerdings ist sein angelegter Vorrat meist viel größer als sein eigentlicher Bedarf, weshalb auch seine Vorratskammern dazu beitragen, dass im nächsten Frühjahr zahlreiche neue Bäumchen aus dem Boden sprießen und insbesondere Monokulturen aus Nadelbäumen mit der Zeit wieder zu Mischwäldern werden. Der zu den Rabenvögeln zählende Eichelhäher baut seine Nester in Höhe der Strauchschicht, nur selten nistet er in

---

Zaunkönig und Wintergoldhähnchen zählen zu den Teilzugvögeln, die über Winter bleiben, wenn die Bedingungen es zulassen.

Baumkronen. Gefährlich werden Eiern und Jungvögeln neben Eichhörnchen und Baummardern auch Elstern und andere Eichelhäher. Deshalb warten die Vögel mit der Eiablage, bis der Wald dicht belaubt und ihr Nistplatz gut verborgen ist und brüten damit einige Wochen später als die meisten anderen Vögel. Beim Waldspaziergang hört man häufig seinen lauten Ruf, mit dem er vor Menschen warnt. In höheren Lagen trifft

man auf den Tannenhäher, der sich von Zapfensamen ernährt.

Zilpzalp und Fitis gelten als Zwillingsarten, die sich äußerlich nur schwer unterscheiden lassen. Ihr Gesang allerdings unterscheidet sich sehr deutlich. Während der Fitis schwermütige Melodien singt, trällert der Zilpzalp deutlich fröhlicher vor sich her. Beide trifft man in nahezu allen Laubwäldern unserer Breitengrade an, allerdings nur zwischen Ende April und Anfang August. Schon im Sommer machen sich die kleinen Singvögel auf zu ihrer bis zu 13.000 Kilometer langen Reise, denn einige von ihnen beziehen ihr Winterquartier sogar südlich der Sahara. Der Zilpzalp baut sein kleines, halboffenes Nest mit seitlichem Eingang in Höhe der Krautschicht, vornehmlich in Sträuchern, hohem Gras, Brennnesseln oder jungen Laubbäumen. Der Fitis ist ein Bodenbrüter und errichtet sein geschlossenes Nest mit seitlichem Eingang im Moos oder Gras.

Ebenfalls ein Bodenbrüter ist der vor allem in der Schweiz und vorwiegend im Mittelmeerraum anzutreffende Berglaubsänger. Die Hänge des Wallis bilden die Nordgrenze seines Brutgebiets, weiter nördlich ist er nur noch äußerst selten anzutreffen. Man begegnet Berglaubsängern meist an nach

Der Zilpzalp lässt sich leicht an seinem charakteristischen Gesang erkennen, der tatsächlich wie „zilp zalp zilp zalp" klingt.

Zaunkönige bauen viele Nester, um mehrere Weibchen beeindrucken zu können.

Gimpelmännchen bezirzen die Weibchen bei der Balz mit einem Halm als besonderem Geschenk.

Süden gelegenen Berghängen, sie bevorzugen Mischwälder mit lockerer Strauchschicht, um möglichst viel Sonne tanken zu können.

Der nur zehn Gramm schwere Zaunkönig ist ein wahrer Frauenheld. Im Frühjahr baut er in Sträuchern, unter abgebrochenen Ästen oder an anderen verborgenen Orten gleich mehrere kugelförmige Nester, in die er dann Weibchen einlädt. Gefällt einem Weibchen eins der Nester, zieht sie dort ein und paart sich mit dem Männchen. Nicht selten bleibt sie jedoch mit dem Nachwuchs alleine, denn der Zaunkönig bietet die übrigen Nester weiteren Weibchen an und hat so manchmal mehrere Familien zu versorgen. Noch kleiner und leichter als der Zaunkönig ist das Wintergoldhähnchen. Mit fünf Gramm Körpergewicht gilt es als der kleinste Vogel Europas. Damit der Winzling seinen Energiebedarf decken kann, muss er täglich Nahrung von der Menge seines Körpergewichts zu sich nehmen. Sein Hängenest baut das Wintergoldhähnchen in die dichten Äste von Nadelhölzern. Es verwendet dazu auch Gespinste von Raupen oder Eierkokons von Spinnen, wodurch das Nest sehr stabil wird. Zaunkönig und Wintergoldhähnchen zählen zu den Teilzugvögeln, die über Winter bleiben, wenn die Bedingungen es zulassen. Insbesondere der Zaunkönig verlässt im Winter Alpen und Mittelgebirge.

Auch viele Finkenarten trifft man bei einem Waldspaziergang häufig an, vornehmlich Buchfink, Fichtenkreuzschnabel oder Gimpel. Fichtenkreuzschnabel und Buchfink tragen ihren Lebensraum bereits im Namen, wobei der Fichtenkreuzschnabel nach seinem außergewöhnlichen überkreuzten Schnabel benannt ist, mit dem er ausgezeichnet Fichtenzapfen knacken kann. Wenn das Nahrungsangebot es zulässt, brüten Fichtenkreuzschnäbel ganzjährig. Der leuchtend orange gefärbte Gimpel, auch bekannt als Dompfaff, lebt ebenfalls in Fichtenwäldern. Beim Balzritual bietet das Gimpel-Männchen dem Gimpel-Weibchen einen Halm an. Akzeptiert das Weibchen den Halm, gehen sie fortan einen gemeinsamen Weg. Eine Besonderheit unter den Finken stellt der Kernbeißer dar, dessen überaus kräftiger Schnabel mit insgesamt fünf Schneidekanten sogar Obstkerne wie Kirsch-, Schlehen- oder Pflaumenkerne aufbrechen kann. Die silbern anmutende Färbung, die der Schnabel des Kernbeißers im Sommer trägt, lässt diesen wie ein schmiedeeisernes Werkzeug erscheinen.

Viele Finkenarten sind Standvögel, einige ziehen jedoch über den Winter in südlichere Regionen. Ihre Nester bauen die Finkenweibchen meist recht hoch in die Astgabeln von Sträuchern und Bäumen. Gut getarnt mit Moos sind sie oft schwer zu erkennen. Eine Ausnahme bilden erneut die Kernbeißer, hier unterstützt das Männchen beim Nestbau.

Das Pirolmännchen erkennt man weithin an seinem leuchtend gelben Federkleid, während das Weibchen sich in bedeckteren Farben hält. Pirole bauen ihre Nester weit oben in Astgabeln der Baumkrone, wo sie auch auf Nahrungssuche gehen und deshalb schwer zu beobachten sind. Pirole überwintern in der südlichen Hälfte Afrikas und kommen normalerweise Anfang Mai zurück in unsere Wälder.

Die schwarzen Kolkraben, die eine Flügelspanne von bis zu 1,30 Metern erreichen können, bleiben ihrem Partner ein Leben lang treu. Zudem gehen Forschende heute davon aus, dass Kolkraben in Bezug auf ihre Intelligenz mit Schimpansen vergleichbar

---

Der Kuckuck legt sein Ei in ein fremdes Nest und schert sich fortan nicht weiter um den Nachwuchs.

---

sind. Sie ernähren sich unter anderem von verletzten oder toten Tieren, weshalb man bis zur Mitte des 20. Jahrhunderts annahm, dass Kolkraben große Tiere, sogar Rinder, töten können, und sie bekämpfte, sodass ihr Bestand stark zurückging. Ihre Nester bauen Kolkraben hoch oben in den Bäumen.

So schön sein Ruf auch klingen mag, seine Machenschaften haben es in sich. Das sogenannte Kuckucksei kommt ja nicht von ungefähr, sondern wird von den Kuckucks-

VÖGEL BEOBACHTEN

Eine gute Zeit, um Vögel zu beobachten, ist an einem Frühlingstag kurz nach der Morgendämmerung, denn zu dieser Zeit sind die meisten Vögel aktiv. Die anfängliche Stille wird nach und nach von den verschiedensten Vogelstimmen erfüllt. Dabei lassen sich Weibchen und Männchen recht einfach unterscheiden: Während die Männchen singen, rufen die Weibchen nur zurück. Besonders im Frühling kann man den Männchen bei der Balz lauschen. Mit ein wenig Übung lassen sich recht schnell unterschiedliche Gesänge heraushören und spezielle Verhaltensweisen wiedererkennen.

Es lohnt sich, ein Fernglas mitzunehmen. Im Frühjahr, wenn die Bäume noch nicht belaubt sind, sind auch in den Baumkronen lebende Vögel leicht beim Nestbau zu beobachten. Da Vögel auf Bewegung reagieren und nicht auf Farben, muss man auf keine bestimmte Kleidung achten. Zur Bestimmung des Vogels, den man beobachtet oder hört, bieten sich entsprechende Bücher und Apps an, die dabei helfen, den Gesang den Vogelarten zuzuordnen.

Die Waldohreule zählt zu den häufigsten europäischen Eulenarten.

Eltern anderen Vögeln ins Nest geschoben. Dazu nähert sich das Weibchen, dessen Körperbau einem Greifvogel ähnelt, einem Nest und vertreibt die erschrockenen werdenden Eltern. In das Nest legt dann der Kuckuck sein Ei, das den restlichen im Nest ähnelt, und schert sich fortan nicht weiter um den Nachwuchs. Ist dieser dann geschlüpft, sorgt das Kuckucks-Junge dafür, dass die verbliebenen Eier oder die bereits geschlüpften Küken aus dem Nest bugsiert werden und die von den unfreiwilligen Adoptiveltern gebrachte Nahrung ausschließlich im Schlund des Kuckucks-Jungen landet.

SELTENE VOGELARTEN

Ein wirklich lustiger Zeitgenosse ist der Baumpieper, der in Wäldern mit üppiger Kraut- und Strauchschicht anzutreffen ist. Nach seiner Rückkehr aus seinem afrikanischen Winterquartier Anfang Mai baut er sein napfförmiges Nest in Grasbüschel oder Farne. Auffällig an ihm ist sein Singflug, bei dem er von einer Baumkrone aus bis zu 30 Meter in die Höhe steigt, um sich dann singend nach unten fallen zu lassen. Während seines Singfluges ähnelt er einem trudelnden Segelflieger. Allzu oft kann man ihn dabei leider nicht mehr beobachten, da sein Bestand stark zurückgeht.

Gut verborgen und getarnt lebt in ausgeprägten Kraut- und Strauchschichten das Haselhuhn. Die Bodenbrüter legen fünf bis zehn Eier in ihre gut versteckten Nester. Nach drei bis vier Wochen schlüpfen die Jungen. Während sich das ausgewachsene Haselhuhn vorwiegend von Samen und Beeren ernährt, bevorzugen die Jungen Insekten und Spinnen. Haselhühner gelten als stark gefährdet. Ihre größte europäische Population findet sich in Russland, aber auch in den österreichischen Alpen und der Schweiz kann man die grau-braunen Vögel antreffen.

Einige Vögel sind nur in großen Höhenlagen zu finden. Zu ihnen zählen die Auerhühner, die vornehmlich in den weitgehend

> Um die Nadeln besser verdauen zu können, fressen Auerhähne kleine Steinchen.

naturbelassenen Bergwäldern der Alpen zuhause sind. Der Auerhahn ist bekannt wegen seines auffälligen Balzverhaltens, bei dem er den Kopf nach oben reckt, schnalzend und klackernd ruft und die Schwanzfedern aufstellt. Im Winter ernähren sich die Tiere fast ausschließlich von Kiefern-

Zu seinem imposanten Singflug verlässt der Baumpieper das Dickicht, in dem er sich normalerweise aufhält.

Das Haselhuhn zählt zur Familie der Fasanenartigen.

und Fichtennadeln. Um die Nadeln besser verdauen zu können, fressen sie kleine Steinchen, die im Magen beim Zermalmen helfen. Ihre Nester bauen Auerhühner in Bodenmulden.

In Höhenlagen ab 1200 Metern trifft man auf den Dreizehenspecht, der – wie sein Name sagt – nur drei Zehen hat. Vor allem in den Schweizer Alpen ist der Vogel mit dem gelben Federkleid am Kopf beheimatet. Wie die meisten seiner Artgenossen braucht auch er einen Totholzanteil von mindestens fünf Prozent, um ausreichend Nahrung in der Borke und genügend Nistgelegenheiten zu finden.

GREIF- UND RAUBVÖGEL

Viele Greif- und Raubvögel wie Mäusebussard, Rotmilan oder der Baumfalke brauchen das freie Feld, um am Himmel kreisend ihre Beute am Boden zu erspähen und blitzschnell zuzuschlagen. Im Wald dagegen haben sie ihren Brutplatz, gut geschützt und häufig in verlassene Höhlen oder Nester anderer Vögel gebaut. Sie töten ihre Beute, indem sie ihre scharfen, kräftigen Fänge in das Tier schlagen.

Habichte mit einer Flügelspannweite von bis zu einem Meter jagen in Wäldern. Sie sind ausgezeichnete Flugkünstler, die blitzschnell zwischen den Bäumen hindurchtauchen. In geschickten Manövern schlagen sie im Flug Tauben oder Jungvögel, Eichhörnchen schnappen sie vom Baumstamm weg. Oftmals geht dem Beutezug eine Verfolgungsjagd voraus, bei welcher der Vogel dem Eichhörnchen bei seiner spiralförmigen Flucht den Baumstamm hinauf folgt. Zur Beute des Habichts zählen sogar Fasane, die größer sind als er selbst. Häufig fressen Habichte auch schwache oder kranke Tiere und tragen so zum ökologischen Gleichgewicht bei. Ein kleinerer, aber ebenso geschickter Raubvogel ist der Sperber, dessen Beute vor allem kleinere Vögel sind.

Habichte schlagen Säugetiere und Vögel, die bis zu einem Kilogramm wiegen.

Die beiden Eulenarten Waldkauz und Waldohreule wird man nicht zusammen antreffen, denn der Waldkauz verdrängt die zierlichere Waldohreule aus seinem

---

Waldkäuze verteidigen ihren Nachwuchs unerbittlich und schrecken auch nicht davor zurück, Menschen anzugreifen.

Revier. Waldkäuze sind sehr beständig und gehen monogame Partnerschaften ein, die bis zu 20 Jahre halten können. Sie beziehen Baumhöhlen, in denen sie ihren Nachwuchs großziehen und für mehrere Jahre bleiben. Waldkäuze verteidigen ihren Nachwuchs unerbittlich und schrecken auch nicht davor zurück, Menschen anzugreifen, die sich den Küken nähern. Dabei greifen sie lautlos von hinten an und lassen erst von ihren Feinden ab, wenn diese sich sichtbar zurückziehen. Waldkäuze sind ausgezeichnete Jäger und schlagen sogar so große Tiere wie Eichhörnchen. Wo sie zuhause sind, wird man kaum auf den kleineren Raufußkauz treffen, da er auf ihrem Speiseplan steht. Hat er ein weitgehend sicheres Gebiet gefunden, lässt er sich gerne in verlassenen Schwarzspechthöhlen nieder. Er ernährt sich von Mäusen, manchmal auch von kleineren Singvögeln.

Wir bekommen ihn nur selten zu Gesicht, aber er ist verbreitet in unseren Wäldern: der scheue nachtaktive Uhu. Mit einer Flügelspannweite von bis zu 1,70 Metern ist er die größte Eulenart der Welt. Lange war er bedroht, da er Hasen, Enten und sogar Rehkitze schlägt und damit Jägern Konkurrenz macht. Mittlerweile hat sich der Bestand jedoch erholt.

In Bezug auf die Flügelspannweite wird der Uhu vom Schwarzstorch übertroffen, der es auf eine beachtliche Breite von zwei Metern bringt. Man trifft den schwarzen Vogel in feuchten Waldgebieten an, wo er sich in Bächen und Tümpeln den Bauch mit Fischen und anderen Wasserbewohnern vollschlägt und mit Vergnügen badet.

Schwarzstörche leben in alten Wäldern, ihr Vorkommen deutet auf ein intaktes Ökosystem hin.

INSEKTEN

Unter jedem Stein, in allen Sträuchern und verborgen in der Rinde – wo wir unseren Blick auch hinwenden, es kommt uns etwas entgegengekrabbelt oder -geflogen. Insekten sind fester und unentbehrlicher Bestandteil des Ökosystems im Wald, sie nehmen eine zentrale Rolle als Nahrungsquelle sowie als Verwerter von Tierkadavern und abgestorbenen Pflanzen ein und sind wichtig bei der Fortpflanzung von Bäumen, Sträuchern sowie Blumen.

Ein einzelner Baum bietet Tausenden von Insekten ein Zuhause, ein Bienenvolk hat Zehntausende Mitglieder und Ameisenhaufen bestehen aus mehreren Millionen Tieren. Insekten machen den mit Abstand größten Teil der Tierpopulation im Wald aus. In diesem Buch kann nur auf einen ganz geringen Ausschnitt dieser Vielfalt eingegangen werden.

AMEISEN

Waldameisen leben wie die artverwandten Wespen in Staaten mit bis zu fünf Millionen Artgenossen, weniger als 100.000 sind es kaum in einem Ameisenhaufen. Oberhaupt des Ameisenstaates ist eine einzige geflügelte Königin. Das Innere eines Ameisenbaus besteht aus vielen Kammern mit unterschiedlichen Funktionen. Es gibt eine Vorratskammer, einen Müllraum, Kinderstuben und ein Königinnenzimmer. Ein Ameisenhaufen kann bis zu zwei Meter hoch aus der Erde ragen. Dieser Teil wird als Streukuppel bezeichnet und dient vor allem der Wärmespeicherung und im Winter, wenn die Ameisen im Inneren überwintern, als Frostschutz. Häufig steht im Zentrum der Streukuppel ein hohler Baumstumpf, um den herum das Nest gebaut wurde und der der gesamten Konstruktion Stabilität verleiht. Ein Ameisenhaufen kann eine Ausdehnung von fünf Metern Durchmesser erreichen und ist oft ebenso tief wie hoch in die Erde gebaut. Der Bau ist von unzähligen Gängen und Stockwerken durchzogen, was zu einer guten Durchlüftung des Bodens beiträgt. Weil insbesondere die Streukuppel anfällig für Pilzbefall ist, schichten die Ameisen den oberen Teil ihres Baus regelmäßig um. Im Winter verschließen sie die Eingänge zu ihrem Bau und überwintern tief in der Erde.

In nahezu allen Wäldern trifft man auf Waldameisen, die das 40-Fache ihres Körpergewichts tragen können. Häufig vertilgen sie Tierkadaver, fressen Raupen, verwerten totes Holz und spielen eine wichtige Rolle bei der Verbreitung von

Waldameisen übernehmen vielfältige Aufgaben im Ökosystem.

Pflanzensamen. An den Blüten einiger Pflanzen hängen kleine Nährstoffpakete, die Ameisen anlocken. Verlässt eine Ameise die Pflanze wieder, nimmt sie deren Samen mit und verteilt ihn. Auf ihrer Nahrungssuche kennzeichnen Ameisen ihre Wege mit Duftstoffen, sogenannten Pheromonen, um sich zu orientieren, und bilden so die Ameisen-

In nahezu allen Wäldern trifft man auf Waldameisen, die das 40-Fache ihres Körpergewichts tragen können.

straßen, auf die man überall im Wald trifft. Pheromone nutzen Ameisen auch, um miteinander zu kommunizieren.

Neben der Roten Waldameise bevölkern auch die größeren Schwarzen Rossameisen den Wald. Sie bauen ihre Nester in Totholz, vornehmlich von Fichten und Kiefern, da deren Holz weicher ist als das vieler Laubbäume. Sie ernähren sich größtenteils von Honigtau, also den Ausscheidungen von Pflanzenläusen.

HEUSCHRECKEN, SPINNEN UND CO.

Im Wald leben einige wenige Heuschreckenarten wie beispielsweise die Gemeine Eichenschrecke. Sie zirpt nicht, hören kann man aber dennoch, wie das Männchen mit seinen Hinterbeinen auf Blättern trommelt, um Weibchen auf sich aufmerksam zu machen. Mit einer Körperlänge von 1,5 Zentimetern ist die Eichenschrecke recht klein. Sie hält sich in den Kronen von Laubbäu-

Benachbarte Ameisenhaufen sind unterirdisch häufig miteinander verbunden.

Waldgrillen sind gut getarnt und nur schwer am Boden zu entdecken.

men auf, im Herbst jedoch klettert sie nach unten und legt mit ihrem sogenannten Legebohrer, der sich an ihrem Hinterleib befindet, Eier in der Baumrinde ab. Im Gegensatz zur Eichenschrecke lebt die Waldgrille in der Streuschicht und macht durch ein leises Zirpen auf sich aufmerksam.

Waldwolfsspinnen fangen Insekten durch einen Sprung und erlegen sie, indem sie mit ihrem kräftigen Kiefer zubeißen. Sie kleiden sich Felsspalten oder kleine Höhlen mit ihrem Gewebe aus. Waldwolfsspinnenweibchen tragen im Frühjahr zunächst die Eikokons auf dem Rücken, später dann die geschlüpften Jungtiere. Bis zu hundert kleine Spinnen sitzen auf dem Rücken der Mutter, die sie acht Tage lang auf diese Weise vor Feinden schützt. Erdfinsterspinnen bauen ein trichterartiges Netz, an dessen unterem Teil sie in einer Erdhöhle verborgen auf die hinabrutschende Beute warten.

Ebenfalls zu den Spinnentieren zählt der Moosskorpion. Der mit maximal vier Millimetern Körperlänge sehr kleine Bewohner der Streuschicht ernährt sich von Springschwänzen. Auffallend sind seine übergroßen und sehr kräftigen Kieferklauen, mit denen er seine Beute jagt und zermalmt. Moosskorpione vermehren sich ohne Körperkontakt. Das Männchen setzt Samenpakete am Boden ab, die das Weibchen aufnimmt. Die Eier werden in einem speziellen Brutbeutel gelagert, den das Weibchen unter dem Hinterleib trägt und in dem der Nachwuchs mit einer Nährlösung versorgt wird.

Auch der Gemeine Holzbock, häufig einfach als Zecke bezeichnet, zählt zu den Spinnentieren. Er wartet in Sträuchern und Büschen darauf, dass Wildtiere vorbeikommen, bohrt sich mit dem Kopf in ihre Haut und saugt sich mit Blut voll. Prall gefüllt misst eine Zecke bis zu einem Zentimeter und kann mit ihrem Vorrat etwa ein Jahr überleben.

Schnurfüßer zählen zu den Tausendfüßern, von denen es mehrere hundert Arten gibt. Etwa 60 Schnurfüßerarten sind in unseren Wäldern heimisch. Sie zeichnen sich

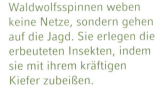
Waldwolfsspinnen weben keine Netze, sondern gehen auf die Jagd. Sie erlegen die erbeuteten Insekten, indem sie mit ihrem kräftigen Kiefer zubeißen.

durch ihre Segmente mit je einem Beinpaar aus, deren Anzahl sich mit jeder Häutung erhöht. Ein erwachsener Schnurfüßer kann um die 40 Segmente, also 80 Beine haben. Schnurfüßer sind wichtige Destruenten, die abgestorbene Pflanzenteile, Totholz und Tierkadaver fressen.

BIENEN, WESPEN UND HORNISSEN

Bienen kommen in Wäldern vor, die eine blühende Kraut- und Strauchschicht haben oder in denen Bäume mit einem hohen Angebot an Pollen und Nektar wie Weide, Ahorn oder Linde wachsen. Sie verwandeln in ihrem Honigmagen Nektar zu Honig, den sie in ihrem Bau wieder ausspeien und dort gemeinsam mit Pollen als Nahrung lagern. Im Wald lebt ein Bienenvolk in einer Baum- oder Felshöhle, in welche die Tiere mit ihrer Wachsdrüse die charakteristischen Waben hineinbauen. Undichte Stellen sowie die

Ab den ersten warmen Frühlingstagen schwirren Bienen im Wald umher.

> Bienen, die ein neues Zuhause suchen, entscheiden sich in einem gemeinsamen Abwägungsprozess für die neue Unterkunft.

Innenseiten der Waben werden mit einer Mischung aus Harz und Pollen, der sogenannten Propolis, ausgekleidet, die das Eindringen von Pilzen, Mikroorganismen oder Bakterien verhindert. In den Waben werden Maden aufgezogen und Vorräte gelagert. Ein Bienenvolk besteht aus bis zu 60.000 Tieren. Oberhaupt des Volkes ist die Bienenkönigin, der Rest setzt sich aus Arbeiterinnen und maximal 2000 Drohnen zusammen. Die Königin zeichnet sich durch einen schlanken, langen Körper aus und legt täglich bis zu 2000 Eier, die von den männlichen Drohnen befruchtet werden. Für die Aufzucht des Nachwuchses sind die Arbeiterinnen zuständig. Sie füttern die geschlüpften Larven, sammeln Nahrung, machen sauber, reparieren und verteidigen den Bau. Ob eine Larve sich zu einer Arbeitsbiene oder einer Königin entwickelt, hängt vor allem davon ab, womit sie gefüttert wird. Bekommt sie das sogenannte Gelée royale, einen energiereichen Futtersaft aus den Futterdrüsen der Bienenammen, der Wachstum und Entwicklung stark beschleunigt, wird aus der Larve eine Königin. Für die Königinnen-Larven gibt es auch spezielle Waben, die Weiselzellen, die deutlich größer sind als die anderen Waben. Während Bienen meist nur einige Wochen oder Monate leben, kann eine Bienenkönigin mehrere Jahre alt werden.

Ungefähr Mitte Mai hat der Bienenschwarm deutlich an Nachwuchs zugelegt und der Bau wird zu klein. Das ist der Zeitpunkt, an dem die alte Königin mit etwa der Hälfte des Bienenvolkes auszieht und eine neue Unterkunft sucht. Etwa sieben Tage später schlüpft die neue Königin im alten Bau. Im Alter von sechs Tagen beginnt die Königin mit ihren Hochzeitsflügen, bei denen sie sich mit verschiedenen Drohnen anderer Bienenvölker paart – die Drohnen sterben nach diesem Akt. Ende Juni, um die Sommersonnenwende herum, werden die Drohnen aus dem Bienenstock verjagt, weil sie dort nicht mehr gebraucht werden.

Bienenvölker lassen sich gerne in Baumhöhlen nieder.

Der Teil des Bienenvolkes, der sich ein neues Zuhause sucht, entscheidet sich in einem gemeinsamen Abwägungsprozess für die neue Unterkunft, bei dem die Vor- und Nachteile möglicher Bleiben nach klaren Kriterien beurteilt werden. Sogenannte Superbienen übernehmen die Moderation dieses Prozesses, die Königin selbst hat kein Mitspracherecht.

Waldwespen bauen ihre Nester meist freihängend an Baumästen. Als Material wird totes, durchgekautes Holz verwendet. Ihr Wespenstaat ist mit selten mehr als 800 Tieren im Vergleich zu einem Bienenvolk recht klein. Die Königin gründet im Frühjahr ihr Volk, indem sie in die ersten Waben des Nestes Eier legt, die sie mit einem Spermienvorrat aus dem Herbst befruchtet. Die Larven füttert sie selbst mit Insekten, die sie zu einer weichen Masse zerkaut. Im Anschluss sondern die Larven einen Tropfen ab, der wiederum der Königin als Nahrung dient. Die Königin verströmt Duftstoffe, die dafür sorgen, dass sich die Larven zu unfruchtbaren Arbeiterinnen entwickeln. Wie in einem Bienenvolk sind auch in einem Wespenstaat die Arbeiten auf alle Mitglieder verteilt. Erst im Herbst entwickeln sich aus einigen Eiern neue Königinnen oder Drohnen. Königin und Drohne paaren sich im Herbst, die Drohne stirbt nach der Paarung. Die Königin überlebt als Einzige aus dem Wespenstaat den Winter an einem geschützten Ort, beispielsweise unter Baumrinde oder Moos, um im Frühjahr ein neues Nest zu bauen und den nächsten einjährigen Staat zu gründen.

Die größte Wespenart sind Hornissen. Auch sie sind staatenbildend und leben in Gemeinschaften von mehreren hundert Tieren zusammen. Hornissen haben ebenfalls eine Königin, die überwintert und sich im Frühjahr auf die Suche nach einem geeigneten Platz für ihr Nest begibt. Das Nest wird meist aus Totholz in eine Baumhöhle oder Ähnliches hinein gebaut, ist aber

---

Waldwespenköniginnen verströmen Duftstoffe, die dafür sorgen, dass sich die Larven zu unfruchtbaren Arbeiterinnen entwickeln.

---

im Gegensatz zu einem Wespennest größer und unten offen. Sind die ersten Arbeiterinnen geschlüpft, übernehmen sie die anfallenden Aufgaben und die Königin bleibt meist im Nest. Im Spätsommer entwickelt die Königin die Fähigkeit, Eier auszubilden, aus denen sich entweder Drohnen oder neue Königinnen entwickeln. Ab diesem Zeitpunkt hören die Arbeiterinnen auf, die Königin wie gewohnt zu versorgen. Sie verlässt das Nest und stirbt. Hornissen und ihre Larven ernähren sich von Insekten, insbesondere von Wespen und Borkenkäfern. Ein Hornissenstaat verputzt bis zu 500 Gramm Insekten am Tag.

Aus der Galle der Eichengallwespe schlüpft die Larve.

Die Waldwespe kommt von Nord- bis Südeuropa, in Asien und Nordafrika vor.

Sein Horn nutzt der Nashornkäfer, um sich gegen Rivalen zu wehren.

MÜCKEN UND KÄFER

Neben Bienen und Wespen schwirren auch Eichengallwespen und Buchengallmücken durch den Wald. Ihr Vorkommen erkennt man an bis zu zwei Zentimeter großen Blasen, sogenannten Gallen, die an der Unterseite von Eichen- bzw. Buchenblättern hängen. Sie entstehen, wenn die Eichengallwespen bzw. die Buchengallmücken ihre Eier in die Blätter der Bäume legen. Aus den Eiern wachsen die Gallen, in deren Inneren sich eine Larve entwickelt. Die Larven der Eichengallwespe schlüpfen und fallen mit der Galle vom Baum. Am Boden krabbeln die fertigen Insekten hinaus. Bei der Buchengallmücke fallen im Herbst mit dem Laub die Larven in den Gallen vom Baum und überwintern auf dem Boden. Die Mücke schlüpft im darauffolgenden Frühjahr. Beide Insekten schaden den Bäumen nicht.

Den Waldmaikäfer trifft man im Mai und Juni in Wäldern an, in den maximal sieben Wochen, die er als Imago, also als erwachsener Käfer, lebt. Hat sich der Käfer aus dem Erdreich gegraben, macht er sich über die jungen Blatttriebe von Laubbäumen her. Das Vorkommen der Maikäfer variiert stark. Da die Engerlinge im Schnitt vier Jahre lang im Boden leben, ist alle vier Jahre ein er-

Maikäfer leben höchstens sieben Wochen als Imago, also als erwachsener, geschlechtsreifer Käfer.

Meist überstehen gesunde Bäume eine Maikäfer-Attacke gut und treiben noch im selben Jahr ein zweites Mal aus.

---

höhtes Aufkommen von Maikäfern zu beobachten. Zudem kommt es etwa alle 50 Jahre zu einer Massenvermehrung. Bereits die Engerlinge können Bäumen, insbesondere Eichen und Buchen, erheblichen Schaden zufügen, da sie die Wurzeln auffressen. Die erwachsenen Käfer stürzen sich dann auf die jungen Triebe und fressen ganze Wälder kahl. Meist überstehen gesunde Bäume eine solche Maikäfer-Attacke und treiben im selben Jahr ein zweites Mal aus. Maikäfer sind allerdings nicht nur schädlich. Engerlinge und Käfer dienen vielen Tieren als Nahrung und ein befallener Baum büßt zwar beim Dickenwachstum ein, bildet aber härteres Holz aus, was wiederum für Stabilität sorgt.

Die grün-blau schillernden Mistkäfer ernähren sich von Kot und tragen so dazu bei, dass sich keine schädlichen Keime vermehren. Aus den Ausscheidungen formen sie kleine Päckchen, die in Kammern verstaut werden, die von einem bis zu einem Meter in die Erde hineinreichenden Stollen abgehen. In jede Kammer wird ein Ei gelegt. Die Larve kann sich dann bis zu einem Jahr lang von dem Proviantpaket ernähren.

Nashornkäfer tummeln sich gerne in Totholz. Die Larven fressen Holz- und Pflanzenfasern, also Zellulose, die von den wenigsten Tieren verwertet werden kann. Neben dem imposanten Horn an der Oberseite des Kopfes, das die Käfer zum Kämpfen nutzen, haben sie an den Seiten unter den rotbraun glänzenden Flügeldecken einen leuchtend roten abstehenden Haarstreifen. Auch Hirschkäfer-Männchen sind eine imposante Erscheinung. Ihr Oberkiefer ist zu Zangen vergrößert, daher ihr eigentlich irreführender Name. Hirschkäfer-Larven leben bis zu acht Jahre in Totholz oder an den Wurzeln kranker Bäume. Als Käfer leben die Männchen ab etwa Mitte Mai wenige Wochen, die Weibchen bis in den Herbst hinein. In dieser Zeit trifft man sie manchmal benommen und strampelnd unter Eichen liegend an, nämlich dann, wenn sie sich den vergorenen Baumsaft haben schmecken lassen. Neben den Larven des Hirschkäfers gibt es viele weitere, die Totholz als Lebens-

BORKENKÄFER

Weltweit gibt es etwa 6000 Borkenkäfer-Arten. Für unsere Wälder gefährlich ist vor allem der rund fünf Millimeter große Buchdrucker, der ursprünglich in nördlichen Nadelwäldern zuhause und eigentlich ein sehr hilfreicher Zersetzer von Totholz oder kranken Bäumen ist. In einem ausgewogenen Ökosystem greifen Borkenkäfer nur geschädigte Bäume an, eine gesunde Fichte ertränkt den Käfer mit ihrem Harz, sobald er in die Rinde eindringt. Da angelegte Fichtenwälder in unseren Breiten jedoch auf zu trockenem Boden stehen, fehlt den Fichten die Feuchtigkeit, um eine Vielzahl an Borkenkäfern mit ausreichend Harz abzuwehren. Der Borkenkäfer kann das Harz in Duftstoffe umwandeln, die weitere Käfer anlocken und so zu einem massiven Befall führen, der sich auf die Nachbarbäume ausweitet. Borkenkäfer legen Brutgänge in der Rinde an, den größten Schaden richten allerdings die Larven an, die das Phloem fressen und damit das Versorgungssystem des Baumes angreifen.

Auch Gartenpflanzen können befallen werden. Findet man hellbraunes Bohrmehl am Fuß eines Baumes oder einer Hecke, kann das auf Buchdrucker hindeuten. Nun ist schnelles Handeln angesagt, denn eventuell ist der Baum zu retten, indem die befallenen Äste entfernt werden. Vorbeugend sollte vor allem in trockenen Perioden dem Bedarf eines Baumes entsprechend gegossen werden.

Spuren des Borkenkäfers unter der Rinde.

Zitronenfalter überwintern im Freien.

SCHMETTERLINGE UND FALTER

In Urwäldern waren Schmetterlinge nicht anzutreffen. Das wenige Sonnenlicht am Boden ließ nicht genügend Blumen im Wald gedeihen, die den Schmetterlingen Nektar liefern. Erst im Zuge der forstwirtschaftlichen Nutzung samt Kahlschlag und Ausdünnung haben die Tag- und Nachtfalter auch Wälder als Lebensraum für sich entdeckt. Viele Schmetterlingsarten leben allerdings in den Baumkronen und sind nur äußerst selten bei einem Waldspaziergang zu sehen.

Normalerweise überwintern Schmetterlinge als Ei, Puppe oder Raupe, nur wenige verbringen die kalte Jahreszeit in Winterstarre wie der Zitronenfalter, das Tagpfauenauge, der Kleine Fuchs oder der Trauermantel. Meist verstecken sie sich

raum benötigen, beispielsweise die vom Balkenschröter, dem Waldbock oder dem Gefleckten Schmalbock.

Daneben trifft man im Wald auf Lederläufer, die Schnecken fressen. Sie bespritzen ihre Beute mit Verdauungssekret, woraufhin sich die Schnecke auflöst und gefressen wird. Die Scharlachroten Feuerkäfer machen ihrer Warnfarbe alle Ehre. Die Larven sind darauf spezialisiert, die Eier anderer Käfer wegzufuttern. Ist dieser Vorrat erschöpft, verspeisen sie auch ihre Geschwister. Drei Jahre dauert es, bis sich die Larven verpuppen und in Käfer verwandeln. Auch Schnellkäfer leben im Wald. Liegen sie auf dem Rücken, verfügen sie über eine spezielle Technik, mit der sie sich in die Luft katapultieren können und wieder auf den Beinen landen.

Das Waldbrettspiel bevorzugt lichte, laubholzreiche Wälder.

Kiefernspinner-Raupen überwintern, um im Frühjahr weiterzufressen. Dabei können sie das Tausendfache ihres Gewichtes als Ei zunehmen.

---

zum Überwintern in Baumritzen, Felsspalten, Astlöchern oder anderen frostsicheren Räumen. Nicht so der Zitronenfalter, der an einem Ast hängend überwintert, bevor

Die als Blatt getarnte Raupe eines Schillerfalters ist schwer zu entdecken.

er bereits im Februar aus der Winterstarre erwacht. Das ist ihm möglich, da er vor der Winterstarre weitgehend alle Flüssigkeit aus seinem Körper ablässt. In seinem Körper eingelagertes Glyzerin sorgt dafür, dass das verbliebene Wasser nicht gefriert. So übersteht er Temperaturen bis minus zehn Grad und weniger. Der Zitronenfalter stirbt im Frühling nach der Paarung, hat aber mit einem Jahr die längste Lebenserwartung aller bei uns heimischen Schmetterlingsarten.

Das in nahezu allen Waldarten verbreitete Waldbrettspiel – oder Laubfalter, wie er nüchterner genannt wird – ist eine der am häufigsten vorkommenden Tagfalterarten. Weithin bekannt ist auch der Admiral mit dem markanten roten Ring auf der Flügeloberseite und den weiß gefleckten Flügelspitzen. Im Frühjahr legt er seine Eier an Brennnesseln ab. Die frisch geschlüpften Schmetterlinge sammeln den Sommer über Kraft und fliegen dann im Herbst Richtung Süden. In den vergangenen Jahren hat sich ihr Zuggebiet deutlich verkleinert, innerhalb Deutschlands überwintern die Schmetterlinge im Süden des Landes, sie ziehen nicht mehr nach Südeuropa.

Leuchtend blau ist der Große Schillerfalter, der vor allem in der Schweiz vorkommt. Der ihm sehr ähnliche Kleine Schillerfalter bevorzugt feuchte Auenwälder. Dort lebt auch der Große Eisvogel, dessen Larven sich ausschließlich von den Blättern von Espen und Schwarz-Pappeln ernähren. Auch einen Kleinen Eisvogel gibt es, seine Flügel sind in bedecktem Braun gehalten. Beide seltenen Arten sind wunderschön anzusehen und zählen zu den Edelfaltern. Sie ernähren sich von Aas, Kot und Schweiß, Blüten stehen wenig bis gar nicht auf ihrem Speiseplan.

Deutlich häufiger begegnet man im Wald dem orangefarbenen Großen Fuchs oder dem Trauermantel, der vor der Überwinterung einen leuchtend gelben Rand um seine braun-violetten Flügel hat. Während des Winterschlafes verblasst dieser Streifen, im Frühjahr ist er nahezu weiß.

Zu den nachtaktiven Faltern zählen die pelzigen Kiefernspinner. Bei einem Massenbefall können die Larven ganze Kiefernwälder kahlfressen. Teils überwintern die Raupen, um dann im Frühjahr weiterzufressen. Dabei können sie das Tausendfache ihres Gewichtes als Ei zunehmen.

Weitere Nachtfalter im Wald sind der Buchen-Zahnspinner oder der Eichenprozessionsspinner. Letztgenannten kennt man von gelegentlichen Warnschildern, die auf sein Vorkommen hinweisen. Seine Raupen haben lange, hohle Haare, aus denen eine brennende Substanz freigesetzt wird, die bei Menschen allergische Reaktionen auslösen kann.

WILDTIERE

Wildtiere haben ihren festen Platz im Wald, auch wenn viele Arten streckenweise fast oder ganz ausgerottet waren und sich erst langsam ihren Lebensraum zurückerobern. Zu den Wildtieren zählen Paarhufer wie Rehe, Hirsche, Damwild oder Wildschweine, kleinere Säugetiere wie Waschbär, Dachs, Biber oder Igel, aber auch Nagetiere, Fledermäuse und ganz vereinzelt – vor allem in Österreich – sogar Braunbären.

Braunbären sind die Exoten unter den Waldbewohnern. Vereinzelt wurden Braunbären in Gebirgswäldern in Österreich und der Schweiz gesichtet, in Deutschland gibt es bislang keine Belege für freilebende Exemplare. Bären sind Wanderer und nicht auf ein Revier festgelegt, weswegen man davon ausgeht, dass sie in Österreich und der Schweiz eher Durchreisende aus Slowenien und Italien sind. Bären ernähren sich vor allem von Beeren, Pilzen, Kräutern, Kastanien und Eicheln. Ihren Proteinbedarf decken sie über Insekten, Fisch oder Aas ab, denn obwohl sie eine Geschwindigkeit von bis zu 50 Stundenkilometern erreichen können, sind sie eher ungeschickte Jäger.

Neben diesen exotischen Bewohnern unserer Wälder gibt es zahlreiche weitere, die uns bei einem Waldspaziergang deutlich häufiger begegnen können.

REH, HIRSCH UND DAMWILD

Rehe sind die kleinste bei uns heimische Hirschart. Waldrehe leben meist als Einzelgänger oder in kleinen Gruppen, bestehend aus der Rehmutter, Ricke genannt, und ihren Kitzen. Die Jungtiere werden im Mai oder Juni geboren. Ricken legen ihre Kitze in den ersten Wochen versteckt ab, weshalb man ein scheinbar verlassenes Rehkitz niemals mitnehmen sollte. Rehe haben einen ausgesprochen gut ausgeprägten Geruchssinn, der sie ihre Umgebung bei günstigem Wind auf eine Entfernung von 300 Metern erschnuppern lässt.

Braunbären durchstreifen meist als Einzelgänger die Wälder.

WILDTIERE

Anders als Rehe sind Rothirsche, von Jägern auch Rotwild genannt, Rudeltiere und zählen zu den Echten Hirschen. Ein ausgewachsenes Exemplar kann bis zu 150 Kilogramm schwer werden, sein Hirschgeweih samt Schädel wiegt bis zu 6,5 Kilogramm. Die Vegetarier fressen bis zu zehn Kilogramm Gräser, Kräuter, Blätter und Äste am Tag. Hirsche werfen ihr Geweih zwischen Februar und April ab, es dauert dann rund fünf Monate, bis das neue Geweih vollständig nachgewachsen ist. Rothirsche kommunizieren über Gerüche und verfügen über zahlreiche Duftdrüsen. Besonders sticht dabei die Voraugendrüse hervor, aus der zur Brunftzeit die sogenannten Hirschtränen austreten, ein für uns Menschen überriechendes Sekret, das gemeinsam mit weiteren Düften das Revier und die Fährte, die der Hirsch zurückgelegt hat, markiert.

Auch Damhirsche mit ihrer typischen gefleckten Fellzeichnung fühlen sich in unseren Wäldern wohl. Sie wurden im 16. Jahrhundert als Jagdobjekt im deutschsprachigen Raum angesiedelt. Ursprünglich stammen sie aus Kleinasien und sind eng mit den Rothirschen verwandt. Damwild-Kitze sind bereits nach 24 Stunden fluchtfähig und haben daher unter Rehen, Hirschen und Damwild die höchste Überlebenschance – immerhin erreichen neun von zehn das Erwachsenenalter. Mit einer Lebenserwartung von 15 bis 20 Jahren zählen sie zu den durchaus robusten Waldbewohnern.

KEILER, BACHE UND FRISCHLINGE

Wildschweine sind wahre Überlebenskünstler, die sich optimal an ihre Umwelt anpassen. Mit ihrer Schnauze brechen sie den Boden auf und kommen so an Nahrungsquellen heran, die anderen Waldbewohnern verschlossen bleiben. Die Spuren einer hungrigen Wildschweinrotte lassen sich gut an der durchpflügten Erde erkennen. Außerdem sind Wildschweine ausgezeichnete Schwimmer und wahre Sprinter, die eine Geschwindigkeit von bis zu 50 Stundenkilometern erreichen und dabei bis zu 1,50 Meter hoch springen können. Die meiste Zeit des Tages verbringen sie jedoch ruhend.

> Mit einer Lebenserwartung von 15 bis 20 Jahren zählen Damhirsche zu den durchaus robusten Waldbewohnern.

Bild links: Damwild war ursprünglich nicht heimisch in den Wäldern des deutschsprachigen Raumes.

Bild rechts: Der Rothirsch wirft sein Geweih im Spätwinter ab, der Rehbock bereits im Herbst.

Wildschweinrotten bestehen aus Bachen, den Frischlingen und einjährigen Wildschweinen beiderlei Geschlechts. Keiler sind nur zur Paarungszeit Teil der Rotte.

Immer mehr Wölfe siedeln sich in unseren Wäldern an.

Wildschweine erreichen in unseren Breiten eine Körperlänge von bis zu 1,80 Metern und ein Maximalgewicht von 200 Kilogramm. Sie lieben Abwechslung beim Futter und ernähren sich von so ziemlich allem, was ihnen vor die Schnauze kommt. Dadurch erweisen sie Wäldern einen großen Dienst, denn sie fressen die Larven von Baumschädlingen genauso wie Tierkadaver. Nach einem ausgiebigen Mahl finden sich die Mitglieder einer Familie an ihrem Ruheplatz zusammen, dem sogenannten Kessel, der häufig zwischen dicht beieinanderstehenden Fichten oder unter herabhängenden Tannenzweigen zu finden ist. Die freigescharrten Flächen sind von einem Wall aus Laub und Zweigen umgeben und lassen sich gut erkennen. Wildschweine hinterlassen einen Duft, der an Maggie erinnert und noch eine Weile, nachdem das Wildschwein an einem Ort war, wahrgenommen werden kann.

WÖLFE UND ANDERE WILDHUNDE

Während es im 20. Jahrhundert keine frei-lebenden Wölfe mehr in Deutschland gab, besiedeln derzeit etwa 1500 bis 2000 Wölfe die Waldgebiete in Deutschland und auch in der Schweiz und in Österreich kommen sie wieder vereinzelt vor. Wölfe leben meist in Familienrudeln, ein Wolfspaar bleibt oft für immer zusammen. Wolfskinder bleiben bis zu vier Jahre bei ihren Eltern und helfen bei der Aufzucht der Geschwister. Sie beziehen in unterirdischen Bauen, in Höhlen oder hohlen Baumstämmen Quartier. Wolfsrudel

bewohnen große Reviere und dulden dort keine Eindringlinge. So kommt es, dass die häufigste Todesursache bei Wölfen Kämpfe mit Artgenossen sind. In der Regel machen sie Jagd auf schwache oder kranke Tiere und leisten dadurch einen Beitrag zum ökologischen Gleichgewicht.

Wie der Wolf zählt der Rotfuchs zur Gattung der Wildhunde. Ein ausgewachsener Fuchs kann bis zu zwei Meter hoch und fünf Meter weit springen. Ein im Wald

---

Wölfe machen Jagd auf schwache oder kranke Tiere und tragen so zum ökologischen Gleichgewicht bei.

---

lebender Rotfuchs frisst vor allem Regenwürmer und Mäuse. Er gilt als wahrer Meister der Sinneswahrnehmung und hört Mäuse auf eine Entfernung von 100 Metern. Im Winter kann er sogar unter der Schneedecke den Balzgesang der Mäuse hören und sie aufspüren. Füchse leben in unterirdischen Bauen, bei entsprechender Größe der Behausung teilen sie sich den Bau mit Dachsen, ab und an auch mal mit Iltissen oder Wildkaninchen. Marder und Füchse dagegen meiden sich, weil sie einander gefährlich werden.

In Oberösterreich ist vor einigen Jahren der Goldschakal heimisch geworden. Auch in der Schweiz und Deutschland wurden vereinzelte Exemplare gesichtet, 2021 wurde der erste Nachwuchs von Goldschakalen in Deutschland registriert. Als natürlicher Feind gilt ausgerechnet sein nächster Verwandter, der Wolf.

Marderhunde ähneln Waschbären, gehören aber zur Familie der Hunde. Sie leben nahezu flächendeckend in Deutschland, auch in Österreich und der Schweiz sind sie seit einigen Jahrzehnten heimisch. Die Allesfresser besiedeln Wälder mit dichtem Unterholz, wo sie manchmal eigene Baue graben, meist jedoch in bereits fertigen Höhlen als monogame Paare leben und den Nachwuchs aufziehen.

LUCHS UND WILDKATZE

Der etwa schäferhundgroße Luchs wurde im 18. Jahrhundert durch intensive Bejagung ausgerottet. Vor einigen Jahrzehnten gelang jedoch die Wiederansiedlung und nun erobern Luchse ihren Lebensraum in deutschen, österreichischen und Schweizer

Wenn zwei Füchse miteinander kämpfen, bleibt es meist bei Drohgebärden, lautstarkem Rufen und Schubsen, bis einer der Füchse das Gleichgewicht verliert und verjagt wird.

DIE VIELFALT DES LEBENS IM WALD

Die scheuen Luchse lassen sich nur selten beobachten.

Wildkatzen trifft man nicht in der Nähe von menschlichen Siedlungen an.

Wäldern langsam zurück. Luchse machen Jagd auf Nagetiere, Vögel und Hasen, vor allem aber auf Rehe und Gämsen, von denen ein Luchs bis zu 50 Stück im Jahr erbeutet. Auf diese Weise reguliert er den natürlichen Bestand der Paarhufer. Die zur Familie der Katzen zählenden Tiere sind Einzelgänger. Mit ihren charakteristischen Haarpinseln fangen sie Schallwellen auf und nehmen so auch weit entfernte Geräusche wahr.

Kleinere Vertreter aus der Familie der Katzen sind die Wildkatzen. Sie haben mit unseren Hauskatzen wenig gemein, da sich die beiden Arten nur äußerst selten paaren und Wildkatzen sich nicht zähmen lassen. Dadurch konnte sich die im 18. Jahrhundert nahezu ausgerottete Wildkatze in ihrer ursprünglichen genetischen Form bis heute halten. In Deutschland und der Schweiz ist sie weit verbreitet, in Österreich haben sich vereinzelte Exemplare wieder angesiedelt. Meist haben Wildkatzen einen dickeren Schwanz als Hauskatzen, erkennen lassen sie sich jedoch vor allem daran, dass sie sich entfernt von menschlichen Siedlungen aufhalten. Ihre Leibspeise teilt die Wildkatze jedoch mit ihrer domestizierten Verwandtschaft: Mäuse. Die Wildkatze lebt ausschließlich in Wäldern mit einem gesunden Ökosystem, zu dem Altholzbestand gehört, da sie häufig Baumhöhlen bewohnt, aber auch Fuchs- oder Dachsbaue dienen ihr bei der Aufzucht der Jungen. Wegen ihres hohen Anspruchs an ihre Lebenswelt gilt das Vorkommen der Wildkatze als Indikator für einen intakten Wald.

WILDTIERSPUREN UND WAS SIE DEM FÖRSTER VERRATEN

Spuren von Wildtieren lassen sich besonders gut erkennen, wenn Schnee liegt, aber auch auf feuchtem Boden. Wildtiere bewegen sich häufig auf Wildwechseln, also auf regelmäßig genutzten Pfaden. Dort findet man die charakteristischen Abdrücke von Paarhufern, die man Spur nennt. Bei Hasen und Füchsen spricht man dagegen von einer Fährte. Typisch für den Fuchs sind seine geradlinigen Pfotenabdrücke, die beim Schnüren, also seinem schnellen Trab, entstehen. Er setzt dabei die Abdrücke der Hinterläufe exakt in die der Vorderläufe, wodurch die Abdrücke nicht mehr genau zu erkennen sind und sich von denen eines Hundes unterscheiden.

Weitere Spuren, die Wildtiere hinterlassen, sind Fraßspuren. Beispielsweise erkennt man am Verbiss junger Knospen oder an abgefressener Baumrinde, dass Rehe oder Hirsche am Werk waren; Federkiele deuten darauf hin, dass ein Rotfuchs an dem Ort seine Beute gefressen hat.

Auch die Losung, also der Kot, von Wildtieren kann Aufschluss über ihre Anwesenheit geben.

Typische Bodenaufwühlungen von Wildschweinen.

Biber können auch alte Bäume fällen.

KLEINERE WALDBEWOHNER

Igel sind regelrechte Vielfraße, die sich am liebsten mit jungen Mäusen, Küken oder Vogeleiern den Bauch vollschlagen. Man trifft sie meist an Waldrändern, wo sie sich im dichten Gebüsch verstecken und überwintern. Ein ausgewachsener Igel hat bis zu 8000 Stacheln, die ihn zusammengerollt gut vor Fressfeinden schützen und dem Angreifer für mehrere Stunden ein Brennen im Maul verschaffen können.

Dachse ernähren sich von Früchten und Beeren, liebend gerne von Regenwürmern und sogar von Igeln. Sie sind nämlich in der Lage, den aufgerollten Igel mit ihrer Schnauze über eine kleine Lücke im Stachelkleid zu öffnen. Dachsbaue können mehrere Stockwerke umfassen, sie verfügen über zahlreiche Kammern und Ausgänge und werden von Generation zu Generation weitergegeben. Typischerweise erkennt

> Igel trifft man meist an Waldrändern, wo sie sich im dichten Gebüsch verstecken.

man einen Dachsbau an der tiefen Furche vorm Eingang, die entsteht, wenn der Dachs Laub, Gras und Moos hineinzieht.

Die nachtaktiven Waschbären schlafen tagsüber in Baumhöhlen, dort ziehen sie auch ihre Jungen auf. An manchen Orten

Obwohl Dachse wasserscheu sind, können sie gut schwimmen.

Waschbären sind zwar zugewandert, fühlen sich aber sehr wohl in Mitteleuropa.

kommt es vor, dass der Waschbär einzelne Vogelarten vertreibt, indem er ihre Nistorte für sich in Beschlag nimmt. Auch wenn gemeinhin angenommen wird, dass der Waschbär seine Nahrung vor dem Verzehr wäscht, betastet er mit seinen geschickten Pfoten sein Futter und entfernt nicht fressbare Teile. Dies macht er am Wasser, weil dort die Hornhaut seiner Pfoten aufweicht und so sein Tastsinn sensibler wird. Waschbären sind ausgezeichnete Schwimmer und da sie im Wasser einen Großteil ihrer Nahrung finden, entdeckt man sie häufig in der Nähe von Flüssen und Bächen.

Die Nähe von Gewässern suchen auch Biber. Ihre Anwesenheit verraten sie durch die charakteristisch abgenagten Baumstämme, die sie zum Bau ihrer Burgen brauchen. Mit ihren starken Schneidezähnen können sie Bäume mit bis zu 80 Zentimetern Durchmesser fällen. Biberburgen bestehen aus

---

Ihre Anwesenheit verraten Biber durch die charakteristisch abgenagten Baumstämme.

---

zwei Teilen, dem „Wohnbereich" und dem Damm. Der Eingang zum Wohnbau befindet sich unter Wasser, um den Zugang für Feinde zu erschweren, der eigentliche Bau liegt über der Wasseroberfläche. Um sicherzustellen, dass der Bau mit ausreichend Wasser umgeben ist und sein Eingang ständig im Wasser liegt, baut der Biber Dämme. Bei starken Regenfällen und Hochwasser kann er seinen Damm öffnen, um Wasser abfließen zu lassen. Im Winter schützt der im zugefrorenen Gewässer liegende Eingang

Nur in den kalten Monaten lebt der Feldhase im Wald. In der warmen Jahreszeit trifft man ihn auf offenen Flächen an.

156 DIE VIELFALT DES LEBENS IM WALD

Für seinen langen Winterschlaf gräbt sich der Siebenschläfer bis zu einem Meter tief ein.

im Inneren des Baus überwinternde Tiere vor ungebetenen Gästen.

Der Feldhase lebt vor allem im Winter und Frühjahr im Wald, wenn die Nahrung auf dem freien Feld knapp ist, und ernährt sich dort von Baumrinden und Knospen. Er verbirgt sich in sogenannten Sassen, in kleinen Erdmulden, in denen er sich aufgrund seiner Fellfarbe bestens tarnen kann. Kommt ein Feind ihm zu nahe, springt er aus seinem Versteck auf und flüchtet hakenschlagend.

BAUMBEWOHNER

So niedlich Eichhörnchen auch aussehen, die Allesfresser haben es faustdick hinter den Pinselöhrchen und räubern im Frühjahr mit Vorliebe Vogelnester aus. Meist ernähren sie sich jedoch von Samen und Früchten. Dabei vergisst das Eichhörnchen nicht selten, wo es seinen Wintervorrat vergraben hat, der vor allem aus Eicheln und Bucheckern besteht – und das, obwohl sein Geruchssinn so fein ist, dass es Nüsse auch unter einer 30 Zentimeter dicken Schneedecke riechen kann. Leider hat das immer wieder zur Folge, dass Jungtiere verhungern. Gleichzeitig wachsen aus den verges-

senen Vorräten im Frühjahr viele Jungbäume. Eichhörnchen leben fast ausschließlich auf Bäumen, nur selten wagen sie sich auf den Boden hinab. Ihr Nest aus Reisig, das man Kobel nennt, bauen sie in Astgabeln oder Baumhöhlen, gemütlich ausgekleidet mit Moos und Blättern. Eichhörnchen stehen auf dem Speiseplan von Greifvögeln, aber auch von Baummardern. Um ihre Feinde bei der Verfolgungsjagd zu verwirren, stürmen sie den Baumstamm spiralförmig

Der Biss einer Waldspitzmaus ist für den Menschen leicht giftig.

WIE ÜBERWINTERN WILDTIERE?

Viele Wildtiere wie Hirsche, Rehe, Wildschweine, Füchse oder Wölfe sind **ganzjährig aktiv** und machen sich auch bei Schnee und Eis auf die Suche nach Nahrung. Igel, Siebenschläfer, Haselmäuse oder auch Murmeltiere halten **Winterschlaf**. An einem geschützten Ort, zum Beispiel in einer Erd- oder Baumhöhle, verbringen sie die Wintermonate mit gesenkter Körpertemperatur, auf ein Minimum herabgefahrener Atemfrequenz, einem deutlich verlangsamten Herzschlag und stark herabgesetzten Stoffwechselaktivitäten, um Energie zu sparen. In den Wochen vor Beginn des Winterschlafes haben sie sich Winterspeck angefuttert, der sie über diese Monate mit allem versorgt, was sie brauchen. Daneben gibt es Tiere, die **Winterruhe** halten. Zu ihnen zählen Eichhörnchen, Dachse, Fledermäuse, Marderhunde oder auch Bären. Sie schlafen zwar ebenfalls die meisten Wintermonate über, wachen zwischendurch allerdings auf, um zu fressen. Während sie schlafen, ist auch ihr Stoffwechsel deutlich heruntergefahren. In **Winterstarre** verfallen wechselwarme Tiere wie beispielsweise Eidechsen, viele Insekten oder Schnecken. Die Körpertemperatur entspricht bei der Winterstarre der Außentemperatur. Um den Energieverbrauch so niedrig wie möglich zu halten, senken auch diese Tiere ihre Körperaktivität auf ein absolutes Minimum herab.

Warm und gemütlich soll es im Winter sein.

hinauf. Ihre kletternden Fressfeinde wie den Baummarder, der junge Eichhörnchen reißt, können sie schon früh wahrnehmen, da Baumstämme Geräusche leiten. Ein Eichhörnchen in der Baumkrone kann hören, wenn sich ein Baummarder entlang des Stamms auf den Weg nach oben macht. Mit ihrem charakteristischen buschigen Schwanz, der bis zu 25 Zentimeter lang werden kann, können die kleinen Nagetiere bis zu fünf Meter in der Luft überwinden. Er dient ihnen dabei zur Steuerung, kann aber auch als Fallschirm gebraucht werden, wenn sie in die Tiefe springen. Außerdem decken sich Eichhörnchen im Winter mit ihrem kuscheligen Schwanz zu oder verwenden ihn als Sonnenschirm, außerdem kommunizieren sie mit seiner Hilfe miteinander.

Siebenschläfer, Mäuse und Fledermäuse bevölkern als kleinste Säugetiere die Bäume unserer Wälder. Siebenschläfer und Mäuse bauen ihre Nester in Baumwurzeln und bedienen sich des abwechslungsreichen Nahrungsangebots, das vor allem aus Samen, Knospen und Früchten besteht, selten auch einmal aus einem Vogelei. Insbesondere die weitverbreitete Rötelmaus erfreut sich an jungen und besonders nährstoffreichen Baumtrieben, die ein wenig an von Bibern gefällte Baumstämme

Fledermäuse ziehen ihren Nachwuchs in den Höhlen alter Bäume auf.

erinnern, nachdem sie ihren Hunger gestillt hat. Häufig leben Rötelmäuse in weitverzweigten unterirdischen Höhlen, wo sie sich wie Fledermäuse mithilfe von Ultraschall orientieren. Auch die Waldspitzmaus nutzt Ultraschall zur Orientierung, da sie sehr schlecht sieht. Sie trägt übrigens einen irreführenden Namen, denn sie gehört nicht

> **Eine Fledermausfamilie braucht nach der Geburt der Jungen rund 50 Bäume für deren Aufzucht.**

zur Familie der Nagetiere, sondern zählt zu den Insektenfressern. Sie hat einen enormen Energiebedarf, den sie deckt, indem sie täglich 80 bis 90 Prozent ihres Körpergewichts frisst. Bei einer ausgewachsenen Waldspitzmaus sind das bis zu 600 Käfer pro Tag. Ihr Biss ist giftig und tötet auch größere Beutetiere, weswegen sie nicht nur von Katzen gemieden wird. Stirbt eine Waldspitzmaus, bleibt sie daher oft unberührt liegen.

Eine im Wald lebende Fledermausfamilie braucht nach der Geburt der Jungen rund 50 Bäume für die Aufzucht. Alle paar Tage wechseln nämlich die Weibchen mit ihrem Nachwuchs die Baumhöhle, um Parasiten zu entgehen. Besonders gerne quartieren sie sich dabei in alte Specht-Höhlen ein. Um diesen Bedarf an Wohnraum zu decken, braucht es ein großes Waldgebiet mit ausreichendem Bestand an alten Bäumen. Da sich solche Ort nicht mehr allzu oft finden lassen, geht der Bestand an Fledermäusen kontinuierlich zurück.

AMPHIBIEN UND REPTILIEN

In vielen Laub- und Mischwäldern leben Feuersalamander in Höhlen, Felsspalten oder unter Totholz. Sie ernähren sich von Würmern, Insekten und Spinnen, ihre Larven wiederum von anderen Larven. Während die Larven reichlich Fressfeinde haben, ändert sich das beim ausgewachsenen Feuersalamander. Er produziert ein giftiges Sekret, das er aus mehreren Drüsen über eine Entfernung von einem Meter auf

Feuersalamander bleiben dem Ort, an dem sie leben, oftmals sehr lange treu.

WILDTIERE 159

Waldeidechsen beobachtet man am besten im Frühling und Herbst beim Sonnenbaden. Sie suchen sonnige Stellen auf, um ihre Körpertemperatur zu erhöhen. Danach verstecken sie sich wieder.

den Angreifer spritzen kann. Diese effiziente Abwehr führt dazu, dass der Feuersalamander praktisch keine Fressfeinde hat und bis zu 20 Jahre alt wird.

An sonnigen Plätzchen kann man tagsüber auf Waldeidechsen treffen. Die Eier der Eidechsen platzen nämlich bei der Geburt und die Tiere werden lebend geboren. Im Mutterleib ernähren sie sich von dem Eidotter in ihrer Eihülle, sie werden also nicht vom Körper der Mutter versorgt. Was sie jedoch benötigen, ist Sonnenlicht, das im Wald oft rar ist. Daher ist es von entscheidendem Vorteil, dass die Mutter die Eier in ihrem Körper zu sonnigen Plätzen tragen kann. Bekannt sind Eidechsen außerdem dafür, dass sie in Gefahrensituationen ihren Schwanz abwerfen. An speziellen Sollbruchstellen kann sich der Schwanz lösen, der noch eine Weile weiterzuckt, um die Aufmerksamkeit des Feindes auf sich zu ziehen. Bei der Eidechse wächst der Schwanz innerhalb einiger Monate nach, seine ursprüngliche Länge erreicht er jedoch in der Regel nicht mehr.

Ebenfalls zu den Eidechsen zählt die Blindschleiche, die oft für eine Schlange gehalten wird. Ihre Beine haben sich im Laufe der Evolution zurückgebildet. Die enge Verwandtschaft erkennt man gut am Kopf der Blindschleiche und wie ihre Artgenossen ist sie in der Lage, bei Gefahr einen Teil ihres Schwanzes abzuwerfen. Bergmolche trifft man in hochgelegenen Laubwäldern. Sie paaren sich und laichen im Wasser, weswegen sie nur in gewässerreichen Wäldern vorkommen. Der Grasfrosch ist die am weitesten verbreitete Froschart im deutschsprachigen Raum. Auch er lebt in Wäldern an stehenden oder langsam fließenden Gewässern, ebenso wie die Erdkröte.

Die Blindschleiche ist keine Schlange, sondern eine Eidechse.

GRÄSER, STRÄUCHER, PILZE, WALDBLUMEN

In den ersten fünf Höhenmetern des Waldes leben Gräser, Blumen, Sträucher, Pilze, Moose und Flechten. Hier ist der Lebensraum für viele Wildtiere, Vögel nisten darin und Insekten finden ihre Nahrung. Abhängig von der Lichtdurchlässigkeit der Baumkronen fällt die Vegetation in Kraut- und Strauchschicht unterschiedlich üppig aus. An der Zusammensetzung der Strauchschicht lässt sich ablesen, ob es sich um eine natürliche Waldstruktur handelt und ob sich das Ökosystem im Gleichgewicht befindet.

Der Violette Lacktrichterling lebt in enger Symbiose mit Bäumen. Er versorgt deren Wurzeln über unterirdische Fäden mit Wasser und Mineralien, im Austausch erhält er Zucker und andere Nährstoffe.

Pflanzen und Pilze haben ausgeklügelte Wege gefunden, sich gegen Fressfeinde, aber auch gegen andere Pflanzen durchzusetzen. Einige von ihnen haben schmerzhafte Dornen, andere wiederum sind giftig und passen ihren Gifthaushalt sogar den Gegebenheiten an. Wieder andere klinken sich in das unterirdische Versorgungssystem aus Mykorrhizen ein, um gezielt Sträuchern und Bäumen zu schaden und sich selbst besser verbreiten zu können. Denn nicht nur Bäume und Pilze gehen unterirdische Symbiosen ein, auch die übrigen Pflanzen sind über ihre Mykorrhizen miteinander verbunden.

PILZE UND FLECHTEN

Auf unserer Erde gibt es schätzungsweise zehn Mal mehr Pilz- als Pflanzenarten. Der oberirdische Fruchtkörper bildet nur einen kleinen Teil des Pilzes ab, der weitaus größte Teil wächst unterirdisch in Form eines feinen Wurzelnetzes. Da Pilze sich nicht fortbewegen können, wurden sie lange Zeit als Pflanzen behandelt. Allerdings

---

Die meisten Pilze pflanzen sich fort, indem sie ihre Sporen über den Wind verteilen. Andere locken über ihren Geruch Insekten oder Vögel an.

---

können Pilze keine für Pflanzen typische Fotosynthese betreiben und sind damit wie Tiere – und wir Menschen – auf tierische oder pflanzliche Nahrung angewiesen. Aus diesem Grund werden Pilze mittlerweile neben Tieren und Pflanzen als eigenständige Form von Lebewesen betrachtet. Die meisten Pilze pflanzen sich fort, indem sie ihre Sporen über den Wind verteilen. Andere, wie der Tintenfischpilz, locken über ihren Geruch Insekten oder Vögel an, die dann die Sporen weitertragen.

GRÄSER, STRÄUCHER, PILZE, WALDBLUMEN

Die charakteristisch gelb gefärbten und essbaren Pfifferlinge verbinden sich mit den Wurzeln unterschiedlichster Baumarten, was ihr Verbreitungsgebiet sehr groß macht. Ebenfalls ein Küchenklassiker ist der Gemeine Steinpilz mit seinem runden Hut und dem kräftigen Stiel. Man findet ihn häufig in der Nähe von Fichten, deren Wurzeln Symbiosen zum gegenseitigen Nährstoffaustausch eingehen. Pilzesammler sollten jedoch aufmerksam sein, denn dem Steinpilz ähnelt der Gemeine Gallenröhrling. Dieser Pilz ist zwar ebenfalls ungiftig, allerdings ungemein bitter.

Ebenfalls um Fichten tummeln sich zahlreiche weitere Speisepilze, darunter die Ziegenlippe, der Schönfußröhrling oder der Maronenröhrling. Der Letztgenannte wurde infolge der Reaktorkatastrophe in Tschernobyl bekannt, da er radioaktives Cäsium 137 bindet. Ebenfalls in Fichtennähe findet man Fliegenpilze.

Steinpilz

Pfifferlinge

Fliegenpilz

Maronenröhrling

Dass die hübschen roten Pilze mit den weißen Punkten giftig sind, ist weithin bekannt. Regen wäscht allerdings ihre Punkte ab, deshalb sollte man immer zweimal hinschauen, wenn man im Umfeld von Fichten Pilze sammelt. Auch Birkenpilze sind essbar und gehen unterirdische Symbiosen mit Birken ein, was es einfach macht, sie zu identifizieren. Der Stil des Pilzes ähnelt einem Birkenstamm mit der sich abrollenden Borke.

Stinkmorcheln tragen ihren Namen, weil sie einen über mehrere Meter hinweg wahrnehmbaren strengen Verwesungsgeruch verbreiten. Im Frühstadium nennt man die Pilze Hexeneier. Die hühnereigroßen weißen Fruchtkörper sind essbar. Ein Verwandter der Stinkmorchel ist der bereits erwähnte Tintenfischpilz, der Anfang des 20. Jahrhunderts vermutlich aus Asien nach Europa eingeschleppt wurde und heute in ganz Österreich und vielen Teilen Deutschlands und der Schweiz verbreitet ist. Auch der Fruchtkörper des Tintenfischpilzes beginnt sein Dasein als Hexenei, dem dann die namensgebenden roten Tentakel entwachsen, die bis zu zwölf Zentimeter lang werden.

Der Satansröhrling trägt seinen Namen wegen seines roten Stiels, der ihn nahezu unverwechselbar macht. Isst man ihn, löst das starke Verdauungsbeschwerden aus. Ebenfalls giftig ist der Grüne Knollenblätterpilz, der in Gemeinschaft mit zahlreichen Laubbaumarten auftritt und daher auch im Wald angetroffen wird. Tückischerweise ähnelt er dem essbaren Wiesenchampignon, sein Verzehr kann allerdings tödlich enden.

Der Rotrandige Baumschwamm nistet sich in verwundete Bäume ein, am liebsten in Fichten, aber auch andere Baumarten sind betroffen. Dort frisst er im Inneren des Stamms Zellulosefasern, was den Baum zum Absterben bringt. Der bis zu 30 Zen-

Der Rotrandige Baumschwamm zersetzt das Innere eines Baumstamms.

Alles, was sie zum Leben brauchen, produzieren Flechten selbst, sie schaden also nicht der Pflanze, auf der sie sich ansiedeln.

---

timeter große, waagerecht vom Baum wegstehende halbrunde Fruchtkörper kann mehrere Jahre alt werden, was für die Fruchtkörper von Pilzen sehr untypisch ist.

Nahezu überall auf Baumstämmen, Totholz, Steinen, Felsen oder am Boden wachsen Flechten in den unterschiedlichsten Farben. Flechten sind Symbiosen aus Pilzen und meist Grünalgen, in selteneren Fällen auch Cyanobakterien, die jeweils Fotosynthese betreiben können. Sie bilden eine eigene Lebensform innerhalb der Pilze. Alles, was sie zum Leben brauchen, produzieren Flechten selbst, sie schaden also nicht der Pflanze, auf der sie sich ansiedeln – sie

Flechten kommen in den unterschiedlichsten Formen und Farben vor.

dient lediglich dazu, der Flechte einen Untergrund zu bieten, auf dem sie Halt findet. Während Algen und Cyanobakterien auch alleine lebensfähig sind, sind die Pilze auf die bei der Fotosynthese entstehenden Stoffe angewiesen. Im Gegenzug verlangsamt der Pilz bei Algen und Bakterien den Prozess der Austrocknung und schützt sie vor zu intensiver Sonneneinstrahlung. Flechten haben keine Wurzeln, in denen sie Wasser speichern könnten. Bei Trockenheit stoppen sie daher den Fotosynthese-Prozess und verfallen in einen inaktiven Zustand. Dies geschieht sowohl bei Hitze als auch bei Kälte. Eine Flechte kann in diesem Zustand mehrere Jahrzehnte verharren. Sobald Wasser in Form von Niederschlag oder Luftfeuchtigkeit in ausreichender Menge verfügbar ist, wechselt sie wieder in den Lebensmodus. In dieser Symbiose produzieren Flechten die sogenannten Flechtensäuren, die auch Gestein zersetzen können, wodurch sie einen wichtigen Beitrag bei der Bodenbildung leisten.

Die häufigste bei uns vorkommende Flechte ist die Blasenflechte. Sie kommt im Vergleich zu anderen Flechtenarten, die sehr sensibel auf Luftverschmutzungen reagieren, verhältnismäßig gut damit klar. Doch mittlerweile verringert sich auch ihr Vorkommen, was auf den unnatürlich hohen Nährstoffreichtum in der Luft zurückzuführen ist. Häufig trifft man auch auf die leuchtende Gelbflechte, die – im Gegensatz zur Blasenflechte – von dem Eutrophierung genannten Nährstoffreichtum der Luft profitiert.

Die Trompetenflechte ist weit verbreitet.

WALDBLUMEN

Das Sonnenlicht am Waldboden ist äußerst rar und dementsprechend begehrt. Einige Pflanzen nutzen gleich die ersten Frühlingstage, in denen das Sonnenlicht schon intensiv ist, die Bäume aber noch kahl sind, um zu blühen. In diesen wenigen Wochen tanken sie so viel Energie, die sie in Form von Zucker in ihren Wurzeln einlagern, dass sie bis zum nächsten Frühling überleben können. Zu den Frühblühern zählt das in Laubwäldern vorkommende Buschwindröschen, das meist weiß, seltener gelb blüht und sich wie ein Teppich über den Waldboden ausbreitet. Weitere Frühblüher sind das sehr seltene und unter Naturschutz stehende Leberblümchen, das bis zu 360 Jahre alt werden kann, Gold-Hahnenfuß und Scharbockskraut. Frühblüher sind als erste frische Nahrung im Jahr bei Wildtieren sehr beliebt. Um sich vor ihnen zu schützen, wird das Scharbockskraut mit jedem Tag giftiger.

Auf offenen Flächen, die beispielsweise dadurch entstanden sind, dass sie von Rehen kahlgefressen wurden, trifft man häufig auf flächendeckende giftige Pflanzen. Die Wachstumsbedingungen sind gut – und wer saftig grün, aber nicht giftig ist, wird gleich zu Beginn des Frühlings verputzt. Zu solchen giftigen Pflanzen gehört auch das Fuchssche Greiskraut, dessen Gift sogar für einige Insekten tödlich ist. Machen Bienen

---

Die Knoblauchsrauke sorgt dafür, dass der Bestand an Bäumen und Sträuchern in ihrer unmittelbaren Umgebung zurückgedrängt wird.

---

aus den Blüten des Fuchsschen Greiskrautes Honig, gehen die Giftstoffe in den Honig über. Dagegen an die Pflanze angepasst ist die Raupe des Jakobskrautbären. Sie ernährt sich von den Blättern, lagert die Giftstoffe ein und wird so selbst giftig für ihre Fressfeinde. Ähnlich wie das Fuchssche Greiskraut hält es auch der Rote Fingerhut mit seinem tödlichen Gift. Als Indikatoren für einen Wildbestand im natürlichen Gleichgewicht gelten Hasenlattich und Wald-Weidenröschen. Trifft man auf größeren Flächen diese Pflanzen, bedeutet dies, dass es nicht genügend Rehe gibt, um den Bestand aufzufressen.

Eine ähnliche Blüte wie das Buschwindröschen bildet der Sauerklee, der gut mit schattigen Verhältnissen zurechtkommt. Wie sein Name sagt, schmeckt die essbare Pflanze sauer und braucht zum Wachsen sauren Boden. Diesen findet der Sauerklee in einigen Laubwäldern, die von Natur aus sauer sind, vor allem aber in Fichten- und Kieferwäldern.

Im Mai blühen die Maiglöckchen, die man in etwas lichteren Laubwäldern findet, in denen Sonnenlicht den Boden erreicht. Bevor sie blühen, können die wohlriechenden, aber giftigen Blumen mit Bärlauch verwechselt werden, da sich ihre Blätter sehr ähneln. Verwandt mit dem Maiglöckchen ist die ebenfalls giftige und weit verbreitete Wohlriechende Weißwurz.

Bärlauch verströmt seinen typischen Geruch nach Knoblauch und gehört zu den

Der Wald-Sauerklee zählt zu den Frühblühern.

Im Frühling bedecken ganze Bärlauch-Teppiche den Waldboden.

Das Springkraut kam im 19. Jahrhundert als Zierpflanze nach Europa.

Lauchgewächsen. Er wächst auf nährstoffreichem, feuchtem Boden und ist häufig in Auwäldern zu finden. Seinen Namen trägt der Bärlauch übrigens, weil er zu dem Ersten zählt, was Bären nach ihrer Winterruhe fressen. Im Geschmack ähnlich wie Bärlauch ist die Knoblauchsrauke. Sie produziert mit ihren Wurzeln Stoffe, die sich negativ auf Mykorrhizapilze auswirken, die ihrerseits für viele Bäume lebensnotwendig sind. Auf diese Weise sorgt die Knoblauchsrauke dafür, dass der Bestand an Bäumen und Sträuchern in ihrer unmittelbaren Umgebung zurückgedrängt wird und ihr genügend Sonnenlicht bleibt.

Viele Pflanzen der Kraut- und Strauchschicht vermehren sich über die sogenannte Klettausbreitung. Da es am Waldboden oft windstill ist, haben sie eine andere Form gefunden, um ihre Samen zu verteilen. Diese sind mit kleinen Borsten oder Widerhaken ausgestattet, wodurch sie gut im Fell von Wildtieren haften bleiben und fortgetragen werden. Auf diese Weise vermehren sich unter anderem Kletten-Labkraut, Hexenkraut oder Wald-Sanikel. Eine sehr kreative Form der Verbreitung hat auch das Große Springkraut gefunden, dessen reife Fruchtstände bei Berührung die Samen mehrere Meter weit schleudern.

Wieder andere wie das Wald-Vergissmeinnicht, der Zweiblättrige Blaustern oder das Wald-Veilchen schnüren kleine Nährstoffpakete, die Ameisen anlocken. Kommen nun Ameisen vorbei, um diese Pakete abzutransportieren, nehmen sie auch die Samen mit.

Weitere Bewohner des Waldbodens sind Wald-Erdbeere, Waldmeister, Echtes Mädesüß, Wald-Geißbart, Wald-Sternmiere, Wald-Schlüsselblume oder Wald-Bingelkraut. Die Zahl an Waldblumen ist nahezu unüberschaubar, weshalb hier bei Weitem nicht alle genannt werden können.

Bis zu einer Höhe von 1800 Metern verbreitet ist das Weiße Waldvögelein, ein Orchideengewächs. Ebenfalls zu den Orchideen gehört die Zweiblättrige Waldhyazinthe, die mit Anbruch der Dämmerung ihren süßen Duft verbreitet, um Nachtfalter anzulocken. Denn nur deren Rüssel ist lang genug, um an den tiefliegenden Nektar zu gelangen, wodurch es gleichzeitig zur Bestäubung kommt. Die verbreitetste Orchideenart ist das lilafarben blühende Fuchssche Knabenkraut.

Ein sehr ungewöhnlicher Fall ist der Fichtenspargel. Er bildet eine hellbraune Blüte heraus, grüne Anteile gibt es bei ihm nicht. Deshalb ist der Fichtenspargel – für Pflanzen völlig untypisch – nicht zur Fotosynthese fähig. Er überlebt, indem er Mykorrhizen anzapft und Nährstoffe, die Pilze und Bäume austauschen, absaugt.

BAUMBEWOHNER: MISTELN UND HALLIMASCH

Misteln sind Halbschmarotzer.

Der Hallimasch kann Bäume zum Absterben bringen.

Während Flechten und Moose Baumstämme lediglich als Haftung verwenden, gibt es einige Pilze und Pflanzen, die sich in das Versorgungssystem eines Baumes einklinken und davon ganz oder teilweise leben und den Baum schwächen oder sogar töten können.

Misteln gelten als Halbschmarotzer. Sie wachsen sowohl auf Laub- als auch auf Nadelbäumen und sind fest im Holz ihres Wirtes verankert. Vor allem im Winter sind die runden Gewächse in den kahlen Baumkronen gut zu erkennen. Misteln entziehen dem Baum Wasser und Nährstoffe, Fotosynthese betreiben sie jedoch selbst. Die Misteldrossel verspeist die Früchte der Mistel und trägt die Samen in die Äste, wo sie kleben bleiben und austreiben.

Der stets in größeren Gruppen auftretende Hallimasch lässt sein Myzel in der Rinde verschiedener Baumarten wachsen. Dort bedient er sich zunächst reichlich an Zucker und Nährstoffen, die im Kambium gespeichert sind. Im nächsten Schritt beginnt der Pilz damit, auch das Holz des Baumes zu fressen, was dazu führt, dass sein Wirt abstirbt. Der Hallimasch ist ein Speisepilz. Er sollte vor dem Verzehr aber in jedem Fall ausreichend gegart werden, da er im rohen Zustand giftig ist und starke Magen-Darm-Beschwerden hervorruft.

Das Schöne Widertonmoos heißt auch Schönes Frauenhaarmoos.

MOOSE, FARNE UND GRÄSER

Moose und Farne vermehren sich durch einen Generationswechsel über Sporen, sie blühen nicht. Hierbei wechselt sich die ungeschlechtliche mit der geschlechtlichen Vermehrung ab. Bei der ungeschlechtlichen Vermehrung über Sporen entstehen meist viele Nachkommen, bei der darauffolgenden geschlechtlichen Vermehrung vermischt sich das Erbgut der Pflanzen. In der Regel unterscheidet sich das Aussehen der jeweiligen Generationen.

Moose und Farne zählen zu den Niederen Pflanzen, die in ihrem Aufbau einfacher gehalten sind als Bäume oder Blumen. Statt Wurzeln haben sie Rhizome, also unterirdische Speicherorgane. Sie tragen vor allem dazu bei, den Waldboden vor Austrocknung zu schützen. Außerdem bieten sie vielen Tieren Lebensraum und Schutz, darunter sogar Rehkitzen, die sich unter den dichten Blättern der Farne verbergen.

Moose wachsen wie Flechten auf dem Boden, an Baumstämmen, auf Steinen oder Totholz. Sie sind in der Lage, Nährstoffe aus dem Niederschlag zu filtern und Wasser zu speichern, sie bieten Lebensraum für viele Lebewesen, für einige Pflanzen schaffen sie optimale Keimbedingungen und sie dienen als Material für den Nestbau. Da sie zudem Fotosynthese betreiben, sind Moose keine Schmarotzerpflanzen und fügen Bäumen keinen Schaden zu, wenn sie an ihnen wachsen. Die Rinde dient den Moosen lediglich zur Haftung.

Moose gibt es viele im Wald, weswegen hier beispielhaft drei der weit verbreiteten Arten genannt werden. Das Schöne Widertonmoos, auch Wald-Haarmützenmoos genannt, trifft man in nahezu jedem Wald an, es war auch schon in den Urwäldern Europas vertreten. Das Wellenblättrige Katharinenmoos kann das 20-Fache seines eigenen Gewichts an Wasser speichern und bietet Lebensraum für zahlreiche Milbenar-

GRÄSER, STRÄUCHER, PILZE, WALDBLUMEN

ten. Das Zypressenschlafmoos bildet ganze Moos-Teppiche und bewächst Baumstämme, Felsen und Steine. Seinen Namen trägt es, weil seine Blätter und Zweige denen der Zypresse ähneln. Schlafmoos nennt man es, weil es früher oft als Füllung für Kopfkissen verwendet wurde.

Einer der häufigsten Vertreter der Farne ist der Gewöhnliche Wurmfarn. Er findet sich in vielen Wäldern, da er auch mit wenig Sonnenlicht auskommt. Er wirkt gegen Wurmbefall und vermutlich therapieren sich viele Waldbewohner selbst, indem sie von ihm fressen. Ebenso häufig trifft man auf den Wald-Frauenfarn, der dem Wurmfarn ähnelt.

Gräser sind zwar heute aus unseren Wäldern nicht mehr wegzudenken, allerdings sind nur die wenigsten dort natürlicherweise beheimatet. Erst die Forstwirtschaft und hohe Wildbestände ermöglichen es ihnen, sich in Wäldern, genauer auf den nicht natürlich entstandenen Lichtungen, auszubreiten. Das Wald-Flattergras ist jedoch eine natürliche und ursprüngliche Waldpflanze, die in Laubwäldern vorkommt und auf humus- und nährstoffreichen Böden wächst.

Das Gewöhnliche Zittergras mit seinen filigranen Ähren dagegen war ursprünglich kein Waldbewohner. Heute weicht es in den Lebensraum forstwirtschaftlich bedingt lichter Wälder aus, da es durch die Überdüngung der Böden im Rahmen der landwirtschaftlichen Nutzung immer weiter aus seinem natürlichen Lebensraum, nämlich freien Wiesen und Feldern, zurückgedrängt wird. Die asketisch lebende Pflanze kommt mit dem Überangebot an Nährstoffen nicht zurecht.

Land-Reitgras und Wolliges Honiggras breiten sich auf Kahlschlagflächen mit hohem Wildbestand aus. Rehe und Hirsche fressen es nicht gerne und suchen sich stattdessen die letzten Jungbäume heraus, die sie in den dicht wachsenden Gräsern finden. Außerdem bietet das Gras Mäusen einen wunderbaren Lebensraum, die ihrerseits auch frisch austreibende Bäume fressen. Auf diese Weise wird das Nachwachsen von Jungbäumen weitgehend verhindert.

Farne leben seit Millionen von Jahren auf der Erde.

Gräser waren vor dem Beginn der Forstwirtschaft im Wald kaum verbreitet.

Das Wollige Honiggras kann bis zu einem Meter hoch wachsen.

Auch die Draht-Schmiele und das Gewöhnliche Pfeifengras zählen nicht zu den klassischen Waldbewohnern, da sie auf sehr sauren Böden wachsen. Vor allem die großflächig angelegten Nadelwälder, in denen die herabfallenden Nadeln für sauren Waldboden sorgen, ermöglichen ihnen ein Vorkommen.

In Auwäldern trifft man auf Schachtelhalme, die mit den sich über mehrere „Stockwerke" erstreckenden eleganten Seitenzweigen sehr imposant sind. Sie sind die letzten Vertreter einer Gruppe von Pflanzen, die schon vor mehreren Millionen Jahren ausgestorben ist.

STRÄUCHER

Sträucher bilden das Dickicht beziehungsweise das Unterholz des Waldes. Wenn dort im Frühjahr alles blüht, ist es ein Paradies für Bienen und Co. Im Sommer locken dann die Früchte der Sträucher Insekten und Vögel an. Weit verbreitet sind Weißdorn und Schlehe. Mit ihren Dornen sind beide Sträucher gut dagegen gewappnet, von Wildtieren gefressen zu werden. Im Winter, wenn sie unbelaubt sind, bieten sie zahlreichen Vogelarten Schutz, die hier nisten, da die Dornen Feinde abhalten.

Himbeer- und Brombeersträucher am Wegrand laden auch Waldbesucher zum Probieren ein. Himbeeren mögen es gern sonnig, weswegen man sie nicht nur am

---

Gelingt es einem Baum, inmitten eines Brombeerstrauchs zu wachsen, ist er sehr gut gegen Wildfraß geschützt.

Waldrand antrifft, sondern auch an Stellen, wo Sturm Bäume umgeworfen hat. Im Schatten des Himbeerstrauches haben Jungpflanzen gute Chancen zu wachsen, zumal das Laub der Himbeere für einen milden Humus sorgt. Die Brombeere neigt eher

Brombeeren laden zum Naschen ein. Beim Pflücken sollte man aber vorsichtig sein, da viele Brombeersträucher Dornen besitzen.

PFIFFERLING-HEIDELBEER-RISOTTO

Selbstgepflückte Pfifferlinge sind eine Delikatesse.

Mit etwas Glück finden sich im Wald auch Heidelbeeren.

ZUTATEN FÜR VIER PERSONEN

300 g Pfifferlinge
125 g Heidelbeeren
300 g Risottoreis
1 Zwiebel
150 ml Weißwein
ca. 1 l Hühnerbrühe

75 g Parmesan
100 ml Sahne
etwas Öl zum Anbraten
3 EL Butter
½ Zitrone

Putzen Sie die Pfifferlinge gut und schneiden Sie große Pfifferlinge in Stücke. Dann erhitzen Sie Öl und etwas Butter in einer Pfanne und braten die Pfifferlinge darin an. Anschließend löschen Sie das Ganze mit Zitronensaft ab, nehmen die Pilze aus der Pfanne und stellen sie zur Seite.

Geben Sie erneut Öl in die Pfanne und braten Sie die in kleine Würfel geschnittene Zwiebel darin glasig an. Geben Sie den Risottoreis dazu, lassen Sie ihn ebenfalls glasig werden und löschen Sie dann mit dem Weißwein ab. Wenn alles kurz aufgekocht hat, reduzieren Sie die Hitze und geben kellenweise die Hühnerbrühe hinzu. Wenn die Hühnerbrühe verkocht ist, wird die nächste Portion der Brühe eingerührt. Das wiederholen Sie, bis der Reis weich ist. Nun rühren Sie 2 EL Butter, die Sahne und den Parmesan unter das Risotto, geben die Pilze und einige der Heidelbeeren hinzu und lassen alles auf der ausgeschalteten Herdplatte noch etwas durchziehen. Die restlichen Heidelbeeren sehen hübsch über dem angerichteten Risotto aus.

Am besten schmeckt das Risotto natürlich mit selbstgesammelten Pfifferlingen und Heidelbeeren. Guten Appetit!

---

dazu, Jungbäume zu verdrängen. Gelingt es einem Baum, inmitten eines Brombeerstrauches zu wachsen, ist er jedoch sehr gut gegen Wildfraß geschützt. Die Heidelbeere bevorzugt Nadelwälder, ist aber auch in Laubwäldern zu treffen und wird vor allem von Rehen gerne gefressen.

Ein giftiger Bewohner der Strauchschicht ist der Faulbaum, der jedoch gar kein Baum, sondern ein Strauch ist. Seine Rinde riecht faulig, daher sein Name. Zitronenfalter ziehen ihren Nachwuchs in Faulbäumen auf, deren Blätter eine wichtige Nahrungsquelle für die Raupen sind. Ebenfalls giftig ist der Besenginster, wodurch auch er davor geschützt ist, von Wildtieren angeknabbert zu werden. Seine Samen warten bis zu 50 Jahre auf einen geeigneten Moment, um auszutreiben, was in der Regel dann der Fall ist, wenn Altbäume in seiner Umgebung gestorben sind und Sonnenlicht bis auf den Waldboden durchdringen kann.

DER WALD DURCH DIE JAHRHUNDERTE

VERBUNDEN

Der Wald bietet Menschen seit Jahrtausenden Nahrung und Rohstoffe aller Art. Und er ist auch immer schon Quelle der Inspiration für Literatur, Malerei und Musik, Ausgangspunkt von Geschichten und Gegenstand religiöser Anschauungen, aber auch ideologischer Vereinnahmung. Eine Reise durch die Beziehung des Menschen zum Wald in den vergangenen Jahrhunderten.

WALDREICHES EUROPA

Wälder prägen die Landschaft in Europa seit Tausenden von Jahren – und damit auch die Menschen, die hier leben. Vor allem für die Germanen war der Wald nicht nur Quelle für Holz und Nahrung, sondern auch Teil ihrer Kultur und Religion. Diese enge Verbundenheit zieht sich durch die Jahrhunderte – und ist bis heute erhalten geblieben. Eine kurze Zeitreise von der Antike bis zum Beginn der Neuzeit.

Die nachweislich ersten Wälder gab es auf der Erde vor 370 Millionen Jahren, im geologischen Zeitalter des Devon und des sich anschließenden Karbon, der „Steinkohlezeit". Damals schmückten riesige Schachtelhalmbäume, Farne und Bärlapp-Gewächse die Landschaft, das Klima war feucht und tropisch. Das war die Zeit, in der das freie Kohlendioxid in Pflanzen gespeichert wurde. In der darauffolgenden Trockenzeit starben die Bäume ab, versanken im Moor, wurden von Erdschichten überdeckt, wachsendem Druck und hohen Temperaturen ausgesetzt. Das Endprodukt Kohle, das dabei entstand, verfeuern wir heute und setzen das darin gebundene Kohlendioxid wieder frei.

Nach den Schachtelhalmbäumen entwickelten sich Nadelhölzer und bestimmten über 200 Millionen Jahre lang die Landschaft. Vor 100 Millionen Jahren etwa gesellten sich Laubbäume hinzu und wurden zum vorherrschenden Wald. Dann, vor etwa einer Million Jahren, veränderte sich das Klima dramatisch. Auf der nördlichen Erdhalbkugel war es vorbei mit der Wärme. Schnee fiel, und eine Eiszeit wechselte mit der anderen.

Eine gewaltige Gletscherzunge schob sich über Mitteleuropa, und alles Leben erfror. Nicht nur die Wälder, auch viele Pflanzenarten starben aus. Die Folge war eine deutlich artenärmere Flora in Deutschland und im Alpenraum. Die Welt glich einem glazialen Schuttablageplatz.

So könnte ein Wald im Zeitalter des Karbon ausgesehen haben.

Als es endlich, um 12.000 bis 10.000 v. Chr., wieder wärmer wurde, begann das Eis zu tauen und das Spiel von Wind und Wetter, Feuer und Wasser begann von Neuem. Langsam eroberte sich die Vegetation ihr Terrain zurück. Blumen, Sträucher und Wiesen machten die Welt bunter, die Bäume südlich der Alpen wanderten nordwärts in die eisfreien Gebiete.

Die ersten, die nach dem Eisabgang die kalte Tundra besiedelten, waren Birken und Kiefern mit ihren leicht vom Wind zu transportierenden Samen. Später folgten Weiden, Eschen und Pappeln, dann machten sich Eiche, Buche und Haselstrauch auf den Weg. Andere Baumarten, für die die Barriere der Alpen zu hoch war, starben in Mitteleuropa aus. Gegen 5.000 v. Chr. gab es bereits wieder riesige Mischwälder aus Eichen, Linden, Ulmen und Eschen im Alpenraum und in Deutschland. Das nach 2.000 v. Chr. folgende etwas kühlere und feuchtere Klima führte dazu, dass die Eichen sich auf die Ebenen zurückzogen, während die Buchen sich weithin verbreiteten.

Um ein Bild früherer Wälder zu bekommen, hilft das Wissen über den heutigen Wald nur begrenzt. Es gab in der Antike weder sichere Waldwege noch Baumschulen, es existierten keine Grenzsteine, keine Förster, keine Vorschriften und Hinweistafeln

Ausgedehnte Wälder wie hier bei Usingen im Taunus waren 5000 v. Chr. in Europa die Regel.

Gegen 5000 v. Chr. gab es bereits wieder riesige Mischwälder im Alpenraum und in Deutschland.

DER WALD DURCH DIE JAHRHUNDERTE

für Waldbenutzer: Der deutsche Wald, wie ihn der römische Schriftsteller Tacitus (58– um 120 n. Chr.) erlebte, war eine düstere, wilde Sache. „Das Land", so schrieb Tacitus

---

Die Germanen verehrten ihre Bäume – vor allem Eiche und Linde – als Sitz von Göttern und Fabelwesen.

---

in seinem Werk „Germania", „zeigt zwar im Einzelnen einige Unterschiede; doch im Ganzen macht es mit seinen Wäldern einen schaurigen, mit seinen Sümpfen einen widerwärtigen Eindruck. Gegen Gallien hin ist es reicher an Regen, nach Noricum und Pannonien zu windiger. Getreide gedeiht, Obst hingegen nicht; Vieh gibt es reichlich, doch zumeist ist es unansehnlich. Selbst den Rindern fehlt die gewöhnliche Stattlichkeit und der Schmuck der Stirne; die Menge macht den Leuten Freude, und die Herden sind ihr einziger und liebster Besitz."

Das Bild, das Tacitus seinen Lesern vermittelte, machte Angst. Wälder, wohin das Auge blickte. Eine tiefe, unwirtliche Wildnis. Dazwischen Seen, Moore, wilde Tiere, Bären, Wildschweine, reißende Wölfe und barbarische Menschen. Wie empfand Tacitus die Germanen? „Ich selbst schließe mich der Ansicht an, dass sich die Bevölkerung Germaniens niemals durch Heiraten mit Fremdstämmen vermischt hat und so ein reiner, nur sich selbst gleicher Menschenschlag von eigener Art geblieben ist. Daher ist die äußere Erscheinung trotz der großen Zahl von Menschen bei allen dieselbe; wild blickende blaue Augen, rötliches Haar und große Gestalten, die allerdings nur zum Angriff taugen. Für Strapazen und

Den Römern erschien der nordeuropäische Wald wie die dort lebenden Germanen – wild und düster.

Mühen bringen sie nicht dieselbe Ausdauer auf, und am wenigsten ertragen sie Durst und Hitze; wohl aber sind sie durch Klima … gegen Kälte und Hunger abgehärtet."

Bis heute ist die dünne Schrift „Germania" die berühmteste Quelle über die antiken deutschen Wälder, ihre gewaltige Ausdehnung und das seltsame Volk der Germanen. Tacitus schrieb die Reise-Reportage vermutlich um das Jahr 98. Seither gilt er als Deutschland-Kenner. Groß war die Verwunderung des Geschichtenschreibers über die Tatsache, dass der Wald auf die Menschen eine starke emotionale Wirkung ausübte.

Die Germanen verehrten ihre Bäume als Sitz von Göttern und Fabelwesen. Die Linde (Tilia) war der Liebesgöttin Freya gewidmet. Durch die Herzform ihrer Blätter war sie zum poetischen Liebessymbol geworden. Zahlreiche Gedichte besangen den schönen Baum. Die Eiche (Quercus) war dem Donnergott Donar geweiht, auch Thor genannt. Sie gilt bis heute als der deutsche Baum schlechthin. Stark und mächtig! Nach dem Deutsch-Französischen Krieg 1870/71 wurden überall im Land Friedenseichen gepflanzt. Donar war ein Gott voller Zorn. Und einer der wichtigsten Bewohner von Asgard, dem mythischen Sitz der Götter. Sein besonderes Zeichen war der Hammer Mjölnir, den er stets in der rechten Hand trug. Kaum hatte er ihn geworfen, kehrte dieser wieder zu ihm zurück.

Dem nordgermanischen Raum entsprang auch der Glaube an den Weltenbaum, die Esche Yggdrasil. Als Weltachse verband sie angeblich Himmel, Erde und Unterwelt. Ihre Baumkrone stützte den Himmel. Überliefert ist dieser Mythos in den Liedern der Edda, einer altnordischen Pergamenthandschrift unbekannter Autoren aus dem späten 13. Jahrhundert, die ein isländischer Bischof (evtl. Gisli Oddsson, 1593–1638) im Jahr 1622 dem König der Dänen übergab.

Der christliche Glauben, der von der späten Antike bis hin zum frühen Mittel-

Tacitus empfand die Wälder Germaniens als „schaurig", die Sümpfe als „widerwärtig".

Der christliche Missionar Bonifatius fällte eine dem nordischen Gott Donar geweihte Eiche, um den Germanen zu beweisen, dass ihre Götter machtlos waren.

alter immer mehr Anhänger fand, schob die altgermanischen Götter als folkloristisches Kulturgut in die zweite Reihe. Bäume als Götzenbilder waren mit Jesus Christus nicht vereinbar. Trotzdem erhielt der Missionar Bonifatius am 15. Mai 719 von Papst Gregor II. den Auftrag, Germanien heidenfrei zu reformieren. Voller Hingabe taufte und bekehrte Bonifatius die Ungläubigen. Bald merkte er, dass viele Bekehrte Christus nicht als alleinigen Gott anerkennen wollten und heimlich weiterhin ihre alten Götter verehrten. Also entschied Bonifatius, ein mächtiges Zeichen zu setzen. In der Nähe der hessischen Stadt Geismar befand sich ein Kultplatz, auf dem eine gewaltige Eiche stand, die dem Gott Donar geweiht war. Unter dem Schutz des fränkischen Militärs fällte Bonifatius im Sommer 723 eigenhändig den Baum. Die Heiden beschimpften ihn wüst. Aber als die Eiche endlich fiel, geschah nichts. Gott Donar schickte weder Blitz noch Donner. Nun waren die Heiden überzeugt, dass der christliche Gott stärker war als ihre Götter. Und sie ließen sich taufen.

Gleichwohl änderte dies nichts daran, dass der Wald im Bewusstsein der Deutschen ein magischer, ein besonderer Ort blieb. Das grüngraue Dickicht des Holzes, das laute, aggressive Lärmen der Vögel, die

Der Eiche kommt bis heute vor allem in Deutschland eine besondere kulturelle Bedeutung zu.

Für Plinius den Älteren indes waren Wälder das höchste Geschenk der Natur an die Menschen.

---

in den Wipfeln der alten Bäume hausten, das Rascheln, das Knacken – es gehörte nicht viel Fantasie dazu, schon sah man wilde Bären durchs Unterholz brechen, zähnefletschende Wölfe, die Menschen rissen, Hexen und böse Geister, die ihr Unwesen trieben. Alles war beklemmend. So, wie Tacitus es beschrieben hatte: schaurig! Und wirklich, der deutsche Wald hatte nichts mit jenen Wäldern zu tun, die Tacitus von zuhause kannte.

Seine mediterrane Heimat war schon seit Jahrhunderten eine Kulturlandschaft, in welcher der Wald Getreidefeldern gewichen war. Auf der vom Holz befreiten Erde wurde Obst und Gemüse angebaut. Bäume wurden gefällt, um Häuser und Städte zu bauen. Kampftüchtige Schiffe verließen die Werften, um den Ruhm der See- und Handelsmacht Rom über die Weltmeere zu tragen. Aber auch an die eigenen Bedürfnisse war gedacht: Allein in Rom gab es im 4. Jahrhundert elf große Badepaläste und 856 kleinere Bäder, die mit Holzscheiten befeuert wurden.

Durch die vom Kahlschlag verwundeten Wälder wurden Schafe, Rinder und Schweine zur Mast getrieben. Mit dem ersten Hahnenschrei fing die Arbeit der Holzfäller an, und erst, wenn die Sonne unterging, war sie beendet. Der große russische Dichter Leo Tolstoi (1828–1910) schrieb später über solche im Nutzwald arbeitenden Menschen, dass sie nichts als Brennholz sähen, wenn sie durch den Wald gingen.

Für die Menschen im Altertum bedeutete das Fällen der Bäume Fortschritt, ein Sieg über die Natur. Sie betrachteten den Wald nicht in erster Linie unter ästhetischen Gesichtspunkten, sondern schätzten ihn als Produktivkraft und Bauholzlieferant.

Für den römischen Gelehrten Plinius den Älteren (um 24–79 n. Chr.) indes waren Wälder das höchste Geschenk der Natur an die Menschen. Und die Bäume besaßen

Lichtung im Teutoburger Wald – ein magischer Ort.

eine Seele. Um den Widerspruch zwischen feiner Poesie und Verwertbarkeit aufzulösen, weihten die Römer nach uralter Sitte einer Gottheit den schönsten Baum. Nun konnten sie beruhigt die anderen als Bau- oder Brennholz schlagen. Das war zwar scheinheilig, aber es beruhigte das schlechte Gewissen.

Der Hunger nach dem Energieträger Holz war riesengroß. Wo sie konnten, plünderten die Römer die Wälder ihrer eroberten Länder. Niemand hatte das Bedürfnis, mit dem Wald liebevoll umzugehen. Hemmungslos wurde auf die reichen Bestände eingeschlagen. Allein, was von der Glasindustrie verfeuert oder in anderen Gewerken zu „Stabholz" verarbeitet wurde, überstieg jegliches Maß. Und so rieselte der scheinbar unermessliche Waldreichtum Mitteleuropas den Menschen als Sägespäne durch die Finger.

In Preußen zog Friedrich der Große (1712–1786) die Notbremse, als die Eichenwälder der Schorfheide schon fast verschwunden waren. Er befahl energisch aufzuforsten. Und kümmerte sich fortan persönlich um den Wald. Sehr zum Leidwesen seiner Untertanen. Nach einer Besichtigungstour durch die Schorfheide im Jahr 1745 monierte er: „Es ist mir zwar Euer Bericht v. 3ten … zugekommen. Ich muss Euch aber sagen, daß die vielen Tabellen

---

Der Hunger nach dem Energieträger Holz war riesengroß. Wo sie konnten, plünderten die Römer die Wälder ihrer eroberten Länder.

---

die Sache nicht ausmachen: Ich weiss es schon, wie die Forstbedienten es machen; an die Wege, wo sie wissen, dass ich durch passire, da geben sie sich etwas Mühe, und findet man wohl etliche 100 Schritte etwas von Bäumen: dahinter hingegen ist alles leer und kahl und wird nichts gethan; das gefällt Mir gar nicht, das ist nur so was vor die Augen gemacht."

Erst als es beinahe zu spät war, wurde dem jahrhundertelangen Raubbau in Deutschland, Österreich und der Schweiz Einhalt geboten. Um der drohenden Holzverknappung entgegenzuwirken, begannen Fürsten und Förster damit, Regeln für die Waldwirtschaft aufzustellen. Das war die Geburtsstunde der Nachhaltigkeit. Eng damit verbunden ist der Name Hans Carl von Carlowitz (1645–1714). Der kurfürstlich-sächsische Kammer- und Bergrat war eigentlich kein Waldmensch. Nach dem Gymnasium studierte er Naturwissenschaft und begab sich danach, wie damals üblich, auf die „Grande Tour" durch Europa, um seinen geistigen Horizont zu erweitern. In Frankreich wurde er fündig und lernte eine Waldgesetzgebung kennen, die ihn sehr beeindruckte. Sie sollte den Holzeinschlag stark reduzieren und wieder Hochwälder schaffen.

Zurück in Freiberg, machte sich Carlowitz daran, die französischen Ideen sächsische Wirklichkeit werden zu lassen, denn die Wälder des Erzgebirges litten mindestens ebenso stark wie die französischen. Schuld waren nicht nur die niederschlagsarmen Sommer nebst Borkenkäferbefall, noch bedrohlicher war der Raubbau am Wald durch den sächsischen Bergbau, der klafterweise Holz verbrauchte. Am Bergbau aber hing das wirtschaftliche Wohl und Wehe der Region.

Diese Eindrücke führten Carlowitz die Hand beim Schreiben seines 1713 erschienenen Buches „Silvicultura oeconomica, oder haußewirthliche Nachricht und Naturmäßige Anweisung zur wilden Baum-Zucht". Der wichtigste, der revolutionärste Gedanke seiner Schrift hat die Jahrhunderte überdauert: „Wenn die Holtz und Waldung erst einmal ruinirt / so bleiben auch die Einkünffte auff unendliche Jahre hinaus zurücke / und das Cammer-Wesen wird dadurch gäntzlich erschöpffet / daß also unter gleichen scheinbaren Profit ein unersetzlicher Schade liegt." Und weiter: „Wird derhalben die größte Kunst/Wissenschaft/ Fleiß und Einrichtung hiesiger Lande darinnen beruhen / wie eine sothane Conservation und Anbau des Holtzes anzustellen / daß es eine continuierliche beständige und nachhaltende Nutzung gebe / weiln es eine unentberliche Sache ist / ohne welche das Land in seinem Esse [Wesen, Dasein] nicht bleiben mag."

Der Gedanke einer kontinuierlichen und nachhaltigen Nutzung des Waldes entwickelte sich durch die Zeit zu einem universellen gesellschaftlichen Prinzip, das seit damals bis in die heutige Zeit gilt. Alle heutigen Wälder in der Schweiz, in Öster-

Kahlschläge waren einst normal, denn man brauchte viel Holz. Inzwischen werden nur noch geschädigte Wälder komplett gefällt.

Junge Setzlinge in einer Schonung sorgen dafür, dass dort, wo Holz entnommen wurde, neue Bäume nachwachsen.

reich und Deutschland sind der aktuelle Schlusspunkt einer Entwicklung, die vor einer Million Jahren begann.

Heute sind in Deutschland 11,4 Millionen Hektar durch Bäume besetzt. Das sind rund 32 Prozent der Landesfläche und 0,13 Hektar pro Bundesbürger. Die letzte Bundeswald-Inventur ergab, dass Deutschland 8,3 Milliarden Bäume besitzt. Alle zehn Jahre wird der Wald statistisch erfasst und „forstmedizinisch" untersucht. An insgesamt 80.000 Probepunkten werden akribisch Bäume und Totholz vermessen, Baumarten und Waldstrukturen erfasst; außerdem wird Probenmaterial für genetische Analysen gesammelt. Dabei steht den Forschenden modernste Technik zur Verfü-

---

Die letzte Bundeswald-Inventur ergab, dass Deutschland insgesamt 8,3 Milliarden Bäume besitzt.

---

gung: elektronische Baumhöhen- und Entfernungsmesser, Durchmesser-Bandmaße, Satellitennavigations-Geräte und Feldcomputer. Die Daten der Reihenuntersuchung sollen folgende Fragen beantworten: Wie viel Wald gibt es? Wie groß sind die Holzvorräte? Wie viel Kohlenstoff speichert der Wald? Wie viel Holz wird genutzt? Wie viel ist nachgewachsen? Wie strukturreich und naturnah sind unsere Wälder?

In Österreich wächst Wald sogar auf 48 Prozent der Landesfläche, ganze vier Millionen Hektar weist die Statistik aus. Dort wachsen insgesamt 3,5 Milliarden Bäume – 406 pro Einwohner. Auch die Oberfläche der Schweiz besteht zu rund einem Drittel aus Wald: 1,31 Millionen Hektar und 32 Prozent des Landes. 71 Prozent des Waldes sind in öffentlicher Hand, 29 Prozent gehören privaten Waldbesitzern. Die Hälfte der Schweizer nutzt – rein statistisch gesehen – im Sommer mindestens einmal pro Woche den Wald, um darin spazieren zu gehen. Selbst die Winterkälte hält sie nicht von diesem Tun ab.

Für eine exakte Definition des Waldes lohnt sich ein Blick ins Deutsche Wörterbuch der Brüder Jacob und Wilhelm Grimm, das zwischen 1852 und 1861 in 32 Bänden erschien. Dort heißt es u.a.: „Unter Wald versteht man eine größere, dicht mit hochstämmigem Holz, das aber mit Niederholz untermischt sein kann, bestandene Fläche … Im Mittelalter wird Wald vorwiegend als Gemeinbesitz einer Markgenossenschaft angesehen, so dass Wald selbst gleichbedeutend mit Mark steht, er bildet so den Gegensatz zum Forst, der dem Gemeinbesitz entzogen ist und sich im Besitz eines Herrn befindet."

Der Paragraf 2 des Bundeswaldgesetzes aus dem Jahr 1975 formuliert es dann folgendermaßen: „Wald im Sinne dieses Gesetzes ist jede mit Forstpflanzen bestockte Grundfläche. Als Wald gelten auch kahlgeschlagene oder verlichtete Grundflächen, Waldwege, Waldeinteilungs- und Sicherungsstreifen, Waldblößen und Lichtungen, Waldwiesen, Waldäsungsplätze, Holzlagerplätze, sowie weitere mit dem Wald verbundene und ihm dienende Flächen." So oder ähnlich steht es auch in den amtlichen Verlautbarungen in der Schweiz und in Österreich.

Es bedarf Gesetze mit langer Gültigkeit, um dem Wald gerecht zu werden. Aus menschlicher Sicht verändern sich Wälder nur wenig. Aber sie tun es! Ganz langsam. Man sieht es ihnen kaum an. Die Natur hat sich ein eigenes Zeitmaß zugelegt. Es passt sich den Bedingungen von Umwelt und Klima an, entscheidet, welche Arten überlebensfähig sind, wie alt ein Baum wird, wann und wie er stirbt. Eine erstaunliche Vielzahl von Organismen profitiert vom Tod eines Baumes. Insbesondere Pilze, Käfer und Mikroorganismen lieben das verrottende Holz.

Die Zeit ist vorbei, da ordnungsliebende Menschen die Wälder Mitteleuropas gefegt und aufgeräumt haben. Niemand stört sich heute mehr an abgestorbenen Ästen, Bruchholz und modernden Baumstümpfen. Der Wald kann an ausgewiesenen Stellen inzwischen wieder mit sich machen, was er will.

Zu einem gesunden Wald gehört viel Totholz.

LIEDER, SAGEN UND MÄRCHEN

Macht er nun Angst oder Mut? Fürchten wir uns vor dem Wald oder bietet er uns Schutz? Ein Blick in die bekanntesten Lieder, Märchen und Sagen zeigt: Beides. Schon immer. Vor allem die Deutschen haben im Laufe der Jahrhunderte eine enge, vielschichtige Beziehung zum Wald aufgebaut, die sich in den Volksmärchen der Gebrüder Grimm ebenso widerspiegelt wie den Werken von Goethe und Eichendorff.

Der Wald ist ein Sehnsuchtsort, Ausgangspunkt und Ziel literarischer Texte aller Art – von Romanen über Märchen bis hin zu Lyrik. Als Metapher nimmt er Träume, Wünsche und Ideen auf, transportiert und repräsentiert sie. Nicht selten aber rührt der Wald in erster Linie Schreibende aller Gattungen an, inspiriert sie und bringt ihre Texte auf den Weg.

So wird es auch ein Naturerlebnis gewesen sein, dass Bertolt Brecht (1898–1956) zu dem wunderschönen Gedicht inspirierte:

Das kleine Haus unter Bäumen am See.
Vom Dach steigt Rauch.
Fehlte er,
Wie trostlos dann wären
Haus, Bäume und See.

Das Gedicht rührt tief an die menschliche Sehnsucht nach Geborgenheit. Eine Alltagsgeschichte. Mag der Tag auch noch so „feindlich" gewesen sein, nun ist man zu Hause. Endlich Ruhe im Kreis der Familie. Es ist warm im Zimmer, im Kamin knistern die Holzscheite.

Brechts Sommerhaus, umgeben von Wald, stand am Schermützelsee in der Märkischen Schweiz, wo es heute noch besichtigt werden kann. Die Natur Brandenburgs präsentiert sich hier in üppiger Fülle. Dabei hat die Landschaft nichts Spektakuläres. Alles ist einfach, schön und wahr. Durch die Wälder der Märkischen Schweiz kann man stundenlang laufen, ohne auf eine Menschenseele zu treffen. Die kleinen Berge und Hügel wachsen nur wenig in den Himmel. Die Täler dazwischen nennt man „Kehlen". In manchen von ihnen stehen die Bäume so dicht, dass ein Sonnenstrahl Mühe hat, sich den Weg nach unten zu bahnen. Diese Täler tragen geheimnisvolle

Ein Haus am See wie dieses könnte Brecht zu seinem berühmten Gedicht inspiriert haben.

Junker Hansen

Junker Hansen war ein Draufgänger durch und durch. Während der Jagd vergaß er alles um sich herum. Er ritt durch reife Kornfelder, über Gemüsebeete und durch so manchen Hopfenschlag. Die schwere Arbeit der Bauern interessierte ihn nicht. Der innere Zwang, jagen zu müssen, beherrschte sein Leben. Da tauchte plötzlich eine alte, weise Frau am Schermützelsee auf, die kein Mensch zuvor je gesehen hatte. Sie prophezeite allen, die es hören wollten, dass das Geschlecht der Hansens durch die Jagd erlöschen werde. Sie sprach's, und verschwand wie von Zauberhand im Nichts.

Eines schönen Tages jagte Junker Hansen in der Nähe der Pritzhagener Mühle einen starken Hirsch. Plötzlich scheute sein Pferd vor einer tiefen, steil abfallenden Kehle. Junker Hansen hatte nur den Hirsch im Sinn, der den Sprung in die Schlucht gewagt hatte. Ohne zu überlegen, trieb er sein Pferd hinterher. Doch das brave Tier geriet ins Straucheln, stürzte in die Tiefe und blieb mit zerschmetterten Gliedern liegen. Junker Hansen, der den Sturz überlebt hatte, raffte sich auf und folgte dem Hirsch.

Das Tier war zu Tode erschöpft. Als es den Jäger auf sich zukommen sah, riss es mit einer plötzlichen Anstrengung den Kopf nach oben. Die nasse, schwarze Nase zuckte. Der Hirsch schnaufte böse, dann stürzte er sich auf den Junker, und durchbohrte ihn mit seinem Geweih.

Seit jenen Tagen spukt es in der Schlucht an der Pritzhagener Mühle. Junker Hansen hetzt noch immer in wilden, stürmischen Nächten durch Wald und Flur. Wenn es ganz still ist, hört man ihn sogar rufen. Verzweifelt klingt sein „helpt, helpt, helpt".

Herr, erbarme dich seiner. Vielleicht ist genau das geschehen. Jedenfalls hat man seinen Schrei schon lange nicht mehr gehört.

Märchenhafte Stimmung.

Namen: *Drachenkehle, Hölle, Wolfsschlucht, Silberkehle, Junker Hansens Kehle* … Letztere verdankt ihren Namen einer Sage, in der ein Jäger sich hier unrettbar im Wald verlor.

In vielen – lange nur mündlich überlieferten – Sagen und Geschichten spielt der Wald eine wichtige Rolle: Er ist Ort der Gefahr, düster und wild, Heimat böser Kräfte und Kreaturen, aber auch Szenerie von Bewährungen, Wendungen

---

In etlichen Kulturen bildet der Wald einen wichtigen Teil des erzählerischen Erbes.

---

des Geschehens und manch gutem Ende. Fraglos bildet der Wald in etlichen Kulturen einen wichtigen Teil des erzählerischen Erbes, aber keiner ist so omnipräsent wie der deutsche Märchenwald. Am prominentesten und umfangreichsten findet er sich in der Sammlung der „Kinder- und Hausmärchen", die die Brüder Wilhelm und Jacob Grimm im 19. Jahrhundert zusammentrugen. Fast die Hälfte der 200 Märchen spielt im Wald oder dieser in ihnen eine wichtige Rolle. Dabei wird er zwar häufig als „wild", „düster" und „tief" beschrieben, ist aber eben nicht nur Sinnbild von Gefahr und Ort, an dem Hexen und andere finstere Kreaturen hausen, sondern auch Heimat guter Geister oder Zufluchtsort für Verfolgte. Rotkäppchen begegnet im Wald dem bösen Wolf, Schneewittchen findet darin ihre Sieben Zwerge und für Schneeweißchen und Rosenrot wird er geradezu zur Heimat. Für Hänsel und Gretel wird der Wald zum Schauplatz einer Bewährungsprobe – auf Leben und Tod – mit glücklichem Ausgang …

Die Brüder Wilhelm und Jacob Grimm waren nicht nur Sprachwissenschaftler, sondern auch Märchensammler.

Von den „Kinder- und Hausmärchen, gesammelt durch die Gebrüder Grimm" gab es schon zu deren Lebzeiten sieben Auflagen und zahlreiche Nachdrucke.

Hänsel und Gretel

Vor vielen, vielen Jahren, als es noch Kaiser und Könige gab, lebte ein armer Waldarbeiter mit seiner Frau und seinen zwei Kindern in einem kleinen Dörfchen am Rande eines großen Waldes. Die beiden Kinder hießen Hänsel und Gretel. Der Waldarbeiter verdiente so wenig Geld, dass er sich nur manches Mal ein Stück Brot für sich und seine Familie leisten konnte.

Eines Abends sagte er traurig zu seiner Frau: „Was soll nur aus uns werden? Wie sollen wir unsere armen Kinder ernähren, da wir selbst nichts mehr zu essen haben?"

„Weißt du was, Mann," antwortete die Frau, die die Stiefmutter seiner Kinder war, „wir werden morgen früh mit den Kindern in den Wald gehen, ganz weit weg, dahin, wo er am dichtesten ist. Da machen wir ihnen ein Feuer und geben jedem ein Stückchen Brot. Dann gehen wir an unsere Arbeit und lassen sie zurück. Mal sehen, ob sie den Weg nach Hause finden. Wahrscheinlich nicht. Dann sind wir sie los."

Als der Vater den Vorschlag hörte, war er empört. „Wie soll ich das übers Herz bringen?" Aber seine Frau ließ ihm keine Ruhe. „Du Narr, du", sagte sie, „dann müssen wir eben alle vier Hungers sterben. Du kannst schon mal damit beginnen, die Bretter für unsere Särge zu hobeln."

Die Frau schimpfte und klagte so lange, bis der Waldarbeiter entnervt aufgab, und in den Vorschlag einwilligte.

Die beiden Kinder hatten das Gespräch gehört. Gretel fing an zu weinen, aber Hänsel tröstete sie: „Gräme dich nicht", sagte er, „ich will uns schon helfen."

Als die Familie sich schlafen legte, ging Hänsel nach draußen und sammelte weiße Kieselsteine, die er sich in die Taschen steckte.

Am nächsten Tag machten sich alle auf den Weg. Hänsel lief immer ein wenig hinter den anderen her, und markierte mit Kieselsteinen den Weg. Der Vater mahnte: „Hänsel, was bleibst du zurück, hab Acht und vergiss deine Beine nicht."

Als sie tief im Wald angekommen waren, sagte der Vater:

„Nun sammelt Holz, ihr Kinder, ich will ein Feuer anmachen, damit ihr nicht friert." Hänsel und Gretel trugen Reisig zusammen. Als die Flamme recht hoch brannte, sagte die Frau: „Legt euch ans Feuer, ihr lieben Kinder, ruht euch aus, wir gehen in den Wald und hauen Holz. Sobald wir können, holen wir euch ab."

Hänsel und Gretel legten sich nebens Feuer und schliefen ein. Mitten in der Nacht wachten sie auf. Sie waren mutterseelenallein. Der Mond stand hell am Himmel und fröhlich glitzerten die weißen Kieselsteine im Mondeslicht. Sie zeigten den Kindern den genauen Weg nach Hause.

Der Vater freute sich riesig, als er seine beiden Kinder sah. Doch nur wenige Tage später war wieder Not in der Familie. Und erneut maulte die Stiefmutter, sie habe keine Lust, dass wenige Brot mit den Kindern zu teilen. Sie begann zu nörgeln und ihren Mann zu bedrängen. Und leider mussten Hänsel und Gretel auch dieses Mal die schrecklichen Worte mit anhören, die dann fielen.

In der Nacht wollte Hänsel wieder Kieselsteine sammeln, aber – o Schreck – die Stiefmutter hatte die Tür verschlossen. „Weine nicht, Gretel", sagte Hänsel, „der liebe Gott wird uns schon helfen."

Am nächsten Tag brach die Familie früh auf. Dieses Mal zerbröselte Hänsel heimlich das Brot, das er von der Stiefmutter bekommen hatte. Als der Vater fragte, warum Hänsel sich so oft umdrehe, sagte dieser: „Ich sehe nach meinem Täubchen, das sitzt auf dem Dache und will mir Ade sagen." „Narr du", meinte böse die Stiefmutter, „das ist dein Täubchen nicht, das ist die Morgensonne, die auf den Schornstein sitzt."

Dieses Mal ging es noch tiefer in den Wald hinein. Und wieder legten sich Hänsel und Gretel neben das Feuer, das friedlich vor sich hin knisterte. Hänsel und Gretel kuschelten sich aneinander und schliefen ein. Als sie mitten in der Nacht aufwachten, war das Feuer niedergebrannt, und von ihren Eltern gab es keine Spur.

Hell und friedlich stand der Mond am Himmel, doch als Hänsel die Brotkrumen suchte, fand er keine. Die Vögel hatten alle aufgefressen.

Auf gut Glück wanderten Hänsel und Gretel nun durch den Wald. Sie gingen die ganze Nacht hindurch, den Tag und noch eine Nacht, aber der Wald nahm kein Ende.

Am nächsten Morgen sahen sie einen schneeweißen Vogel, der auf einem Ast saß und wunderschön sang. Dann breitete er seine

Flügel aus, und flog vor den Kindern her. So gelangten sie an ein Häuschen, dass – o Glück – aus Brot gebaut war. Und mit Kuchen gedeckt. Die Fenster waren aus hellem Zucker.

„Da wollen wir uns dranmachen", sprach Hänsel, „und eine gesegnete Mahlzeit halten." Hänsel, dem das Dach sehr gut schmeckte, riss sich ein großes Stück davon herunter, und Gretel stieß eine ganze runde Fensterscheibe heraus, setzte sich nieder und aß mit viel Appetit.

Da rief eine feine Stimme:
„Knusper, knusper, knäuschen,
wer knabbert an meinem Häuschen?"
Hänsel und Gretel ließen sich von der Stimme nicht stören. Sie flüsterten …
„Der Wind, der Wind,
das himmlische Kind",
und aßen weiter.

Da ging auf einmal die Tür auf, und eine hässliche, steinalte Frau erschien. „Ei, ihr lieben Kinderlein, wer hat euch denn hergebracht? Kommt nur herein, es geschieht euch kein Leid."

Sie führte die beiden in ihr Häuschen, und siehe da, der Tisch im Wohnzimmer war reichlich gedeckt. Es gab viel zu essen und zu trinken. Und es gab ein Bett, in das Hänsel und Gretel sich mit Vergnügen legten. Sie fühlten sich pudelwohl und glaubten, sie seien im Himmel.

Aber die alte Frau hatte sich nur verstellt. In Wirklichkeit war sie eine böse Hexe. Und ihr Knusperhaus diente nur dazu, Kinder anzulocken. Wenn sie dann im Haus waren, kochte die Hexe sie butterweich und aß sie auf.

In der Früh, noch ehe Hänsel und Gretel erwacht waren, stand sie schon am Bett der beiden, und murmelte: „Das wird ein guter Bissen werden." Sie packte Hänsel mit eiskaltem Griff, zerrte ihn aus dem Bett und sperrte ihn in einen Stall.

Dann ging sie zu Gretel, rüttelte sie wach und rief: „Steh auf, du Faulenzerin, trag Wasser in die Küche und koche deinem Bruder etwas Gutes. Der sitzt draußen im Stall und soll richtig schön fett werden. Wenn er fett genug ist, will ich ihn essen."

Gretel fing bitterlich zu weinen an, aber sie musste tun, was die böse Hexe verlangte. Nun ward dem armen Hänsel das beste Essen gekocht. Jeden Morgen schlich die Hexe zum Stall und rief: „Hänsel, streck deinen Finger heraus, damit ich fühle kann, ob du bald fett bist." Die Hexe, die trübe Augen hatte, merkte nicht, dass Hänsel ihr einen Knochen reichte und keinen Finger. Sie wunderte sich nur, dass Hänsel um nichts in der Welt fett werden wollte.

Nach vier Wochen überkam sie böse Ungeduld. „He, Gretel", rief sie dem Mädchen ärgerlich zu, „hol mir Wasser! Hänsel mag fett oder mager sein, morgen will ich ihn schlachten und kochen."

Gretel weinte wieder, aber sie musste tun, was die böse Hexe verlangte.

Als die Flammen aus dem Ofen schlugen, schrie sie Gretel an: „Kriech hinein, und sieh zu, ob recht eingeheizt ist." Wenn Gretel drin war, wollte sie den Ofen zumachen, und auch das Mädchen braten. Die Hexe wollte beide Kinder essen.

Doch Gretel durchschaute den Plan. „Ich weiß nicht, wie ich es machen soll", sagte sie, „wie komm ich da nur hinein?"

„Dumme Gans", sagte die Hexe ärgerlich, „die Öffnung ist groß genug, siehst du nicht, ich könnte selbst hinein." Die Hexe tappelte heran, öffnete die Tür und steckte den Kopf in den Backofen. Auf diesen Moment hatte Gretel gewartet. Sie gab ihr einen Stoß und verschloss die Tür des Backofens.

Die Hexe fing an zu schreien und zu heulen. Aber Gretel kümmerte sich nicht mehr um sie. Stattdessen lief sie schnurstracks zu ihrem Bruder, öffnete den Käfig und rief: „Hänsel, wir sind erlöst, die Hexe ist tot."

Da fielen sich die beiden um den Hals. Und weil sie nichts mehr zu befürchten hatten, gingen sie in das Haus der Hexe. Da standen in allen Ecken Kisten mit Perlen und Edelsteinen. Sie nahmen, so viel sie tragen konnten. „Aber jetzt lass uns gehen", sagte Hänsel, „damit wir noch vor der Nacht aus dem Hexenwald herauskommen."

Nachdem sie ein paar Stunden gegangen waren, kam ihnen der Wald immer bekannter vor. Endlich erblickten sie das Haus ihres Vaters. Sie fingen an zu laufen, stürzten in die Stube, und fielen ihrem grau gewordenen alten Vater um den Hals. Der arme Mann hatte keine frohe Stunde mehr gehabt, seit er die Kinder im Walde gelassen hatte. Seine Frau aber war gestorben.

Gretel schüttelte ihr Schürzchen aus, sodass die Perlen und Edelsteine in der Stube nur so herumsprangen. Und Hänsel warf eine Handvoll Gold nach der andern dazu. Alle Sorgen hatten ein Ende.

Und wenn sie nicht gestorben sind, so leben die drei heute noch.

Wälder wie dieser Buchenwald auf der Insel Rügen verströmten schon immer einen märchenhaften Zauber.

Der Grimmsche Märchenwald war gar nicht von Beginn an so dicht, finster und allgegenwärtig, wie wir ihn heute kennen. Germanisten haben die insgesamt sieben Ausgaben verglichen, die noch zu Lebzeiten der Brüder erschienen sind, und festgestellt, dass die Geschichten gewissermaßen „immer waldiger" wurden. Während die Mutter der „Sieben Geißlein" anfangs noch unerklärt fortgeht, so bricht sie späterhin zur Futtersuche in den Wald auf. Und auch bildlich wuchsen die sagenhaften Baumwipfel immer höher hinauf: Die ersten Ausgaben waren noch gänzlich ohne Illustrationen erschienen – und keineswegs so populär wie die späteren Ausgaben, in denen sich zahlreich Abbildungen von verwunschenen Wäldern finden. Die Illustrationen wiederum trugen maßgeblich zum Ruhm des Märchenwaldes bei, der bis heute ungebrochen ist. Die Brüder Grimm sahen im Wald übrigens nicht nur den Ort, an dem Geheimnisvolles, Magisches und Überweltliches beheimatet war. Sie erkannten ihn auch als Szenerie einer idealisierten Vergangenheit, wie ein Brief von Jacob Grimm an seinen Bruder vom 18. April 1805 dokumentiert: „Die einzige Zeit, in der es möglich wäre, eine Idee der Vorzeit, wenn du willst der Ritterzeit in uns frisch aufgehen zu lassen, ... wird jetzt in einen Wald verwandelt." Einen Wald übrigens, den es – wie der Blick in die Geschichte der europäischen Holznutzung zeigt – zu Lebzeiten ebenso nicht mehr gab wie die erträumte Ritterzeit.

Die Geiß verlässt ihre Sieben Geißlein und zieht Futter holen – im Wald.

RIESENGEBIRGE: BELIEBTES WANDERZIEL

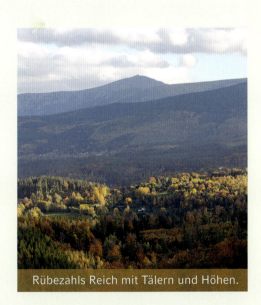

Rübezahls Reich mit Tälern und Höhen.

Das 36 Kilometer lange Riesengebirge, die Heimat des Berggeists Rübezahl, bildet die natürliche Grenze zwischen dem polnischen Schlesien und dem tschechischen Böhmen. Das Gebirge, durch das die Staatsgrenze von Tschechien und Polen verläuft, umfasst eine Fläche von 631 Quadratkilometern. Große Teile (ca. 430 Quadratkilometer) stehen als Biosphärenreservat unter dem Schutz der UNESCO. Dem Gebirge entspringt die Elbe. Wahrzeichen und höchster Gipfel ist die Schneekoppe (1602 Meter).

Die im Riesengebirge ursprünglich vorherrschenden Laub- und Mischwälder sind wirtschaftlichen Zielen zum Opfer gefallen, und wurden zum großen Teil durch Fichtenmonokulturen ersetzt. Nur in den Flusstälern sind noch Reste der Laubwälder vorhanden. Die Situation hat sich seit 2000 verbessert, es besteht aber kein Grund zur Selbstzufriedenheit. Nebeltage, die es im Riesengebirge recht häufig gibt, gehören Rübezahl. In den Tiefen des Gesteins hat er sein Hauptquartier. Niemand hat den Berggeist je gesehen. Aber das ist kein Wunder, erscheint er doch den Wanderern stets in anderer Gestalt …

Rübezahl und der Glashändler

Rübezahl war ein großer Verwandlungskünstler. Mal spielte er einen Riesen, dann wieder bewachte er als Polizist einen großen Bergschatz, er war ein Mönch, der den Leuten das Himmelreich versprach oder ein Geist, der arglose Menschen vom richtigen Weg abbrachte.

Rübezahl, der Herr des Riesengebirges, hatte Freude daran, den Menschen allerlei Streiche zu spielen. Dabei erwies er den Armen mancherlei Wohltaten, und strafte die Hartherzigen und Geizigen.

Einmal wanderte ein armer Glashändler über das Gebirge. Auf dem Rücken trug er eine schwere Kiepe voll feinster Glaswaren. Da er recht müde geworden war, suchte er nach einem Plätzchen, an dem er sich ausruhen konnte. Aber nirgends war ein Felsvorsprung zu entdecken oder eine Bank, auf die er seine schwere Kiepe hätte absetzen können.

Rübezahl, der den Glashändler schon eine ganze Weile beobachtet hatte und seine Gedanken erriet, verwandelte sich aus Spaß in einen Baumstamm, der am Wegesrande lag. Erfreut ging der Glashändler darauf zu. Leise stöhnend setzte er sich und seine Last auf den Stamm, um sich zu erholen.

Kaum aber saß er, da rollte der Stamm den Berg hinunter. Der Händler fiel zu Boden, und mit ihm fielen seine Glaswaren. Klirr, pardauz! Die schönsten Becher, Vasen und Krüge zerbrachen in tausend Scherben. Traurig erhob sich der arme Mann, und als er seine zerbrochenen Schätze betrachtete, fing er an zu weinen.

Da kam Rübezahl, der wieder menschliche Gestalt angenommen hatte, des Weges, und fragte nach der Ursache seines Kummers. Treuherzig erzählte der Händler sein Unglück. Und auch, dass er bei seiner Armut niemals mehr das Geld zum Ankauf neuer Glaswaren würde aufbringen können. Er weinte so sehr, dass selbst Rübezahl das Herz schwer wurde. Und so beichtete er dem Traurigen, wer er in Wirklichkeit war, und dass er sich nur einen bösen Scherz erlaubt hatte. Aber nun, sagte Rübezahl, wolle er ihm dabei helfen, zu Geld zu kommen.

Vor den Augen des erstaunten Mannes verwandelte sich Rübezahl in einen Esel und gebot dem Glashändler, ihn zur nächsten Mühle zu führen. Der Müller dort brauche gerade einen neuen Esel,

sprach er. Und da er, der Esel, ein so schönes Tier sei, würde der Müller gewiss sehr viel Geld für ihn, den Esel, zahlen.

Danach solle sich der Glashändler um nichts weiter kümmern. Er solle das Geld nehmen und schnell seines Weges gehen.

Wie abgemacht führte der Glashändler den Esel zur nächsten Mühle. Nachdem sich der knauserige Müller das Tier angeguckt hatte, begann er zu handeln und drückte den Preis für den Esel noch um einen ganzen Taler. Dann schlug er ein, und das Grautier mit den langen Ohren wurde sein Eigentum.

Der Glashändler nahm das Geld – er hatte zwei Taler mehr erhalten, als seine Glaswaren gekostet hatten – und machte sich schnell aus dem Staube. Der Müller aber rieb sich die Hände, und freute sich recht ob des guten, billigen Kaufes. Er führte das muntere Eselchen in den Stall und gab dem Knecht den Auftrag, demselben Futter zu geben. Dann ging er in seine Stube.

Er setzte sich zufrieden an seinen Tisch und befahl der Magd, ihm ein Glas Tee zu bringen. Kaum hatte er das gesagt, stürzte der Knecht in die Stube, zitternd vor Furcht und Entsetzen, und sagte zum Müller: „Herr, der neue Esel ist verhext! Ich habe ihm Heu gegeben, und da rief er plötzlich: Ich fresse kein Heu! Ich will Braten und Kuchen haben!"

Der Müller wollte die Geschichte nicht glauben und ging selbst in den Stall. Dort stand das Eselchen ganz ruhig und still. Der Müller nahm eine Hand voll Heu, und hielt sie dem Esel hin. Der Graue aber schlug mit dem Vorderfuß nach dem Müller und rief wieder: „Ich will kein Heu, ich will Braten und Kuchen! Braten und Kuchen!"

Entsetzt wich der Müller zurück. Der Esel aber drehte sich um, gab ihm mit den Hinterbeinen einen Tritt, rannte durch die offene Tür hinaus ins Freie und war verschwunden. Nachdem der Knecht seinem Herrn wieder auf die Beine geholfen hatte, rieb dieser sich die schmerzenden Glieder und jammerte: „Ach hätte ich doch meine zwölf Taler wieder! Mein schönes Geld!"

Dem Müller aber war recht geschehen; denn er war geizig und hartherzig und hatte noch am Tage zuvor einen armen Bauern um zwölf Taler betrogen! Rübezahl hatte den Richtigen bestraft.

IM WALD, DA SIND DIE RÄUBER

Dort, wo er am tiefsten ist, bietet der Wald jenen Schutz, vor denen sich alle anderen fürchten: den Räubern! Sie, die anderen Menschen auflauern, sie bestehlen und morden, fliehen die Gemeinschaft und ziehen sich ins Dickicht der Bäume zurück. Mitunter ist ihr Ruf so finster wie der Wald undurchdringlich. Auf jeden Fall ist er ihre Heimat. Und immer wieder gibt es in den Geschichten über berühmte Räuber auch Sympathien für die Ausgestoßenen, die sich gegen ein ungerechtes System auflehnen.

Düster und undurchdringlich, bietet der Wald den Räubern Schutz.

eute tauchen zwielichtige Gestalten gerne im Dickicht der Großstädte unter, früher verbarg sie der Wald. Das Erbe des Tacitus dürfte sich hier noch legendenbildend niedergeschlagen haben. In den schier endlosen Wäldern konnten sich die Gesetzlosen sicher fühlen. Kaum jemand wagte, nach Einbruch der Nacht das unwegsame Dunkel zu betreten. Nur der Räuberhauptmann kannte jede Weggabelung, jeden Baum, jedes Versteck.

Die „kleinen Leute" verfolgten sehr genau, was da vor ihrer Nase geschah. Sie erlebten Raubüberfälle, Diebstahl und Nötigung, hörten von Morden und Überfällen auf Reiche. Auch wenn sie die Morde nicht billigten, nahmen sie doch schadenfroh zur Kenntnis, dass dem unbeliebten, reichen Viehhändler das Geld abgenommen wurde, der Müller seine Kasse leeren musste. Wie der Wind machten die Geschichten die Runde, jeder schmückte sie aus, fügte ihnen etwas Gefahr hinzu. Bald führten sie

IM WALD, DA SIND DIE RÄUBER

„Wald mit einem Wegelagerer auf der Lauer" von Massimo d'Azeglio, 1858.

ein Eigenleben, das Spiel von Räuber und Gendarm, von Gut und Böse, war wie geschaffen zur Legendenbildung.

Alle bewunderten das Geschick der Räuber, denen es immer wieder gelang, den Verfolgern zu entkommen. So manch braver Bürger träumte nachts im Bett vom freien, romantischen Leben der Ungesetzlichen. Selbst Friedrich Schiller (1759–1805) widmete ihnen in seinem Drama „Die Räuber" ein Lied. Er ließ sie singen:

Ein freies Leben führen wir,
ein Leben voller Wonne;
der Wald ist unser Nachtquartier,
bei Sturm und Wind marschieren wir,
der Mond ist unsere Sonne.

Mit klammheimlicher Freude verfolgte die Bevölkerung das Katz-und-Maus-Spiel zwischen der beamteten Obrigkeit und den fantasievollen Schurken. Es stimmt: Zahlreiche „Soldaten der Räuberarmee" hatten Pech gehabt im Leben, waren – jung und arbeitslos – für Kleinigkeiten ins Gefängnis geworfen worden. Oder waren aus der Armee geflüchtet, weil sie die Knute des Unteroffiziers mehr fürchteten als den Feind. Nun lebten sie frei und mit Gleichgesinnten im Wald.

Ihr größter Verbündeter war der Volksmund, der die Verbrechen mit Moral einkleidete und wie Heilsbotschaften durchs Land schickte. Die kleinen Leute zeigten mehr oder weniger offen ihre Sympathie für die Banditen. Für sie waren sie Helden!

Doch die Wahrheit ist: Es gab keinen Robin Hood, der den Reichen das Geld nahm, um es den Armen zu geben. Stets lag den Räubern das Wohl und Wehe der eigenen Tasche am Herzen.

DER SCHINDERHANNES

Einer der berühmt-berüchtigtsten Räuber zwischen Hunsrück und Taunus war Schinderhannes, ein junger Mann mit vielen Talenten, der nur 23 oder 24 Jahre alt wurde. Mit bürgerlichem Namen hieß er Johannes

Der Taunus in Hessen wurde erst Zufluchtsort, dann Heimat des Schinderhannes.

Bückler und wurde 1779 oder 1780 in Miehlen geboren. Den Namen Schinderhannes vermachte ihm sein Vater, der als „Schinder", als Abdecker, tätig war. Diese Arbeit beförderte ihn ganz nach unten auf der gesellschaftlichen Stufenleiter, denn Schinder hatten verendete Tiere aller Art zu entsorgen und ihnen vorher die Haut abzuziehen.

Der junge Hannes geriet rasch auf die schiefe Bahn, stahl seinem Arbeitgeber sechs Kalbsfelle und eine Kuhhaut. Dafür wurde er öffentlich ausgepeitscht. Diese Strafe, so sagte er später, habe ihn sehr nachdenklich gemacht. Sie hielt ihn allerdings nicht davon ab, weiterhin zu stehlen.

Da Schinderhannes keinen festen Wohnsitz hatte, lebte er im Schutz der Wälder, übernachtete in einsamen Gehöften oder Köhlerhütten. Dort scheint er Gleichgesinnte getroffen zu haben, denn bald schon war er Anführer einer Räuberbande, die sich auf Viehdiebstahl spezialisiert hatte. 1796, mit 16 Jahren, wurde der junge Mann ein erstes Mal verhaftet. Noch am selben Tag gelang ihm die Flucht aus der Arrestzelle. Seine Spur verlor sich in den tiefen Wäldern.

Am 20. April 1797 kam es zu einer erneuten Verhaftung, doch wieder konnte er sich davonmachen. Ebenso am 10. Juli 1798: Ein Tag Haft, dann die Flucht. Vielen kam dies wie ein Wunder vor. Ein Wunder gleichwohl mit Ursachen, denn viele Gefängnisse waren schlecht bewacht, die Wärter oft bestechlich, es war ein Leichtes, sich aus dem Staub zu machen.

Schinderhannes wurde als Fluchtwunder immer berühmter. Bald gab es sogar Wetten darauf, wie viele Nächte er beim nächsten Mal hinter Gitter bleiben würde. Am 25. Februar 1799 ging er den Gendarmen erneut ins Netz und wurde in den Turm von Simmern überführt. Diesmal hatten all jene schlechte Karten, die auf eine schnelle Flucht gesetzt hatten, fast ein halbes Jahr saß er, dann erst gelang es ihm auszubrechen.

Waren seine ersten Verbrechen noch Folgen der Armut und tiefer Not, so zeigte sich bald seine große kriminelle Energie. Johannes Bückler war alles andere als zimperlich. 1797 beging er seinem ersten Mord. Er erschlug einen Rivalen mit dem Knüppel und sprang dann noch auf dem Sterbenden herum.

Aber Schinderhannes hatte auch Schwächen. Er war ein Frauenheld, brachte es auf acht Geliebte. Seine Allerliebste aber war Julchen, die er um 1800 kennenlernte. Juliane Blasius, Tochter eines Tagelöhners und Musikanten aus Idar-Oberstein – und bald seine Räuberbraut. In Männerkleidung beteiligte sie sich an vielen Straftaten, gebar ihm aber auch zwei Kinder. Später, als alles vorbei war, bekannte sie, dass die Jahre mit Schinderhannes die schönsten ihres Lebens gewesen seien.

Da seit Ausbruch der Französischen Revolution und der beiden Koalitionskriege die linke Rheinseite von den Franzosen besetzt war, herrschte ein Ausnahmezustand, der Räuberbanden große Spielräume bot. Schinderhannes wechselte, je nach Bedarf, von der rechten auf die linke Rheinseite, vom deutschen ans französische Ufer.

Konnte er anfangs noch auf die Unterstützung durch die Bevölkerung setzen, so wendete sich nach 1800 das Blatt. Seine Beliebtheit schwand. Irgendwann hatten die Bürger genug von den ewigen Überfällen und Morden und setzten auf die Gendarmerie. Am 31. Mai 1802 lief Schinder-

---

Da Schinderhannes keinen festen Wohnsitz hatte, lebte er im Schutz der Wälder, übernachtete in einsamen Gehöften oder Köhlerhütten.

---

hannes bei Wolfenhausen einer deutschen Patrouille in die Arme. Die nahm den Mann fest, ohne zu ahnen, wem sie da die Handschellen angelegt hatte. Dann erkannte ihn jemand … Und es war um den Räuberhauptmann geschehen.

Schinderhannes wurde nach Frankfurt überführt, bei seiner ersten Vernehmung bat er die deutschen Behörden, ihn nicht an die Franzosen auszuliefern. Das wurde

Johannes Bückler alias Schinderhannes.

Juliane Blasius, Bücklers Geliebte.

abgelehnt. In endlosen Verhören zeigte sich Schinderhannes als redseliger Musterschüler. Er hoffte, die Richter gnädig zu stimmen. Bereitwillig plauderte er die Namen seiner Mitgesellen aus, offenbarte zahlreiche Details der Raubzüge und betonte immer wieder, dass sein „Julchen" mit all dem nichts zu tun habe, sie sei unschuldig, er habe sie verführt.

Am 24. Oktober 1803 begann in Mainz der Prozess gegen Johannes Bückler alias Schinderhannes. Er sorgte für derart großes Aufsehen und Zuschauerandrang, dass Eintrittskarten verkauft werden mussten. Es gab 67 Angeklagte, über 400 Zeugen wurden vernommen. Dem Bückler wurden konkret 53 schwere Verbrechen nachgewiesen. Für insgesamt 211 Vergehen hatte die Bande geradezustehen. Vom Diebstahl über Erpressung bis hin zum Mord.

Obwohl niemand Kassenbuch geführt hatte, ergab eine Überschlagsrechnung, dass im Laufe der Jahre 20.000 bis 25.000 Gulden und Sachwerte in Höhe von 4000 bis 6000 Gulden erbeutet worden waren. Viel Geld! Zum Vergleich: Für die 2500 Gulden, die Schinderhannes einem jüdischen Händler abgenommen hatte, hätte ein Lehrer in Stuttgart 25 Jahre lang unterrichten müssen.

Am 19. November 1803 fiel das Urteil. Der Richter verkündete 20 Todesurteile. Julchen musste für zwei Jahre ins Gefängnis. Im Beisein von rund 30.000 Zuschauern und unter dumpfen Trommelschlägen rollten am 21. November 1803 fünf Leiterwagen mit den Verurteilten an. Johannes Bückler, im roten Hemd, dem Zeichen eines

Zeitgenössisches Comic vom Leben und Sterben des Schinderhannes.

Der Prozess gegen Schinderhannes sorgte für so großes Aufsehen, dass Eintrittskarten verkauft wurden.

Mörders, musste als erster unter die Guillotine. Als das Fallbeil fiel, und als sein Kopf in die Sägespäne rollte, brandete Beifall auf.

Die Gehilfen der Henker hatten nun alle Hände voll zu tun. Sie fingen das Blut der Geköpften mit Bechern auf. Es gab genug Kunden, die gute Dukaten dafür zahlten. Blut von Hingerichteten galt als wirksames Mittel gegen Epilepsie. Die abgeschlagenen Köpfe der 20 Delinquenten wurden Medizinern übergeben. Eine „wissenschaftliche"

DER SCHINDERHANNES-TURM IN SIMMERN

Simmern ist Teil der Mittelgebirgslandschaft des Hunsrücks. Der alte Stadtkern liegt im Tal, neuere Stadtteile ziehen sich die umliegenden Höhen empor. Simmern wurde 1072 erstmals urkundlich erwähnt. Mit dem Stadtrecht verbunden war das Recht zum Bau einer Mauer, die, mit Türmen und Toren versehen, den Ort zu beschützen hatte.

An der östlichen Ecke der einstigen Stadtbefestigung erhebt sich ein Turm, der ursprünglich als Pulvermagazin und Gefängnisraum diente, er trägt den Namen des berüchtigten Räubers Johannes Bückler, genannt Schinderhannes. Der Turm überstand als eines der wenigen Gebäude die Zerstörung von 1689 und den großen Brand.

Nach seiner Gefangennahme Ende Februar 1799 wurde Bückler nach Simmern gebracht und dort inhaftiert. In der Nacht vom 19. auf den 20. August 1799 gelang ihm die Flucht aus dem bis dahin als ausbruchssicher geltenden Turm. Heute beherbergt er eine Ausstellung. Das einstige Verlies zeigt Exponate rund um „Schinderhannes".

Ein „Gast" für eine Nacht machte den Turm in Simmern berühmt.

Untersuchung sollte klären, ob es nach der Trennung von Kopf und Körper noch zu Nervenreaktionen gekommen war. Das Ergebnis ist nicht bekannt.

DIE RÄUBER IM MAINHARDTER WALD

Der Mainhardter Wald ist eine von fünf Regionen des Naturparks Schwäbisch-Fränkischer Wald. Eine Berglandschaft, die fast zur Hälfte mit Bäumen bedeckt ist. Sie liegt 50 Kilometer nordöstlich von Stuttgart und 35 Kilometer östlich von Heilbronn. Die höchste Erhebung ist mit knapp 587 Metern die Hohe Brache. In den Tiefen dieses Waldes trieb Mitte des 18. Jahrhunderts eine Räuberbande ihr Unwesen.

An deren Anfang stand ein Eklat: Die Bürger von Mainhardt verweigerten ihrem Landesherrn, dem Fürsten von Hohenlohe-Bartenstein, den Gehorsam. Der hatte sie per Dekret vom 1. Juli 1745 aufgefordert, die ihm zustehenden Abgaben in Geld abzuliefern, und nicht – wie bisher üblich – in Form von Frondiensten. Die Mainhardter Gegend ist bekannt für ihre wenig fruchtbaren Sandböden, die kaum etwas abwerfen. Also wurde eine Abordnung aus Bürgern und Bauern beim Fürsten in Pfedelbach mit der Bitte vorstellig, weiterhin Frondienste leisten zu dürfen. Der Fürst lehnte ab! Und die Bürger verweigerten ihm von Stund an jegliche Steuerzahlung. Die Angelegenheit eskalierte.

Selbst das höchste Gericht des Heiligen Römischen Reiches Deutscher Nation in Wien wurde angerufen. Nach zehn Jahren setzte Kaiser Franz I. der Sache ein Ende. Er gab dem Fürsten Recht. Nun mussten die Mainhardter ihre aufgelaufenen „Schulden" begleichen. Das Urteil löste einen Aufstand aus, der von der Armee niedergeschlagen

Der Schwäbisch-Fränkische Wald war zur Zeit der Mainhardter Räuber keineswegs idyllisch.

wurde. Zurück blieb eine frustrierte, bettelarme Bevölkerung.

Um sich und ihre Familien ernähren zu können, trugen die Männer Salz in den Kurort nach Schwäbisch-Hall. Sie waren oft tagelang bei Wind und Wetter unterwegs. Bezahlt wurde die schwere Arbeit mit ein paar lumpigen Kreuzern. Und weil das so war, wurde die Familienkasse aufgebessert: mit Diebstahl und gelegentlichen Einbrüchen.

Aus Gewohnheit wurde Geschäft und 1760 schlossen sich dann 58 Männer zu einer Räuberbande zusammen. Ihr Anführer hieß Heinrich Weiß, ein anerkannter Bürger und Wirt des Gasthauses „Zur Linde" in Mainhardt.

Anfangs stahlen die Männer „nur" Lebensmittel und Vieh, manchmal auch Wertgegenstände, die sie zu Geld machten. Aber mit dem Erfolg kam die Gier … Bald schon überfielen sie Postkutschen und ermordeten Geldboten. Die Räuber machten die Fernhandelsstraße, die über Schwäbisch-Hall nach Nürnberg und Prag führt, unsicher.

Die Bande bestand aus drei getrennten Abteilungen und zur Sicherheit redete man sich untereinander nur mit Spitznamen an. Die Überfälle wurden in der sogenannten Fuchsmanier ausgeführt, das heißt: weit weg von zuhause. Dazu unternahmen die Räuber teils erstaunlich weite Fußmärsche.

Die Straftaten waren akribisch geplant. Die dunklen Wälder mit schwer begehbaren Wegen sowie vielen Felsvorsprüngen boten gute Tarnung. Bei größeren Beutezügen war selbst die Anzahl der beteiligten Mitstreiter genauestens berechnet. Zufällig daherkommende Zeugen wurden kurzerhand zur Komplizenschaft genötigt. Der erste große Überfall war der Postkutschen-Raub bei Cröffelbach. Die Mannen marschierten in kleinen Gruppen vom Treffpunkt bei Michelfeld bis dorthin immerhin 30 Kilometer. Barfuß!

Im Polizeibericht hieß es später, dass in einer unübersichtlichen Talsenke um Mitternacht drei Gesellen aus dem Gebüsch sprangen und die Kutsche zum Halten zwangen. Die Räuber fesselten den Kutscher und ließen ihn liegen. Sie sprangen auf die Postkutsche und dirigierten die Pferde in ein entferntes Waldstück. Dort brachen sie die Postkästen auf. 370 Gulden und ein paar Kreuzer, das war die Beute. Nicht sonderlich viel, aber immerhin. Zufrieden zog die Bande in Richtung Mainhardt davon, um vor Morgengrauen wieder im „bürgerlichen" Leben zu sein.

Bei der Aufteilung der Beute ging es immer fair zu. Nicht nur die Beteiligten, alle bekamen einen Anteil. Manchmal verzichtete der „Räuberhauptmann" Weiß sogar zugunsten anderer auf seinen „Lohn". Meist aber erhielt er den Löwenanteil.

1772 gelang es, die Räuberbande zu sprengen. Martin Haas war der Erste, der unter dem Einfluss von Folter das Schweigegelübde brach. Nun hatte die Polizei leichtes Spiel, es folgten weitere Festnahmen.

Noch heute findet man hier alte Fachwerkhäuser.

Aufführung des Schauspiels „Die Räuber vom Mainhardter Wald".

Im Jahr darauf wurde ihnen der Prozess gemacht. 19 Räuber erhielten die Todesstrafe. Sie wurden in Pfedelbach enthauptet, ihre Leiber zur Abschreckung auf ein Rad geflochten und die Köpfe auf einen Pfahl gesteckt. Sieben Räuber hatten schon die Vernehmungen nicht überlebt.

Der Räuberhauptmann Heinrich Weiß indes schaffte es, sich der Bestrafung zu entziehen. Vermutlich kannte er als Wirt der Gaststätte „Zur Linde" so manches kleine Geheimnis der verantwortlichen Richter. Trotz einiger Anschuldigungen konnte oder wollte die Obrigkeit ihm kein Verbrechen nachweisen. Er starb 1787 im Alter von 72 Jahren als honoriger Bürger.

So endete das räuberische Treiben und endlich konnten die Menschen wieder ohne Angst durch den Mainhardter Wald reisen. Obwohl: Auch ohne Räuberbande war das Reisen zu damaliger Zeit eine gefährliche Sache.

„Landstraße mit Reisenden und Gasthaus" von Jan Brueghel d. Ä., um 1611.

REISEN IM KNOCHENBRECHER

Überliefert ist das Stoßgebet eines Reisenden aus dem 18. Jahrhundert: „Himmlischer Vater, du weißt, daß ich diese Reise nicht aus Leichtfertigkeit, Fürwitz und Geiz … auf mich genommen habe. Darum bitte ich Dich, bewahre mich auf den Straßen vor Räubern und böser Gesellschaft. Item vor ungeschlachten Wettern und gar dunklen Nächten. Bewahre mich in allen Herbergen vor Dieben und schalkhaften Wirten, bösem Geruch und allen Seuchen, auf daß ich meinen angesetzten Ort mit Glück und Leibesgesundheit erreichen möge."

Ob Gott das Gebet erhört hat, ist nicht bekannt. Tatsache aber ist, dass die Reisen zu damaliger Zeit allzu häufig mit Unfall, Überfall oder Tod endeten. Die wenigen Rumpelpisten, die das Land durchzogen, verdienten den Ehrentitel „Straße" nicht.

Kronzeuge für diese Behauptung ist Wolfgang Amadeus Mozart (1756–1791), der sehr viel unterwegs war. Er fand das Reisen äußerst strapaziös. Die Sitze in der Kutsche seien „hart wie Stein", klagte er. Aus diesem Grund habe ihm auch der „Arsch so gebrennt", dass es ihm unmöglich gewesen sei, auch nur „eine Minute die Nacht durch zu schlaffen".

Die Kutschen waren ungefedert. Der Fahrgast spürte jedes Schlagloch, jeden Stein, jeden Ast. Die einfachen Feld- und Waldwege füllten sich bei Regen und Schnee mit bodenlosem Schlamm. Häufig blieb die Kutsche stecken, Achs- und Radbruch waren an der Tagesordnung. Kippte der Wagen um, gab es Verletzte. Je höher die Gepäckstapel auf dem Dach waren, desto wackliger wurde das Gefährt.

Unfälle gingen häufig auf das Konto betrunkener oder unerfahrener Postillione. Sie besaßen nicht den besten Ruf, galten als „versoffen und untüchtig". Sicher war es ungerecht, eine ganze Berufsgruppe unter Generalverdacht zu stellen, aber ein Körnchen Wahrheit steckt in jeder Lüge.

Die Straßen waren eine einzige Katastrophe. Gänzlich unbefestigt hinterließen die Räder tief eingegrabene Furchen, die wie Gleise wirkten. Per Posthorn forderte der Postillion langsame oder entgegenkommende Kutschen akustisch zum Ausweichen auf. Das war leichter geblasen als getan. Die gleisartigen Rinnen ließen eine Richtungsänderung nicht zu.

Der Dichter Georg Christoph Lichtenberg (1742–1799) schilderte den Zustand der Straßen folgendermaßen: „Man hat in Deutschland statt der englischen Postkutschen, in denen sich eine schwangere Prinzessin weder fürchten noch schämen dürfte zu reisen, die offenen Rumpelwagen eingeführt. Sie streichen die Postwagen rot an, als die Farbe des Schmerzes … denn die Reisenden haben ihren Feind unter sich, das sind die Wege und der Postwagen."

Es gab noch eine weitere, manchmal tödliche „Unannehmlichkeit": die Räuber. Mitgeführte Wertsendungen lösten kriminelle Gelüste aus, die ein bewaffneter Schaffner an Bord den Banditen austreiben sollte: der Kondukteur: Der „Conducteurs ihre Pflicht, und Schuldigkeit erfordert, auf der Reise wachsam, und aufmerksam seyen, gegen die Mitreisenden sich bescheiden, und höflich aufführen, für die Sicherheit, gute Packung derer ihnen übergebenen Effecten auf dem Postwagen zu […] sorgen." Reich beladene Postkutschen wurden häufig zusätzlich von Gendarmen eskortiert.

Während der Kondukteur für die Sicherheit der Kutsche zu sorgen hatte, durfte der Postillion sie lenken. Er tat das mit Bravour und mit einer Uniform, die sich sehen lassen konnte. Zumindest in Bayern. Dort trugen alle Postillione einen blauen Frack, weiße Lederhosen und hohe, schwarze Stiefel. Auf dem Kopf saß ein großer schwarzer Hut, der oftmals mit einer prächtigen Feder geschmückt war. An einer weiß-blauen Kordel hing das Posthorn. Und das Glück der Kutsche.

Mit der Kutsche durch den Wald reist man heute fast nur noch zum Vergnügen.

Die Kutschen waren ungefedert. Der Fahrgast spürte jedes Schlagloch, jeden Stein, jeden Ast.

DER BLICK DER SCHRIFTSTELLER

Für Dichter und Schriftsteller spielte der Wald schon immer eine bedeutende Rolle: Er ist Schauplatz und Sehnsuchtsort, Metapher und Beiwerk, aber auch selbst Akteur. Von den ersten höfischen Romanen bis zur romantischen (Wieder-)Aneignung übernahm der Wald jede Rolle, die Schreibende ihm zugedacht haben. Und er wird noch in viele weitere schlüpfen, wenn wir ihn erhalten.

Der deutsche Ökonom Werner Sombart schrieb 1924: „Aus dem Wald… ist alle europäische Kultur, die geistige nicht minder als die materielle, hervorgegangen". Man mag dem zustimmen oder nicht, aber wenn der Wald in einer der kulturellen Sphären eine Hauptrolle gespielt hat (und spielt), dann wohl in der Literatur. Wenige haben den Wald derart vielseitig entdeckt und verarbeitet wie die schreibenden Künstler. Im Laufe der Jahrhunderte wurde er Metapher für Gefahr und Heimat düsterer Kreaturen, Sinnbild verklärender romantischer Natursehnsucht und ideologisierter Hort nationaler Identität.

Frühe waldliche Schriftzeugnisse – nach der Antike – sind etwa ausgerechnet die höfischen Romane, die nach dem Vorbild der französischen Epen das Leben an den ritterlichen Höfen ausschmückten. Der Wald ist das Gegenstück, Ort der Bewährung, der Auseinandersetzung, der Jagd. Wolfram von Eschenbachs gereimter Roman „Parzival", der zwischen 1200 und 1210 entstand, ist der wohl bekannteste unter ihnen. Gleichzeitig bietet der Wald schon hier Schutz und Geborgenheit, die einem Ritter unter seinesgleichen durchaus drohen.

Dass im Wald Kreaturen hausen, die wie ihre Heimat sind – wild, ungestüm und wenig tugendhaft –, erzählt ein anderer mittelalterlicher Versroman: „Iwein" von Hartmann von Aue. Der gefallene Titelheld, Ritter Iwein, wird aus der höfischen Gesellschaft verstoßen und im Wald wahnsinnig: zum wilden Mann. Nach allerlei Bewährungsproben, Schlachten mit Riesen und Drachen und Verteidigungen von Damen und Töchtern geht „alles gut aus" und er kehrt an den Hof und die Artusrun-

Die Gralsburg aus dem „Parzival" am See auf einem Holzstich um 1890.

In Dantes „Göttlicher Komödie" findet man im dunklen Wald die wilden Raubtiere.

de zurück. Doch auch bei ihm ist der Wald gleichzeitig wert- und bedeutungsvoll, zumindest für jene, die in und mit ihm leben, in diesem Fall für Askalon, den Landesherrn und Hüter des magischen Brunnens. So sagt dieser: „Wie sehe ich meinen Wald stehen? / Den habt ihr mir verwüstet // Und mein Wild umgebracht // Und meine Vögel verjagt // Ich sage euch Fehde an."

Immer wieder taucht im Laufe der Jahrhunderte der Wald in den Werken großer Schriftsteller auf – überall in Europa. Der italienische Dichter Francesco Petrarca bekannte sich im 14. Jahrhundert als

Wenige haben den Wald derart vielseitig entdeckt und verarbeitet wie die schreibenden Künstler.

Naturgänger: „Mir sind die Städte Feind, mir Freund die Wälder." In der „Göttlichen Komödie" seines Landsmannes, des italienischen Nationaldichters Dante Alighieri (1265–1321), geht etwas mehr Gefahr vom unwegsamen Forst aus. Hänsel und Gretel lassen grüßen, wenn es heißt: „Es war in unsres Lebensweges Mitte, / als ich mich fand in einem dunklen Walde / denn abgeirrt war ich vom rechten Wege."

Der Mystiker, Abt und Ordensbruder der Zisterzienster Bernhard von Clairvaux sah im Wald einen Ort – natürlicher – Weisheit: „Glaube mir, ich habe es erfahren, du wirst ein Mehreres in den Wäldern finden als in den Büchern; Bäume und Steine werden dich lehren, was kein Lehrmeister dir zu hören gibt."

Für Johann Wolfgang von Goethe (1747–1832) waren Bäume Verbündete, denen er seine geheimen Gedanken anvertraute. „Sag' ich's euch, geliebte Bäume …", hauchte er, um tags darauf seiner Freundin Charlotte von Stein (1742–1827) zu gestehen: „Ich habe eine große Unterredung mit meinen Bäumen gehabt und ihnen erzählt, wie ich Sie liebe." „Zettelgen" nannte Goethe die oft nur kurzen Mitteilungen, die zwischen ihm und Frau von Stein hin und her gingen. Es gab eine Zeit, da schrieben die beiden sich zwei- oder dreimal am Tag. Rund 1700 dieser Zettelgen aus Goethes Feder sind erhalten.

So wogte das „Wald-Bild" über die Jahrhunderte hin und her. Erst die Geburt der Romantik um das Jahr 1800 veränderte alles. Für Dichter, Maler und Musiker wurde der Wald fortan zum Symbol einer heilen Welt, in der man seine Träume leben konnte. Ein Sehnsuchtsort, über den Joseph von Eichendorff (1788–1857) im Jahr 1810 dichtete:

208 DER WALD DURCH DIE JAHRHUNDERTE

Johann Wolfgang von Goethe (links) war ein begeisterter Wanderer, hier auf dem Ilmenauer Hausberg Kickelhahn.

Joseph von Eichendorff (rechts) schrieb zahlreiche Gedichte über den Wald.

*O Täler weit, o Höhen,
o schöner, grüner Wald,
du meiner Lust und Wehen
andächt'ger Aufenthalt.
Da draußen stets betrogen,
saust die geschäft'ge Welt;
schlag noch einmal die Bogen
um mich, du grünes Zelt.*

Eichendorffs Natur- und Waldgedichte gehören zu den vielleicht schönsten, sicher aber bekanntesten der deutschen Literaturgeschichte. Und immer wieder schwingt neben der Sehnsucht nach diesem auch eine Schwermut angesichts eines unvermeidlichen Abschieds mit:

*Wer hat dich, du schöner Wald
aufgebaut so hoch da droben?
Wohl den Meister will ich loben
so lang noch meine Stimm erschallt
Lebe wohl, lebe wohl!
Lebe wohl, lebe wohl, du schöner Wald!*

Die Natur war wie ein Déjà-vu, eine Erinnerung an verblasste Freuden, für die es sich zu leben lohnte. Gut möglich, dass auch die schwindende Realität Anteil an diesen zunehmenden Liebesbekundungen hatte. Jacob Grimm jedenfalls schrieb in einem Brief an Achim von Arnim: „Die großen, viel Tage langen Wälder sind ausgehauen worden, und das ganze Land ist mehr und mehr in Wege, Canäle und Ackerfurchen geteilt – warum sollte die epische Poesie allein können geblieben sein?"

Die deutsche Romantik, die um 1800 wie eine poetische Revolution über das bürgerliche Nützlichkeitsdenken herfiel, erblickte in den Bäumen Heiligtümer. Den Auftakt zur romantischen Wald-Verehrung bildete die Erzählung „Der blonde Eckbert" vom Dichter und Shakespeare-Übersetzer Ludwig Tieck (1773–1853). Darin singt ein Vogel in ständiger Wiederholung ein Loblied auf die „Waldeinsamkeit". Ein Begriff, der steile Karriere machen sollte.

Der Wald wurde zum Mythos. Ein Wallfahrtsort für Junge und Alte, für Glückliche und Unglückliche, die Bäume bekamen Tausende Schwüre zu hören. Und Tausende Meineide.

Die „einsame, stumme Nähe der großen, leise sprechenden Natur", so Goethe, schenkt uns eine „erhabene Ruhe". Gemeint war nicht die Nachtruhe, sondern ein „zu sich selbst finden" – Meditation, aus der Kraft und Verheißung entstand. Dazu passt das schon 1779 geschriebene „Abendlied" von Matthias Claudius (1740–1815), das sicher auch dank der schlichten Melodie des Hofkapellmeisters Johann Abraham Peter Schulz (1747–1800) bis heute an vielen Kinderbetten zum Einschlafen gesungen wird.

Der Mond ist aufgegangen
Die goldnen Sternlein prangen
Am Himmel hell und klar:
Der Wald steht schwarz und schweiget,
Und aus den Wiesen steiget
Der weiße Nebel wunderbar.

1827 erschien ein waldreiches Märchenstück des jungen Dichters Wilhelm Hauff (1802–1827), das in seiner moralischen Gradlinigkeit die Menschen berührte. „Das kalte Herz" diente nur vordergründig der Unterhaltung, wichtiger war dem Autor die Kritik an der Gesellschaft, die den Reichtum anbetete. Hauffs Botschaft war, dass die Sehnsucht nach Liebe und der Glaube an das Gute im Menschen allzeit stärker sind.

Wenn über dem düsteren Wald der Mond aufgeht, werden lange Schatten erst so richtig furchteinflößend.

Das kalte Herz

Die Geschichte mit dem kalten Herzen geht so: Peter Munk, genannt der Kohlenmunk-Peter, fuhr in den Schwarzwald, um die Köhlerei seines verstorbenen Vaters zu übernehmen. Aber die Arbeit war ihm zu schwer und zu schmutzig. Als er schon alles hinschmeißen wollte, erfuhr er, dass im Wald ein Glasmännchen lebte, das all jenen Menschen drei Wünsche erfüllen würde, die wie er an einem Sonntag zwischen elf und zwei Uhr geboren worden waren. Und die einen bestimmten Vers aufzusagen wussten.

Da Peter die Zeilen kannte, machte er sich auf die Suche nach dem guten Geist. Im Wald begegnete er dem riesigen Holländer-Michel, der in Sturmnächten als böser Zauberer sein Unwesen trieb. Mit dem aber wollte er nichts zu tun haben. Schließlich stand er auf einer Lichtung, und rief:

Schatzhauser im grünen Tannenwald,
bist schon viel hundert Jahre alt.
Dir gehört all Land, wo Tannen stehn -
lässt dich nur Sonntagskindern sehn.

Und siehe da, plötzlich stand das Glasmännlein vor ihm. Mit durchsichtiger Stimme fragte es den Kohlenmunk-Peter, welche drei Wünsche er ihm denn erfüllen könne.

Als erstes wünschte sich Peter viel Geld! Als zweites bat er darum, gut tanzen zu können, um im Wirtshaus zu glänzen. Drittens wollte er Besitzer einer Glashütte werden. Ärgerlich über so viel Dummheit verweigerte ihm das Glasmännlein den letzten Wunsch. Doch Peter war's auch so zufrieden.

Leider machte sich seine Torheit schnell bemerkbar. Bald verfiel er dem Müßiggang und der Spielerei, dabei vernachlässigte er die Köhlerei seines Vaters so sehr, dass er sie verpfänden musste.

In größter Not wandte er sich an den Holländer-Michel. Der versprach, ihm zu helfen. Allerdings forderte er für seine Gefälligkeit Peters Herz.

Peter ging diesen Teufels-Pakt ein und verkaufte dem bösen Holländer-Michel sein Herz und seine Seele. Dafür bekam er einen kalten Stein in die Brust gesetzt.

Bald musste Peter feststellen, dass ihn nichts mehr erfreute. Er konnte weder lieben noch lachen noch weinen. Er war völlig gefühllos. Verzweifelt forderte er vom Holländer-Michel sein Herz zurück. Der lachte ihn nur aus und riet ihm zu heiraten. Dann würde er bald schon wieder Spaß finden. Also heiratete Peter die schöne Holzhauer-Tochter Lisbeth.

Doch seine junge Frau fühlte sich unglücklich. Ihr Mann war immer schlecht gelaunt, geizig und verbot Lisbeth, den Armen zu helfen. Eines Tages, als sie die Abwesenheit Peters genoss, kam ein alter, kleiner Mann zu ihr und bat um einen Schluck Wasser. Sie bot ihm Wein und Brot. Als sich der Mann bedankte, kam Peter zurück. Außer sich vor Wut schlug er so lange auf Lisbeth ein, bis sie tot umfiel. Da weinte Peter trotz seines Steinherzens und bereute die Tat. Und der alte Mann gab sich als das Glasmännlein zu erkennen. Acht Tage Zeit erhielt der Herzlose, um sein Leben zu überdenken.

Und endlich begriff Peter, was er getan. Er wollte sein Herz zurück. Doch das Glasmännchen konnte ihm nicht helfen, da Peter den Handel „Geld gegen Herz" nicht mit ihm gemacht hatte. Er verriet ihm aber einen Trick, wie er den Holländer-Michel überlisten könne.

Nun ging Peter zum Holländer-Michel und warf ihm vor, er habe ihm gar kein Steinherz eingesetzt. Der wollte diesen Vorwurf nicht auf sich sitzen lassen, und setzte ihm „zur Probe" das alte, echte Herz ein.

Kaum war dies geschehen, streckte Peter dem Holländer-Michel ein Glaskreuz entgegen. Entsetzt wich dieser zurück, und Peter konnte zum Glasmännchen fliehen. Bitter bereute er sein verpfuschtes Leben. Und da seine Reue tief und echt war, erweckte das Glasmännchen Lisbeth wieder zum Leben. – Fortan arbeitete Peter fleißig als Köhler, liebte seine Frau inniglich und wurde auch ohne viel Geld zu einem anerkannten Mann.

Eine andere Botschaft vermittelte Ludwig Tieck in seiner Novelle „Waldeinsamkeit", die er 1840 veröffentlichte. Tieck beschreibt darin eine kleine Geburtstagsfeier, die Baron von Wangen seinem Freundeskreis gibt. „Abseits hatte sich ein junger schwermüthiger Mann gesetzt", heißt es dort, „der bisher an Allem, was gesprochen wurde, keinen Theil genommen hatte. Jetzt stand er auf und sagte mit lauter, aber wehmüthiger Stimme die Verse her:

Waldeinsamkeit,
Die mich erfreut,
So morgen wie heut
In ewiger Zeit:
O wie mich erfreut
Waldeinsamkeit!"

Vom Baron befragt, warum er, Ferdinand von Linden, an nichts Anteil nehme, antwortete ihm sein Neffe: „... es giebt Tage, in welchen ich gleichsam aus meinem poetischen Schlummer gar nicht zur Wirklichkeit erwachen kann ... jenes kleine Gedicht, diese Waldeinsamkeit, hat mich erst recht wieder eingewiegt. Das Grün des Waldes, die lichte Dämmerung, das heilige

---

„Das Grün des Waldes (...) zog mich von frühester Jugend wie mit Zauber in die Einsamkeit."

Rauschen der mannichfaltigen Wipfel, alles dies zog mich von frühester Jugend wie mit Zauber in die Einsamkeit. Wie gern verirrte, verlor ich mich schon als Knabe in jedem Walde meiner Heimat. In den innersten, fast unzugänglichen Theilen fühlte ich mich ... unbeschreiblich glücklich ..." Auch auf seinen Fußreisen danach habe er so manche

Der Dichter Ludwig Tieck prägte den Begriff „Waldeinsamkeit".

schöne Nacht in den Wäldern zugebracht, erzählte er seinem Onkel. Und wenn er dann am Morgen den erfrischenden Gesang der Vögel vernahm, so strömte ein Schauer des Entzückens durch seinen Körper. „Und all dies", so erzählte er weiter, „wachte vorhin in meinem Busen wieder lebendig auf, als das Wort Waldeinsamkeit nur genannt wurde. Soll man dergleichen nun poetische Stimmung … nennen? warf der Oheim ein. Vielleicht eher Krankheit. Oder Gesundheit! rief der Neffe."

Mit „Waldeinsamkeit" hatte Ludwig Tieck einen Begriff geprägt, der wie ein Markenzeichen für die Stilrichtung, besser noch: für die Weltanschauung der Romantik stand. Ein anderer Dichter, der den Wald nicht weniger liebte als Tieck war Adalbert Stifter (1805–1868). Eines der erfolgreichsten Werke des Österreichers war die Novelle „Bergkristall". Erzählt wird die Geschichte der Geschwister Konrad und Sanna, die sich in der Weihnachtsnacht in den verschneiten Bergen verirren, und knapp dem Tod entgehen. Die beiden Kinder verbringen die Nacht in einer Steinhöhle. Als ihr Verschwinden auffällt, beginnen die Männer der Bergdörfer Gschaid und Millsdorf noch in der Nacht mit der Suche.

Als die Kinder am Weihnachtsmorgen endlich unversehrt aufgefunden werden, ist die Freude riesengroß. Die Bewohner beider Dörfer treffen sich vor und im Elternhaus der Kinder. Durch die gemeinsame Rettungsaktion lernten sie sich endlich kennen. Die Sorge um die Kinder brachte sie einander näher. Nun kann Weihnachten beginnen.

Adalbert Stifters Märchen und Sagen vermittelten ein vielfältiges Bild von der Landschaft, der Geschichte und dem Volksglauben seiner böhmischen Heimat. Der Wald, einsame Landstriche im abendlichen Licht, Dörfer und abgelegene Gehöfte sind seine Handlungsschauplätze. Doch eigentlich ging es ihm immer um Gott. „Wie ein schöner Gedanke Gottes", so schrieb er, „senkt sich die Weite des Waldes in die Seele der Menschen."

Auch in der Musik des Romantikers Carl Maria von Weber (1786–1826) ist der Wald mehr als nur Kulisse. Wahrscheinlich spielt die Oper „Der Freischütz" in der Sächsischen Schweiz. Die dramaturgischen

---

„Wie ein schöner Gedanke Gottes senkt sich die Weite des Waldes in die Seele der Menschen."

Zutaten sind Liebe zwischen zwei jungen Menschen, die Niedertracht, sieben Freikugeln, ein Erbförster, eine Wolfsschlucht, viel Wald, ein böhmischer Fürst, zwei Jägerburschen, ein Eremit, ein reicher Bauer, vier Brautjungfern und der Teufel.

Die glanzvolle Uraufführung erfolgte am 18. Juni 1820 in dem gerade neu erbauten Schauspielhaus zu Berlin. Die Oper wurde begeistert aufgenommen. Sie war nicht nur ein Erfolg für Carl Maria von Weber, sondern auch der Durchbruch der Romantik in der Musik.

Der „Freischütz" gilt neben Wagners „Meistersingern von Nürnberg" als die deutsche Nationaloper schlechthin. Von Weber zeigte sich als genialer Theaterdramatiker und Schöpfer großartiger Melodien. Er ebnete mit diesem Werk der deutschen Romantik den Weg. Nur wenige Opern haben es geschafft, so viele schöne Lieder ins Liedgut der Menschen übergehen zu lassen, aus Kunstliedern Volkslieder zu machen. Zu den schönsten Arien aus dem „Freischütz" gehört sicher „Durch die Wälder, durch die Auen":

*Durch die Wälder, durch die Auen
zog ich leichten Sinns dahin!
Alles, was ich könnt' erschauen,
war des sichern Rohrs Gewinn.
Abends bracht' ich reiche Beute,
und wie über eignes Glück,
drohend wohl dem Mörder,
freute sich Agathens Liebesblick.
Jetzt ist wohl ihr Fenster offen,
und sie horcht auf meinen Schritt,
 läßt nicht ab vom bangen Hoffen,
Max bringt gute Zeichen mit.
Wenn sich rauschend Blätter regen,
wähnt sie wohl, es war' mein Fuß;
hüpft vor Freuden, winkt entgegen –
nur dem Laub – den Liebesgruß.*

Die Sächsische Schweiz bildete die Kulisse für den „Freischütz".

BILDER DES WALDES

Die Malerei hat den Wald erst in der Neuzeit wirklich für sich entdeckt. Anfangs nur Staffage, rückte er langsam aber sicher in den Vordergrund. Spätestens mit der romantischen Begeisterung für die Natur und den Wald übernahm er eine Hauptrolle in Skizzenbüchern und auf Leinwänden. Vor allem Caspar David Friedrich und später die Realisten zeigten ihn aufgewühlt und still gleichermaßen – immer aber bewegend. Eine künstlerische Zeitreise mit fünf Künstlern und ihren Werken – von Paolo Uccellos „Jagd im Wald" bis zu Adolph von Menzels „Waldboden mit Eichhörnchen".

Die künstlerische Aneignung des Waldes hat viele Facetten. Sie reichen von Caspar David Friedrichs „Kreuz im Gebirge" über die „Stadtverwaldung" Kassels durch 7000 von Joseph Beuys gepflanzten Eichen zur documenta 7, von der Prise Humor, die Carl Spitzweg über das Thema streute, bis hin zum „Röhrenden Hirsch" in deutschen Wohnzimmern.

In den ersten Landschaftsbildern war der Wald noch Kulisse, wie hier auf der „Donaulandschaft mit Schloss Wörth bei Regensburg" von Albrecht Altdorfer, um 1520.

Die Leidenschaft der malenden Zunft für den Wald reicht weit zurück. An der Schwelle zur Neuzeit erobern Bäume nach und nach erst den Hintergrund, ehe sie sich endgültig auch als eigenes Sujet zeigen. So findet sich der „Büßende Hieronymus" (1502) von Lucas Cranach d.Ä. nicht mehr, wie überliefert, in der Wüste wieder, sondern von Wald umschattet – und mit Rehen im Hintergrund. Endgültig in den Vordergrund drängen sie wenig später in Albrecht Altdorfers „Donaulandschaft mit Schloss Wörth bei Regensburg", das heute als erstes Landschaftsbild der deutschen Kunstgeschichte gilt. Im Zentrum steht zwar das Schloss, aber weit entfernt, während vorn, links und rechts, zwei mächtige Bäume den Rahmen bilden. Altdorfer entwickelte seine Leidenschaft für den Wald stetig weiter und in seinem „Drachenkampf des heiligen Georg" übernehmen die wild wogenden Bäume hinter dem ermattet erstarrten Reiter scheinbar schon die aktive Rolle der Kämpfenden.

Den vielleicht größten Einfluss auf den Siegeszug des Waldes in der Malerei besaß aber CASPAR DAVID FRIEDRICH (1774–1840), der ihn – gemeinsam mit den romantischen Dichtern – zahlreich in Szene setzte. Für Friedrich war der Herbst eine besondere Jahreszeit. Wenn nach einem Unwetter der Himmel aufriss und die Sonne erschien, tauchte sie Rügen in ein eigenartiges, ganz besonderes Licht. Es hat seit jeher die Landschaftsmaler angezogen. Ihre Bilder haben die Insel berühmt gemacht.

Friedrich, der Maler der Melancholie, war der Insel regelrecht verfallen. Das Liebesverhältnis zwischen den beiden begann 1801 und endete 1826 (ohne wirklich vorbei zu sein). In diesen Jahren sah man den Greifswalder Maler immer wieder mit dem Skizzenbuch über die Insel ziehen. Er liebte den Anblick des sturmgepeitschten Meeres, den wütenden Regen, die Bäume, die sich in den Wind stemmten.

Besonders die Ostküste der schluchtenreichen Halbinsel Jasmund hatte es ihm angetan. 117 Meter tief fällt dort das zerklüftete Land ins Meer. Die stille Wildnis der Kreidegebirge und der Eichenwaldungen war sein beständiger, sein liebster Aufenthalt. Er stand im Gewitter und bei Sturm

---

Die Leidenschaft der malenden Zunft für den Wald reicht weit zurück.

---

auf den Klippen. „In Stubbenkammer", so berichtete sein Freund, der Philosoph und Theologe Heinrich von Schubert, „weilte er am öftesten, dort sahen ihn die Fischer manchmal mit Sorge um sein Leben … auf und zwischen den Zacken der Bergwand und ihren ins Meer hineinragenden Klippen herumklettern."

Bei diesen halsbrecherischen Unternehmungen entstanden die Skizzen zu dem berühmten Gemälde „Kreidefelsen auf Rügen" (Öl, 1818). In seinem Dresdner Atelier geschah dann die Verklärung in Öl.

1798 war Friedrich von Greifswald ins sächsische Dresden übergesiedelt. Wiederholt besuchte er von hier aus das Riesengebirge. Wenn gereist wurde, so geschah das zu Fuß. Mit Zeichenmappe und derbem Wanderstock. Die Natur war für ihn ein religiöses Erlebnis, in ihr begegnete er Gott.

Es ist immer wieder erstaunlich, aus wie vielen grafischen Notizen sich seine großen

Gemälde speisen, aus Bleistiftzeichnungen, die vor Ort entstanden. Für sich genommen alles kleine Meisterwerke. Im Atelier entstand dann aus vielen kleinen Skizzen eine monumentale Landschaft, ein großartiges Gemälde in Öl.

Die „Riesengebirgslandschaft" hängt heute im Puschkin-Museum in Moskau. Bevor das Auge des Betrachters zur Schneekoppe im Hintergrund wandert, fällt der Blick auf eine große, freie Fläche, auf der ein einsamer Bauer sein Stück Land bearbeitet. Weiter links sind mehrere große, dunkle Waldstücke neben gelblichen Feldern und Wiesen erkennbar. Vor dem Hintergrund des Gebirges erhebt sich wie ein tiefer Gedanke der weiße Turm einer Kirche. Die Sonne beleuchtet die Szenerie. Mehr passiert nicht.

Caspar David Friedrichs „Kreidefelsen auf Rügen" (nach 1818) zählt zu den berühmtesten Landschaftsbildern des 19. Jahrhunderts.

"Riesengebirgslandschaft" von Caspar David Friedrich, um 1810.

Die Wirkung des Bildes ist überwältigend. Friedrich ist der geniale Gestalter der Stille, des Augenblicks, der Werden und Vergehen zusammenführt. Wie kein zweiter hat er mit seinen Gemälden das Bild des deutschen Waldes geprägt. Der 1813 entstandene "Chasseur im Walde" etwa zeigt einen einsamen französischen Soldaten im stummen Clinch mit der grünen Macht, eine Völkerschlacht ohne ein einziges Gefecht, Sinnbild für die unbeugsame Größe des Waldes.

CASPAR DAVID FRIEDRICH

Caspar David Friedrich, geboren am 5. September 1774 in Greifswald, gestorben am 7. Mai 1840 in Dresden. Der Maler und Grafiker gilt heute als einer der bedeutendsten Künstler der deutschen Frühromantik. Seine Themen vereinigen Landschaft und Religion, machen ein Sinnbild aus Einsamkeit, Tod und Hoffnung auf Erlösung daraus. Sein Wahlspruch: "Der Maler soll nicht malen, was er vor sich sieht, sondern was er in sich sieht. Sieht er aber nichts in sich, so unterlasse er auch zu malen, was er vor sich sieht."

Der Star der Landschaftsmalerei.

Auch für IWAN IWANOWITSCH SCHISCHKIN (1832–1898) war der Wald ein ewiges Thema. Kein anderer russischer Maler beschrieb die Natur so ehrlich und kompromisslos schön, ohne in Kitsch zu verfallen. Sein Talent war ihm in die Wiege gelegt. Mit 20 besuchte er die Kunstschule in Moskau (1852–56) und die Kunst-Akademie in Sankt Petersburg (1856–60). Die

---

Iwan Schischkin entdeckte die heimatliche Landschaft, besonders die Schönheit der rauen, unberührten Eichen- und Tannenwälder.

---

schickte ihn nach Abschluss des Studiums als Stipendiat nach München, Zürich und Düsseldorf. Zurückgekehrt gehörte Schischkin 1870 zu den Gründungsmitgliedern der Peredwishniki, der „Wanderer". Hinter dem Namen verbarg sich eine Gruppe junger Maler, die von den weltfernen Kunstvorstellungen der Akademie genug hatten. Sie wollten gemeinsam in einer Kommune arbeiten und leben, ihr Ziel war ein Realismus nationaler Prägung.

Dem war ein höchst ungewöhnlicher Aufstand vorausgegangen. 13 Maler und ein Bildhauer der Petersburger Akademie lehnten es ab, sich der einzigen, für alle Studenten verbindlichen Prüfungsaufgabe zu stellen. Sie hatte das Thema: „Göttermahl in Walhalla".

Getragen von den ästhetischen Anschauungen der Peredwishniki entdeckte Iwan Schischkin die heimatliche Landschaft, besonders den russischen Wald. Er malte mit feinem, lockerem Strich Wälder und Bäume. Seine Bilder überraschten durch eine eigene Schischkin'sche Lichtstimmung. Der Maler „entdeckte" die Schönheit

„Eichenhain" von Iwan Iwanowitsch Schischkin, 1887.

218 DER WALD DURCH DIE JAHRHUNDERTE

IWAN IWANOWITSCH SCHISCHKIN

Gestaltet den Wald mit Licht.

Iwan Iwanowitsch Schischkin, geboren am 25. Januar 1832 in Jelabuga, gestorben am 20. Januar 1898 in Sankt Petersburg, russischer Maler und Grafiker. Absolvierte die Moskauer Hochschule für Malerei, Bildhauerei und Architektur und die Petersburger Kunstakademie. 1865 erhielt er in Moskau eine Professur. Schischkin gilt als einer der bedeutendsten Landschaftsmaler Russlands. Schon zu Lebzeiten hatte er große Ausstellungen in Moskau, in Wien und Paris. 1994 wurde ein Asteroid nach ihm benannt: Shishkin (3558).

der rauen, unberührten russischen Eichen- und Tannenwälder. 1873 wurde er Akademie-Professor. Schon zu Lebzeiten galt er als einer der bedeutendsten Landschaftsmaler in der Geschichte der russischen Kunst.

Eines seiner berühmtesten Werke trägt den Titel „Der Eichenhain". Es entstand 1883. Auch in diesem zieht ein sehr subtiles, abwechslungsreiches Licht- und Schattenspiel zwischen Himmel, Bäume und Erde den Betrachter in Bann. Das Gemälde, das heute im Nationalen Kunstmuseum der Ukraine hängt, hat eine geheimnisvolle Poesie. Es ist ein gemaltes Gedicht.

ÉDOUARD MANET (1832–1883) hat so viele berühmte Bilder gemalt, dass es

„Das Frühstück im Grünen" von Édouard Manet, 1863.

schwerfällt, von einem als dem berühmtesten zu sprechen. Das bekannteste aber ist zweifellos „Das Frühstück im Grünen". Ein Wald, dunkle Bäume, Gras auf einer Lichtung, vier Personen treffen sich zum Picknick. Eine nackte Frau und zwei schwarz gekleidete Männern sitzen eng beieinander. Die beiden Herren im Bild sind namentlich bekannt: Der eine ist Manets Bruder

---

Das Gemälde sorgte für einen Skandal. Es brach mit sämtlichen Konventionen.

Eugène, der andere der Bildhauer Ferdinand Lehnhoff, sein späterer Schwager. Die Frau im Vordergrund ist Victorine Meurent, die Manet oft Modell stand. Die Badende im Hintergrund heißt Alexandrine Zola, Ehefrau des Dichters Émil Zola. Ein freches, pikantes Motiv.

Als der Maler es 1863 dem Pariser Salon zum Ausstellen anbot, war man empört. Man hänge nur „anständige" Bilder, hieß es. Manet war nicht der einzige Maler, dem eine Absage erteilt wurde. Viele der Abgewiesenen protestierten, und etwas Ungewöhnliches geschah: Napoleon III. wies persönlich an, die abgelehnten Bilder in einer separaten Ausstellung zu zeigen. Durch die „Hintertür" gelangte das Frühstück an die Öffentlichkeit.

Antonin Proust, ein Freund des Malers, berichtete, was Manet inspiriert hatte. Er und Manet verbrachten einen schönen Sommertag am Seine-Ufer nahe Paris. „Frauen badeten, Manet blickte gebannt auf das Fleisch derjenigen, die aus dem Wasser stiegen. ‚Es scheint', sagte er zu mir, ‚dass ich einen Akt malen muss. Nun, ich werde ihnen einen Akt malen. Man wird mich verreißen!'"

Und wirklich: Das Gemälde sorgte für einen Skandal. Es brach mit sämtlichen Konventionen. Dabei sieht man, dass die Nackte eine moderne Pariserin ist. Auch die neben ihr gestapelte Kleidung wirkt modisch und schick. Die Frau blickt den Betrachter direkt an. Durch die Farbgebung wirken die vier Personen ein wenig wie Fremdkörper in der Natur. So, als hätte sie Manet im Atelier gemalt und nachträglich eingefügt.

Das Bild misst stolze 208 x 264,5 Zentimeter. Leinwände dieser Größe standen in der Regel akademischen Gemälden zu, die von Allegorien und Mythologien erzählten.

ÉDOUARD MANET

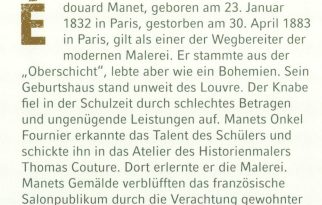

Édouard Manet, geboren am 23. Januar 1832 in Paris, gestorben am 30. April 1883 in Paris, gilt als einer der Wegbereiter der modernen Malerei. Er stammte aus der „Oberschicht", lebte aber wie ein Bohemien. Sein Geburtshaus stand unweit des Louvre. Der Knabe fiel in der Schulzeit durch schlechtes Betragen und ungenügende Leistungen auf. Manets Onkel Fournier erkannte das Talent des Schülers und schickte ihn in das Atelier des Historienmalers Thomas Couture. Dort erlernte er die Malerei. Manets Gemälde verblüfften das französische Salonpublikum durch die Verachtung gewohnter Traditionen.

Wegbereiter der modernen Malerei.

Aber da Manet das Frühstück nicht durch einem allegorischen Titel verhüllte, war es den Zuschauern überlassen, den klassischen Akt als das zu betrachten, was er war – nämlich erotisch. Nackte Frauen, die sich wohlig räkelten und den Titel Venus trugen, waren durchaus akzeptabel. Aber Manets Hauptdarstellerin war schlicht und einfach nackt – wie schockierend!

Das Gemälde „Die Jagd im Wald", kurz „Die Jagd" genannt, zeigt PAOLO UCCELLO (1397–1475) als Meister der Perspektive. Ihm gelingt es mühelos, den Betrachter ins Bild zu ziehen. Aus dem Dunkel des Waldes heraus spürt man den Jagdinstinkt der Jäger. Das Gemälde gilt als eines der bedeutendsten Werke der frühen italienischen Renaissance. Es wurde um 1460 gemalt. Das Bild hängt heute im Ashmolean Museum in Oxford.

Der Architekt und Maler Giorgio Vasari, ein Freund von Uccello, beschrieb, wie besessen Paolo Uccello in seinen Bildern um die richtige Perspektive rang. Es kam vor, dass er nächtelang im Atelier saß, um einen genauen Fluchtpunkt auf die Leinwand zu „zaubern".

Sein Stil lässt sich am ehesten mit dem Begriff „eigenwillig" beschreiben. Er war ein experimentierfreudiger, etwas exzentrischer Zeitgenosse. Für Giorgio Vasari war Uccello, der eigentlich Paolo di Dona hieß, ein schrulliger Typ, der gern Tiere, insbesondere Vögel, malte. Das trug ihm den Spitznamen Uccello ein: der Vogel.

Im Gemälde „Die Jagd" steht der Betrachter im Dunkel, während die Jäger,

---

„Die Jagd" gilt als eines der bedeutendsten Werke der frühen italienischen Renaissance.

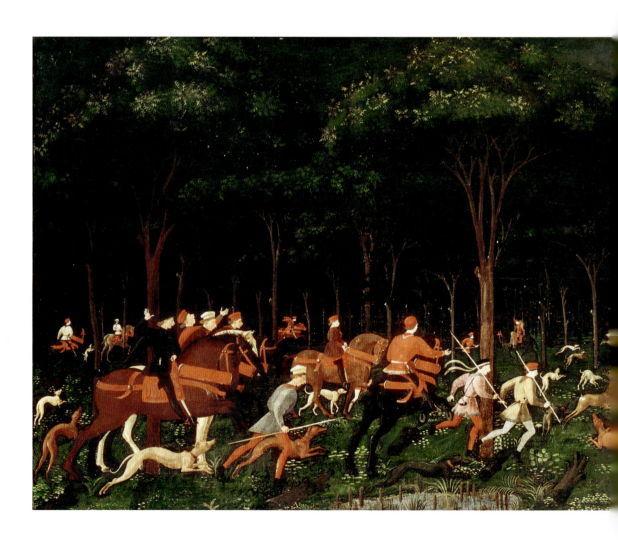

„Die Jagd" von Paolo Uccello, um 1460.

BILDER DES WALDES 221

PAOLO UCCELLO

Paolo Uccello, geboren 1397 in Florenz, gestorben am 10. Dezember 1475 in Florenz, italienischer Maler und Mosaikkünstler. Sein Vater, Dono di Paolo, war Friseur und Chirurg, seine Mutter Antonia eine hochgeborene Florentinerin. Uccello gilt als „Vater" der perspektivischen Malerei in Italien und war ein experimentierfreudiger und auch etwas exzentrischer Zeitgenosse. Von 1427 an wirkte Uccello zwei Jahre lang in Venedig, wo er Mosaiken für die Kirche San Marco schuf. Wegen der vielen Vögel in seinen Gemälden erhielt er von seinen Zeitgenossen den Namen „Uccello" – Vogel. Er fand in der mächtigen Bankiersfamilie der Medici seinen Gönner. Uccello zählte zu den vielseitigsten Malerpersönlichkeiten der Frührenaissance.

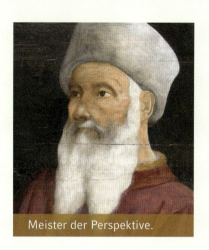
Meister der Perspektive.

Pferde und Hunde zwischen den Bäumen verschwinden. Paolo Uccello hatte ein ausgeprägtes Gespür für Farbe. Die dekorative Qualität des Gemäldes ist ungewöhnlich. „Die Jagd" war Uccellos letztes bekanntes Werk vor dem Tod. Im Gegensatz zu den meisten Künstlern der Frührenaissance arbeitete Uccello in der spätgotischen Tradition. Er legte Wert auf Farbe und dekorative Pracht.

„Die Berlin-Potsdamer Bahn" von Adolph von Menzel, 1847.

Ist „Die Jagd" eine Allegorie auf der Suche nach Liebe? – Keiner weiß es, aber es ist ein grandioses Bild.

In seiner Steuererklärung von 1469 erklärte Uccello: „Ich bin alt und kränklich, meine Frau ist krank und ich kann nicht mehr arbeiten." In seinen letzten Jahren war er ein einsamer, vergessener Mann.

Unter den deutschen Malern dürfte ADOLPH VON MENZEL (1815–1905) nicht der Erste sein, der vielen in den Sinn kommt, wenn sie an Landschaftsmalerei im Allgemeinen und malerische Waldszenen im Besonderen denken. Menzel wurde berühmt für seine Darstellungen aus dem Leben des preußischen Königs Friedrich II., allen voran das „Flötenkonzert Friedrichs des Großen in Sanssouci" (1850/52), das in der Alten Nationalgalerie in Berlin hängt, und seine Version von „König Friedrichs II. Tafelrunde in Sanssouci" (1850), die diesen im Kreis von Voltaire und Casanova zeigt. Auch zahlreiche Schlacht- und Militärgemälde haben Menzel berühmt gemacht und seinen Namen eng mit dem Preußens verknüpft.

Die Frage, wer „Die Jagd" in Auftrag gab, ist so rätselhaft wie seine Komposition betörend. Während einige Historiker glauben, Uccello habe eine Jagd für die Medicis gemalt, halten andere das Bild für eine reine Fantasie. Merkwürdig ist die Tatsache, dass die Jagd am Abend stattfindet.

Spätestens mit dem Gemälde der „Krönung König Wilhelms I. in Königsberg" (1865), das vom König höchstpersönlich

ADOLPH VON MENZEL

Meister des Realismus.

Adolph von Menzel, geboren am 8. Dezember 1815 in Breslau, gestorben am 9. Februar 1905 in Berlin. Menzel war ein deutscher Maler, Zeichner und Illustrator. Er gilt als der bedeutendste deutsche Realist des 19. Jahrhunderts. Sein Werk ist außerordentlich vielfältig. Zu Lebzeiten hoch verehrt war er vor allem wegen seiner historisierenden Darstellungen aus dem Leben Friedrich des Großen.

1833 besuchte Menzel für ein halbes Jahr die Berliner Akademie der Künste, verließ diese enttäuscht und bildete sich autodidaktisch weiter. 1839 erhielt er den Auftrag zu Illustrationen einer mehrbändigen Geschichte Friedrichs des Großen. Bis 1842 fertigte er dazu rund 4000 Federstrichzeichnungen an. 1885 fand in Paris eine große Menzel-Ausstellung statt; in Berlin wurde sein 70. Geburtstag mit einer Ausstellung und Ehrungen gefeiert. 1853 wurde Menzel zum Mitglied der Königlichen Akademie der Künste gewählt, 1856 zum Professor ernannt.

Auch das Bild „Waldboden mit Eichhörnchen", 1863–83, stammt von Adolph von Menzel.

in Auftrag gegeben worden war, stieg er endgültig zum „Maler Preußens" auf. Der Nachwelt ist Adolph von Menzel aber vor allem deshalb ein Begriff geblieben, weil er als einer der bedeutendsten Realisten des 19. Jahrhunderts gilt und als solcher seine Zeit in damals ungekannter detailversessener Weise ins Bild setzte. Das umfasste Menschen – etwa „Im Biergarten" – ebenso wie ihre Errungenschaften – am bekanntesten sicher in Form des „Eisenwalzwerks" – und eben auch die Natur. Vor allem in seinen frühen Jahren widmete sich der 1815 geborene Menzel verschiedenen Naturschauspielen. Dazu zählen eine „Wolkenstudie", die durch noch wild-natürlich anmutende Landschaft führende „Berlin-Potsdamer Bahn" oder ein „Bauplatz mit Weiden". Ob diese Werke mit in ihrer besonderen Darstellung des Lichts und ihrem flüchtigen Charakter den späteren Impressionismus vorwegnehmen, sei dahingestellt.

Bemerkenswert ist, mit welcher Wucht Natur, vor allem Bäume und Wald, sich von den Rändern ins Zentrum drängen. Selbst auf dem Friedrich-Gemälde „Das Gesuch" wird der Preußenkönig von links und rechts des Weges stehenden Bäumen gerahmt. Ein „Im Wald sitzender Offizier" scheint an einen Baum gelehnt zu schlafen. In anderen Darstellungen rückte Menzel den Wald und seine Bewohner vollends ins Zentrum, etwa beim „Baumstumpf mit Rotkehlchen und Wiedehopf" oder dem „Waldboden mit der Eidechse". Die beiden Bilder finden sich im sogenannten „Kinderalbum", das Menzel den Kindern seiner Schwester widmete. Zu den 44 Zeichnungen der Sammlung gehört auch der „Waldboden mit Eichhörnchen". Seinem typischen Stil treu, setzt der Maler dabei den Wald in seiner ganzen Vielheit in Szene: Ein dicker, knorriger Stamm dominiert das Bild, streckt seine Wurzeln in alle Richtungen, sie werfen Schatten auf den Boden, bieten Verstecke für Tiere aller Art. Daneben behaupten sich zarte Gräser, eine Krautschicht, die manchem Botaniker Freude bei der Bestimmung machen dürfte. Und dazwischen hüpft ein kleines Eichhörnchen auf den Stamm zu. Wer sich Zeit nimmt, entdeckt in der kleinen Szene den Wald en miniature – und Menzels Liebe dazu.

LEBEN UND ARBEITEN

Der Wald ist seit Jahrhunderten der vielleicht wichtigste Rohstofflieferant für den Menschen. Aus ihm stammen Baumaterialien ebenso wie Nahrungsmittel und Feuerholz. Erst im Laufe des 19. und 20. Jahrhunderts ersetzten industrielle Produktions- und Fertigungstechniken die traditionellen Arten der Waldverwertung. Doch heute werden einige von ihnen noch immer regional gepflegt oder gar wiederentdeckt. Der Rieshirte, der Lohmacher und der Flößer mögen hingegen für immer „verloren" sein.

Der Wald ist ein Tausendsassa, er kann alles. Ist einerseits Lebensraum für Tiere und Pflanzen, Staubfilter und Sauerstofflieferant, er schützt mit seinen Wurzeln den Boden vor Erosion, ist Wasserspeicher und Wasserfilter, er liefert Brenn- und Bauholz sowie Nahrung. Andererseits ist er in seiner Schönheit ein Refugium für erholungsbedürftige, stressgeplagte Großstadtmenschen, er ist Pilz-Sammelgebiet und nicht zuletzt trägt er durch seine Fähigkeit, riesige Mengen CO_2 aus unserer Atmosphäre zu binden, wesentlich zum Klimaschutz bei.

Bis vor etwa 3000 Jahren war beinahe ganz Mitteleuropa von Wald bedeckt. In einer Jahrmillionen dauernden Entwicklung hatten sich je nach Klima und Boden charakteristische Wald- und Pflanzengesellschaften angesiedelt. Es dürfte sich dabei zum größten Teil um von Buchen und Eichen dominierte Laubmischwälder gehandelt haben. Diesen so gewachsenen Wald gibt es in Deutschland schon lange nicht mehr. Aus dem Urwald ist ein von Menschenhand geformter Kosmos geworden. Eine Gemeinschaft aus Bäumen und Sträuchern nebst der dazugehörenden Tier- und Pflanzenwelt.

Der Mensch hatte nicht immer das beste Verhältnis zum Wald. Und doch lebten viele von und mit ihm. Er schuf Arbeitsplätze, machte Menschen zu Spezialisten, gab seine Geheimnisse preis. Groß ist die Palette der Waldberufe von einst. Viele existieren heute nicht mehr und selbst ihre Namen sind uns fremd geworden. Wer weiß schon noch, was ein Harzer ist oder ein Rieshirte, ein Köhler, ein Lohmacher, ein Flößer …?

DER RIESHIRTE

Das Fällen von Bäumen in Höhenlagen der Mittelgebirge war nicht unbedingt ein Vergnügen. Die tonnenschweren Baumstämme mussten oft unter widrigen Bedingungen ins Tal transportiert werden. Die Steilhänge

Holzfäller in der Steiermark, um 1905.

konnten bis zu 40 Grad Gefälle aufweisen. Gut, wenn der Rieshirte sein Handwerk verstand.

Er war für den Bau der rutschbahnähnlichen Rinne, der Riese, zum Abtransport des Holzes verantwortlich. Im Idealfall endete „die Rutschpartie" der Bäume direkt in einem Fluss. Die Rieshirten suchten immer den besten Weg, um das Holz sicher die Berge hinunterzubekommen.

Der Bau einer Gleitrinne verlangte hohe fachliche Fertigkeiten. Bis zu zwölf Rundhölzer wurden zusammengezimmert. Am oberen Ende befand sich der „Riesmund", der das Holz „fraß", am unteren Ende

---

Aus dem Urwald ist ein von Menschenhand geformter Kosmos geworden.

---

schleuderte der „Rieswurf" es entweder gleich ins Wasser oder entließ es auf einen Sammelplatz. Je nach Bergprofil wurden hohe Transportgeschwindigkeiten erzielt. Konstruktion und Trassenführung mussten höchsten Anforderungen genügen.

Der Bau von Holz-Riesen verbrauchte häufig ein Drittel des eingeschlagenen Holzes. Eine Riese zu bauen war daher nur sinnvoll, wenn große Holzmengen eingeschlagen wurden.

DER FLÖSSER

Waren die Stämme erst einmal im Tal, ging es an den Weitertransport. Dafür waren die Flößer verantwortlich. Auf breiten Flüssen bugsierten sie das Holz in die Mühlen, Köhlereien und Glasfabriken oder in die Werften der großen Städte.

Die Arbeit der Flößer war sehr gefährlich. Sie standen beim Binden der Hölzer meist im Wasser. Die sogenannten Krempstiefel, die ihnen bis an den Bauch reichten, schützten sie vor Nässe. Das Einbinden der Holzstämme mit Weidenruten erforderte

Holzflößer auf dem Regen im Bayerischen Wald, 1935.

große Kenntnisse und viel Geschick, damit das Floß nicht beim Durchfahren enger Flussbiegungen oder beim Passieren von Brücken und Wehren auseinanderbrach.

Das Universalwerkzeug des Flößers war der Floßhaken. Wenn sich Stämme beim Triften verkeilten, ein Holzstau drohte, mussten sie diese mittels des Hakens lösen. Das „Aufsprengen" oder „Aufzwicken" war sehr gefährlich und erforderte viel Mut und Geschick. Für das Steuern der bis zu 100 Meter langen Flöße war eine wachsame und strapazierfähige Mannschaft erforderlich. Erst in den Flussbetten breiter Ströme ging es geruhsamer zu.

In der Werkstatt eines Wagners wurden nicht nur Räder, sondern auch Werkzeuge und Kisten hergestellt.

Im 19. Jahrhundert gehörten Köhler mit ihren Meilern noch zum typischen Erscheinungsbild des Harzes.

DER WAGNER

Neben Kutschen und Schubkarren stellte der Wagner Stiele für Äxte, Schaufeln und Spaten her. Auch Kisten größeren und kleineren Formats verließen seine Werkstatt. Das Meisterstück des heute ausgestorbenen Berufs aber war das Wagenrad.

Einen runden, stabilen Holzbogen, eng verzahnt mit massiven Speichen auf der Radachse, so zu bauen, dass er allen Belastungen standhielt, in seiner Funktion als Rad nicht „eierte", sondern rund lief, das war durchaus große Kunst.

Wahre Meister ihres Faches verwendeten beim Bau von Fuhrwerken Hölzer, deren natürlicher Wuchs den benötigten Rundungen entsprach. Während der Zimmermann vorwiegend gerade gewachsene Stämme verarbeitete, war ein Wagner immer auf der Suche nach Krummholz, das für die zu erarbeitende Form ideal gewachsen war. Die Maserung, die von Natur aus durch das gesamte „Werkstück" führt, macht es auf ideale Weise stabil. Der Wagner wurde deshalb im Volksmund auch „Krummholz" genannt.

Doch die Industrialisierung brachte den Berufszweig so in Bedrängnis, dass die meisten Wagner ihn Mitte des vorigen Jahrhunderts aufgaben.

DER KÖHLER

Ihre vom Ruß geschwärzten Gesichter waren das Aushängeschild des Köhler-Handwerks. Die Arbeit galt schon im 15. Jahrhundert als Markenzeichen einer wirtschaftlich aufstrebenden Region. Besonders die Verhüttung von Metall war

WIE FUNKTIONIERT EIN MEILER?

Köhler schließen einen Meiler, um das Feuer zu löschen.

Die riesigen Meiler, Holzstapel, die von Ästen und Erde abgedeckt waren und bis zu 100 Raummeter fassten, gibt es heute nicht mehr. Drei bis vier Wochen lang arbeiteten die Köhler Tag und Nacht an so einem Riesen-Meiler.

Heute haben die Kohlemeiler in der Regel die Form eines Kegels. Am Prinzip hat sich allerdings wenig geändert. Die Köhler verwandeln Holz in Holzkohle. Dazu benutzen sie ein seit dem Altertum bekanntes Verfahren: Sie verschwelen Holz.

Zu Beginn wird dabei ein Schacht (Quandel) aus Holzpfählen errichtet, die senkrecht in die Erde eingelassen sind. Drumherum werden große, meist ein Meter lange Holzscheite aufgeschichtet. Darauf kommt ein Dach aus Erde und Stroh. Das Ganze wird luftdicht verschlossen von einem Mantel aus Erde, Gras und Moos. Unter diesem Naturmantel wird die Verbrennung durch zielgenaue Luftzufuhr so gesteuert, dass nur wenig Holz verbrennt und Gas entweicht. Die Verkohlung setzt bei Temperaturen zwischen 300 und 350 Grad Celsius ein.

Ein sicheres Zeichen, dass der Prozess begonnen hat, ist das „Stoßen" des Meilers. Durch die starke Erwärmung kommt es zu Holzgasverpuffungen. An der Spitze sowie am Fuß des Meilers werden einzelne Zuglöcher eingestochen, mit denen die Hitze im Meiler reguliert werden kann.

Das Holz darf nicht brennen, es soll „nur" schwelen, verkohlen. Es ist eine Kunst, das Glutbett so zu halten und zu stimulieren, dass kein Feuer, wohl aber große Hitze entsteht. Der Rauch, der entweicht, ist geruchlos und gelblich-weiß. Alle flüssigen und organischen Bestandteile verlassen als Rauch das glimmende Holz. Durch das Verschwelen verliert das Holz ca. 60 Prozent seines Gewichtes. Aus 100 Kilogramm Holz entsteht ca. 20 Kilogramm Holzkohle.

An der Farbe des Rauches können die Köhler erkennen, wann die Verkohlung des Holzes abgeschlossen ist. Am Anfang qualmt der Meiler „rußig dunkel", später zeigt er weißen, evtl. auch gelblichen bis bräunlichen Qualm – zum Schluss sollte er „bläulich transparent" sein.

Nach Abschluss des Prozesses wird das Feuer im Meiler durch das Verstopfen der Luftlöcher schnell erstickt. Anschließend beginnt er langsam auszukühlen. Zum Ende hin ist das Konstrukt auf etwa die Hälfte seines ursprünglichen Volumens geschrumpft. Jetzt wird die Abdeckung geöffnet und die Kohle kann mit einem Rechen herausgezogen und zum Abkühlen ausgebreitet werden.

Holzkohle erzeugt eine sehr große Hitze und war jahrhundertelang der einzige Brennstoff, mit dem die nötige Temperatur zur Verhüttung von Eisen erzeugt werden konnte. Tatsächlich war Köhlern bei unseren Vorfahren ein wichtiger Wirtschaftszweig. Das schwarze Produkt wurde früher in großen Mengen an Schmiede oder Hütten geliefert.

Der allmähliche Niedergang begann im 19. Jahrhundert, als Steinkohle die Holzkohle ersetzte und Gas sowie Elektrizität an Bedeutung gewannen. Heute ist die Köhlerei ohne wirtschaftliche Bedeutung. Lediglich zum Grillen möchten einige (oder viele) nicht auf Holzkohle verzichten.

Das Handwerk des Schindelmachers wird bis heute gepflegt.

auf die harte, schweißtreibende Arbeit der Köhler angewiesen, die Holzkohle herstellten. Dazu wird Holz in einem Kohlenmeiler verschwelt.

Das Verkohlen von Holz ist eine der ältesten Handwerkstechniken der Menschheit. Produkte aus der Köhlerei leisten auch heute noch einen wichtigen Beitrag für die

---

Das Verkohlen von Holz ist eine der ältesten Handwerkstechniken der Menschheit.

Industrie. So wird von den Schwäbischen Hüttenwerken in Aalen Holzkohle für das Härten von Auto-Bremsscheiben verwendet, Daimler-Benz nutzt die langanhaltende, gleichmäßige Hitze zum Reparieren von Motorblockformen. Aufgrund ihrer geschichtlichen und kulturellen Bedeutung wurden das Köhler-Handwerk und die Teerschwelerei im Dezember 2014 in das „Verzeichnis des immateriellen Kulturerbes in Deutschland" aufgenommen.

Mit der Industrialisierung und dem Erfolg der billigeren Steinkohle erlebte die Produktion von Holzkohle einen Niedergang. Langsam verschwand der Beruf aus dem öffentlichen Bewusstsein. Auch das Wissen des Handwerks geriet in Gefahr, vergessen zu werden.

Selbst das Holzkohle-Grillen ist heutzutage nicht mehr das, was es einmal war. Immer mehr Grillfreunde vertrauen Steak oder Bratwurst dem Gas- oder dem Elektro-Grill an.

DER SCHINDELMACHER

Noch heute sind Holzschindeln an und auf vielen Häusern zu bewundern. Das zeitlose Design der nur wenige Millimeter dicken Holzstreifen entsteht meist aus astarmem Fichtenholz, das gesägt und gespalten wird.

Bevor Spalt- und Schleifmaschinen die Präzisionsarbeit übernahmen, fertigten Schindelmacher jedes einzelne Stück per Hand. Mit dem Messer schälten sie die Schindeln vom massiven Stammholz ab.

Vor allem in der Schweiz, in Österreich und Teilen Deutschlands pflegte man die Dächer mit Holzschindeln zu bedecken. Diese kleinen Holzstücke tragen mühelos große Schneelasten, sie sind langlebig und billig. Eine handgefertigte Schindel hält 80 bis 100 Jahre. Grau wird sie von allein. Das geschieht nach ca. einem Jahr. Bestens geeignet für Schindeln sind Bäume, die eine sogenannte „Linksdrehung" aufweisen. Die kleinen „Holzblättchen" haben eine so strapazierfähige Oberfläche, dass sie es mühelos mit härteren Materialien wie Schiefer oder Beton aufnehmen.

Großer Nachteil ist ihre leichte Entzündbarkeit. Verheerende Dorfbrände haben z. B. im Kanton Graubünden 1872 zu einem Verbot von Holzschindeldächern geführt. Es wurde erst 1983 – teilweise – wieder aufgehoben. In den 1950er-Jahren ließ das Interesse an Schindeln nach. Heute erlebt das Handwerk eine gewisse Renaissance. Noch gibt es Meister, die das Arbeiten mit Schindeln nicht verlernt haben.

Der Schindelmacher sollte auf vier Dinge achten: das richtige Holz, den richtigen Standort des Baumes im Wald, die richtige Zeit der Ernte sowie die richtige Verarbeitung. Dann kann nichts schiefgehen.

DER SÄGEMÜLLER

Das Klopfen der Sägemühlen war lange Zeit ein typisches Geräusch in den großen Wäldern Deutschlands, Österreichs und der Schweiz. Angetrieben vom Wasser, das über lange Holzrinnen zum Sägeplatz lief, drehte sich das massive Wasserrad und trieb die sogenannte Gattersäge im Innern der Mühle zur Arbeit an. Mittels der Säge wurde das Stammholz zu Bohlen, Balken und Brettern verarbeitet.

Der Sägemüller war darauf angewiesen, dass ihm das Wasser „gewogen" war. Je nach Wasserstand fraßen sich die Blätter der Gattersäge bedächtig oder flink durch den Stamm. Die Produktion konnte so über das Jahr hinweg stark schwanken.

Auch heute noch gibt es in einigen Wäldern Sägemühlen. Doch sie sind schon längst auf Rente gesetzt, laufen nur noch zu Museumszwecken und dienen der Pflege des traditionsreichen Handwerks.

DER HARZER

Harzer mussten geduldige Leute sein. Die Gewinnung ihrer „Ware" dauerte bis zu vier Wochen und brachte ihnen meist nicht mehr als eine Tasse Harz pro Baum ein. Erst in der Masse kam einiges zusammen: Oft pachteten sie sich ein Stück Wald, um es „abzuernten". Pro Saison kamen aus etwa 3000 Bäumen um die neun Tonnen Harz zusammen. Mit dem Reißerhaken ritzten sie eine Tropfrinne in die Kiefernstämme (bevorzugt), damit der Baum frisches Harz liefern konnte. Das taten sie so lange, bis der Stamm ein etwa 50 Zentimeter großes Fischgrätenmuster rechts und links der Tropfrinne aufwies. Durch diese floss das Harz in ein Auffangbecken.

Es gab aber auch Harzer, die den Baum grob verletzten. Sie entfernten einfach Teile der Rinde. Der so verwundete Baum begann zu „bluten", das ablaufende Harz wurde zwar aufgefangen, die schweren Wunden sorgten aber dafür, dass das Holz des Baumes unbrauchbar wurde. Kein Wunder,

Sägemühle in der Steiermark, 1910.

dass zwischen Harzern und Forstleuten oft Feindschaft herrschte.

Wie viel Harz gesammelt wurde, hing vom Wetter ab. Nur wenn es warm und feucht war, gaben die Bäume genügend Harz ab.

Aus Harz wurde Pech gewonnen. Von den Pechsiedern gekocht, löst es sich in seine Bestandteile Kolophonium und Terpentin auf. Schon in der Antike schröpften Harzer das „Blut der Bäume". In Deutschland wurde der „Lebenssaft" zur Herstellung von Seife, Druckerschwärze, Schusterpech, Firnis sowie für allerlei Lacke und Wachse verwendet.

Der Beruf des Harzers endete, als synthetisches Kunstharz das Naturprodukt ersetzte.

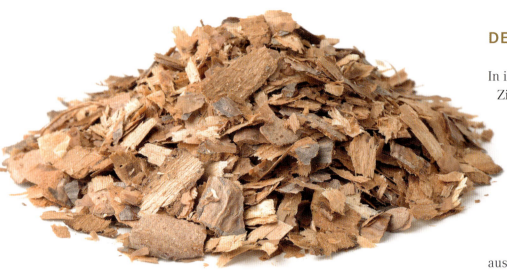

Zerkleinerte Baumrinde (Lohe) diente zum Gerben von Leder.

Zur Harzgewinnung wurden Tropfrinnen in die Stämme geritzt.

Die Kleidung der Zimmerleute (hier 1916) hat sich bis heute kaum verändert.

DER ZIMMERER

In ihrer schwarz-weißen Kluft arbeiteten die Zimmerleute in früheren Tagen nicht nur in den Dörfern und Städten. Ein wichtiger Arbeitsplatz war für sie der Wald. Dort beschafften sie sich Hand in Hand mit den Holzfällern das Rohmaterial, das damals die Substanz eines jeden Hauses bildete.

Das Herausschälen von Balken aus den frisch gefällten Stämmen war eine schweißtreibende, nicht ungefährliche Arbeit. Die Zimmerleute bearbeiteten den runden Baumstamm mit einer langstieligen Axt an vier Seiten, bis ein viereckiges, grobes Kantholz übrigblieb. Für die Feinarbeit

---

Das Klopfen der Sägemühlen war lange Zeit ein typisches Geräusch in den großen Wäldern.

---

griffen sie zum Breitbeil, einer breitschneidigen Axt mit scharfer Klinge. So wurden die groben Flächen des Holzes geglättet. Bis zu 50 Balken konnten die Handwerker mit dieser Technik an einem Tag fertigen. Genug für ein kleines Bauernhaus!

DER LOHMACHER

Lohe, das Wort kommt aus dem Althochdeutschen und bedeutet: vom Baum gelöste, zerkleinerte Rinde. Diese wurde von Gerbern gebraucht, um Tierhäute in geschmeidiges Leder zu verwandeln. Dazu war der in der Rinde enthaltene Gerbstoff nötig. Besonders geeignet ist die Rinde von Fichten und Weiden, besser noch die von jungen Eichen. Sie geben besonders im Mai und Juni eine vortreffliche Menge an Gerbsäure ab. Die im Bast der Baumrinde enthaltene Lohe gab dem Berufszweig den Namen. Heute übernehmen synthetische Stoffe das Gerben von Häuten.

Die von den Lohmachern geerntete Rinde wurde schon in den Wäldern an die Gerber verkauft. Die Lohmacher schälten zuerst ein großes Rindenstück des stehenden Stamms. Dann wurde der Stamm gefällt, damit auch die weiter oben sitzende Rinde erreicht werden konnte. Sie – und auch dicke Äste – wurde so lange weichgeklopft, bis sie sich vom Stamm lösen ließen. Danach wurde die Rinde aufgehängt, um möglichst flott an der Luft zu trocknen. Bis Lohmacher den Rohstoff Bast den Gerbern anbieten konnten, mussten sie zahlreichen Bäumen die Rinde „vom Leib" ziehen.

DER GLASBLÄSER

Bekanntlich wird Glas aus Quarzsand, Kalk, Soda, verschiedenen Zusätzen und Holz hergestellt. Letzteres brauchte man, um das Gemenge schmelzen zu können, denn dafür ist eine Temperatur von über 1480 Grad Celsius nötig. Die Verarbeitungstemperatur von Glas beträgt immerhin noch 1100 bis 1200 Grad Celsius.

Um die zu erreichen, bedurfte es vieler Tonnen Holz oder Holzkohle. Ganze Berghänge wurden entwaldet, um Glas gießen und formen zu können. Der hohe Bedarf an Holzkohle und die industrielle Fertigung drängten das Kunsthandwerk im 19. Jahrhundert immer weiter an den Rand, sodass die Glasbläserei heute nur noch im Museum praktiziert wird.

Die Kunst der Glasherstellung – bis heute noch Handarbeit.

DIE GLASHÜTTE HEIDELBACH IM ERZGEBIRGE

Das Erzgebirgische Glashüttenmuseum Neuhausen weiß alles über die 800-jährige Geschichte der Glasherstellung im sächsisch-böhmischen Erzgebirge. Nicht ohne Grund hieß die Gegend schon im Mittelalter „Glasland". Die Bedeutung der hiesigen Glashütten ging weit über den erzgebirgischen Raum hinaus. Dies trifft besonders auf die 1488 gegründete Glashütte Heidelbach zu, die bis 1830/40 tätig war. Neben einfachem Gebrauchsglas fertigte man hier Glaswaren, die höchsten Ansprüchen gerecht wurden. Damit belieferte man den Dresdener Hof, aber auch Städte wie Freiberg oder Leipzig und Kunden außerhalb Sachsens. Selbst auf die formale Holzgestaltung im „Seiffener Spielzeugwinkel" hatte die Glashütte Einfluss.

Erst preiswertere und bessere Glaswaren aus den Nachbarregionen Böhmen und der Lausitz brachten die erzgebirgische Glasproduktion im 19. Jahrhundert ins Wanken. Das Glashüttenmuseum in der ehemaligen Fronfeste des Schloss Purschenstein in Neuhausen/Erzgebirge tut alles, um diesem traditionsreichen Gewerbe eine gute Erinnerung zu geben.

Glasbläser bei der Arbeit, um 1890.

WIE ARBEITETE EINE ZIEGELEI?

Bauarbeiter stießen 1887 nördlich der Havelstadt Zehdenick eher zufällig auf ein großes Tonlager. Fachleute, die hinzugezogen wurden, erkannten schnell, dass es sich um einen Jahrhundertfund handelte. Alles war vorhanden, was es brauchte, um eine bedeutende Ziegelindustrie aus dem Boden zu stampfen. Beste Tonerde, Lehm und Sand, die Havel als billiger Transportweg, riesige Wälder, die für das nötige Holz im Ofen sorgten, und Arbeitskräfte. Ende des 19. Jahrhunderts war die berlinnahe „Zehdenicker Tonstichlandschaft" das größte Ziegelrevier Europas.

Anfangs wurden die Ziegel in sogenannten Meileröfen gebrannt. Aber die Qualität war schlecht, nur die Steine im mittleren Teil des Ofens bekamen die nötige Temperatur, alle anderen waren Ausschuss und kaum brauchbar.

Aus dem Meilerofen entwickelte sich der Feldbrandofen. Da der Brennvorgang in ihm nur schwer zu kontrollieren war, entsprachen auch in ihm die meisten Ziegel nicht der gewünschten Qualität.

Danach kamen der „Deutsche Ofen" und der „Kasseler Ofen". Aber richtig zur Sache ging es erst mit dem Ringofen, einer Erfindung von Friedrich Eduard Hoffmann (1818–1900). Laut Patent besteht der Ringofen aus einem großen Oval mit bis zu 20 Kammern, in denen Ziegel gebrannt werden. Haben die Rohlinge lange genug im Feuer gelegen, bekommen sie Zeit, sich abzukühlen. Währenddessen wird eine neue Kammer gefüllt und unter Feuer gesetzt. So wandert der Brand in zwei Wochen einmal ums Oval. Dabei liegt stets die kühlste Kammer gegenüber der gerade beheizten. Diese Technik kam einer Revolution gleich.

Um 1910 zählte man 63 Ringöfen in Zehdenick. 625 Millionen Ziegel wurden darin pro Jahr hergestellt, die zuvor per Hand gestrichen, also geformt worden waren. Im Zehdenicker Revier arbeiteten zirka 6000 Menschen, das Gros von ihnen waren Wanderarbeiter. Der Transport des Tons aus den Tagebauen erfolgte meist mit Handkarren und Fuhrwerken, später mit Loren, die von Pferden gezogen wurden. Erst im 20. Jahrhundert übernahmen dann Feldbahnen diese körperlich schwere Arbeit.

Ziegelsaison war die gesamte frostfreie Zeit des Jahres. Gearbeitet wurde von Montag bis Sonnabend, Sonntag hatten die Ziegler frei. Die Arbeit war hart, schwer und schmutzig. Um auf ihren Lohn zu kommen, mussten die Streicher die volle Dauer des Tageslichts nutzen. Immer wieder wurden die Formen im Wassertrog des Streicherwagens ausgewaschen, mit Ton gefüllt, abgestrichen … Ein Handstreicher konnte mit zwei Gehilfen etwa 170 Ziegel pro Stunde glattstreichen, Ziegelpressen schafften im Vergleich dazu bereits um 1900 etwa 3500 Ziegel pro Stunde. Ein unfairer Kampf.

Aber die Ziegel wurden dringend gebraucht! In Berlin, der wachsenden Stadt, die aus dem Kahn erbaut wurde. Mit Ziegeln aus Zehdenick.

Qualitätskontrolle in Ziegeleien.

DER ASCHENBRENNER

Die Arbeit des Aschenbrenners bestand darin, ganze Wälder zu verheizen, um Pottasche zu gewinnen. Dieser Stoff, auch bekannt als Kaliumkarbonat, wurde gebraucht zum Seifensieden, in Färbereien und bei der Herstellung von Glas. Pottasche entsteht, indem man Holzasche auslaugt und die Lauge eindampft. Setzte man dem Produkt Quarz hinzu, so sank der Schmelzpunkt um rund 30 Prozent. Das bedeutete: Man brauchte weniger aufwendige Schmelzöfen und weniger Holz, um Glas herzustellen.

Aber das war nur ein Tropfen auf den heißen Stein, wenn man bedenkt, dass zehn Zentner Fichtenholz gerade ein halbes Pfund Pottasche abgeben. Als im 19. Jahrhundert Soda mit einer ähnlichen Wirkung wie Pottasche entdeckt wurde, war es vorbei mit der Aschenbrennerei. Der Beruf starb aus.

DER ZEIDLER

Die Imker, wie diese Berufsgruppe sich heute nennt, schlugen Hohlräume in die Bäume und hofften, dass Wildbienen-Schwärme dieses Wohnungsangebot nutzen. Mehrmals im Jahr wurden dann Honig und Wachs aus den Baumhöhlen entnommen. Stets zündete man vorher ein Feuer am Fuß des Baumes an. Der Qualm vertrieb die wilden Bienen für kurze Zeit und ermöglichte es dem Zeidler, sich gefahrlos zu bedienen.

Aber es gab ja nicht nur Berufe, die ohne den Wald nicht denkbar gewesen wären, auch bestimmte Produktionsverfah-

---

Aus Angst vor der drohenden Holznot begann man Anfang des 18. Jahrhunderts mit Wiederaufforstungen.

---

ren waren an ihn gekoppelt. Bis weit in das 19. Jahrhundert hinein bildete der Wald die Grundlage der damaligen Volkswirtschaft.

Holz war Baustoff und wichtigster Energieträger zugleich. Bergbau, Salinen, Glashütten und Schmelzöfen waren abhängig davon. Der enorme Holzverbrauch führte folgerichtig zu ausgeplünderten, total zerstörten Wäldern.

Die Angst vor der drohenden Holznot sorgte zu Beginn des 18. Jahrhunderts dafür dass mit gezielten Wiederaufforstungen begonnen wurde. Gegenüber den bis dahin vorherrschenden Laubbäumen erhielten nun die Nadelbaumarten den Vorzug.

Als wichtigste Baumart ist hierbei die Fichte mit ihrem schnellen Wuchs und ihrer geringeren Anfälligkeit gegenüber Wildverbiss zu nennen. Der Anteil der Fichte an der Waldlandschaft nahm so in den letzten 150 Jahren ständig zu und veränderte das Waldbild in Deutschland, Österreich und Schweiz nachhaltig.

Zu den wichtigsten Produktionsstätten in oder in unmittelbarer Nähe des Waldes gehörten neben den Glashütten und Ziegeleien die Kohlemeiler.

In manchen Regionen der Welt wird bis heute Honig von wilden Bienen gesammelt.

MYTHEN UND POLITIK

Sein überragender Stellenwert für den Menschen hat dafür gesorgt, dass der Wald seit Jahrhunderten besungen, gemalt und bedichtet wurde. Darüber hinaus wurde er aber auch immer wieder mit Bedeutungen aufgeladen und für Zwecke eingespannt, die ganz andere Ziele verfolgten. Die Reihe ideologischer Vereinnahmungen des Waldes reicht von Tacitus' „Germania" bis zur NS-Propaganda.

Von der Idealisierung des Waldes durch die Romantik war der Weg nicht weit zur politischen Instrumentalisierung und schließlichen Ideologisierung im 19. und 20. Jahrhundert. Schon Tacitus hatte in „Germania" das Wesen der Germanen mit ihrem Lebensraum „kurzgeschlossen": So wild, rau und kraftvoll wie das Land, die Wälder, waren auch seine Bewohner. Zwar wurde der Text schon um 1500 wiederentdeckt, doch seinen eigentlichen Siegeszug erlebte das Bild im Windschatten der romantischen Verklärung. Während der Befreiungskriege scharten Dichter, Maler und Politiker die bislang kaum geeinten Fürstentümer um die Eiche und die Vision des Waldes als nationalem Identitätsort. Eine nicht unwichtige Rolle spielte dabei auch die wiederbelebte Erinnerung an die „Hermannschlacht" im Teutoburger Wald, die im Verlauf des 19. Jahrhunderts in vielen Waldgebieten Monumente aller Art aus dem Boden wachsen ließ – und selbigen bereitete für die Wald-Ideologie des Nationalsozialismus.

Diese war ein geschickt komponierter Marsch aus Eichen, Tann und moosgepolstertem Seelenheil, versetzt mit deutscher Ordnung und patriotischen Gefühlen. Wald und Volk bildeten eine Einheit. Juden, hieß es, seien als Steppenvolk nicht fähig, die deutsche Waldkultur zu verstehen.

In dem berühmt-berüchtigten Kulturfilm „Ewiger Wald", ein 1936 von Alfred Rosenberg, dem Chefideologen der Nationalsozialisten, in Auftrag gegebenes Epos, deklamiert eine markige Stimme: „Ewiger Wald – ewiges Volk. Es lebt der Baum wie du und ich. Es strebt der Raum wie du und ich …" Dazu werden strammstehende Baumreihen gezeigt, überblendet von zackigen Soldatenreihen aus der Armee Friedrichs des Großen. Eine textliche Geschmacksprobe daraus geht so:

Brecht auf den wartenden Boden!
Schlagt aus, was rassefremd und krank!
Aus der Vielfalt der Arten schafft
Des ewigen Waldes neue Gemeinschaft.

Szene aus dem NS-Dokumentarfilm „Ewiger Wald", 1936.

Literaturnobelpreisträger Elias Canetti nahm sich kritisch dieser Geschichte an. In seinem Hauptwerk „Masse und Macht" von 1960 schrieb er: „Das Massensymbol der Deutschen war das Heer. Aber das Heer war mehr als das Heer: Es war der marschierende Wald. In keinem modernen Lande der Welt ist das Waldgefühl so lebendig geblieben wie in Deutschland. Das Rigide und Parallele der aufrechtstehenden Bäume, ihre Dichte und ihre Zahl erfüllt das Herz des Deutschen mit tiefer und geheimnisvol-

---

Die Nazis verstanden es, auf der Waldklaviatur zu spielen. Die Musik gefiel den meisten Deutschen.

---

ler Freude. Er sucht den Wald, in dem seine Vorfahren gelebt haben, noch heute gern auf und fühlt sich eins mit Bäumen. […] Der einzelne Baum aber ist größer als der einzelne Mensch und wächst immer weiter ins Reckenhafte. Seine Standhaftigkeit hat viel von derselben Tugend des Kriegers. Die Rinden, die einem erst wie Panzer erscheinen möchten, gleichen im Walde, wo so viele Bäume beisammen sind, mehr den Uniformen einer Heeresabteilung, Heer und Wald waren für den Deutschen, ohne dass er sich darüber im Klaren war, auf jede Weise zusammengeflossen."

Die Nazis verstanden es, auf der Waldklaviatur zu spielen. Die Musik gefiel den meisten Deutschen. Sie war volkstümlich, sentimental und stimmungsvoll. Und sie hatte eine klare Botschaft. Wenn wir zusammenstehen, Führer, Volk und Vaterland, dann kann uns keiner! Allen wird es gut gehen. Den deutschen Menschen und dem deutschen Wald. In Ewigkeit: Amen!

Es entbehrt nicht einer gewissen Ironie, dass ausgerechnet Tacitus, ein Italiener, mit seiner Schrift „Germania" den ideologischen „Grundstein" des deutschen Waldbewusstseins legte. Tacitus war fest überzeugt, dass die Wurzeln und die Kraft der Deutschen im Wald lagen. Wie anders

Propaganda: Reichsarbeitsdienst im Kriegseinsatz als Holzfäller, 1943.

Die nationalsozialistische Erziehung reichte durch die Ausflüge der Hitlerjugend bis in den Wald.

hätten sie die berühmte Varus-Schlacht im Teutoburger Wald im Jahr 9 nach Christi gewinnen können?! Ein Achtel des römischen Heeres, drei römische Legionen unter der Führung des Legaten Publius Quinctilius Varus, wurden dabei vernichtend geschlagen. Die Niederlage beendete alle Versuche, aus Germanien eine Provinz des mächtigen Römischen Reiches zu machen.

Dem vorausgegangen war ein Aufstand der Cherusker gegen Varus, ausgelöst durch die von Germanen gestellten Hilfstruppen, die ihre römischen Offiziere töteten. Dies geschah, nachdem der Cheruskerfürst Arminius den römischen Feldherrn, als dessen Freund er galt, überredet hatte, bei einem geplanten Rückmarsch zum Winterlager einen Umweg zu machen, um die Aufmüpfigkeit entfernter Stämme im Vorübergehen niederzuwerfen. Varus wurde gewarnt, er werde dabei in eine Falle laufen, aber er vertraute Arminius.

Das war ein Fehler! Beim Marsch durch gebirgiges Land und dichte Wälder griffen die Germanen überraschend die Römer an, die sich in Sicherheit wähnten.

Zwei Jahrhunderte nach der Schlacht beschrieb der römische Historiker Cassius Dio (ca. 155–235 n. Chr.) die Kämpfe, die sich über vier Tage hinzogen. Auch Tacitus berichtete später in seinen „Annalen" darüber. Fast beiläufig hielt er fest, dass die Kämpfe in der Nähe des Teutoburger Waldes stattfanden. Er beschrieb das Schlachtfeld nach der Niederlage: „Mitten in dem freien Feld lagen die bleichenden Gebeine zerstreut oder in Haufen, je nach dem die Leute geflohen waren oder Widerstand geleistet hatten. Dabei lagen Bruchstücke von Waffen und Pferdegerippe, zugleich fanden sich an Baumstämmen angenagelte Köpfe."

Arminius, der Anführer der Germanen, besser bekannt als „Hermann der Cherusker", besiegte das unschlagbare Rom. Viele wunderten sich darüber und suchten nach den Gründen für die Stärke des Feldherrn.

Tacitus sah im Freiheitswillen dieses so seltsamen Volkes einen wichtigen Grund. Zwar beschrieb er die Germanen mit der Überheblichkeit eines kultivierten Römers, lobte aber gleichzeitig ihre Einfachheit und Ehrlichkeit. Er fand es bezeichnend, dass die in Germanien lebenden Stämme ihre Götter im „heiligen Hain" verehrten, im Wald, und nicht in steinernen Tempeln. Ihn beeindruckte die Natürlichkeit der Germanen, ihrer Liebe zur Natur und die praktische Klugheit, die aus gemachter Erfahrung kam. „Könige wählen sie nach Maßgabe des Adels, Heerführer nach der Tapferkeit."

Einerseits besticht „Germania" durch die Prägnanz, mit der Tacitus die Sitten und

WAR ER DORT ODER WAR ER NICHT DORT?

Von ihm stammt ein berühmtes Wald-Porträt.

Cornelius Tacitus, um 55 n. Chr. in der Provinz Gallia Narbonensis geboren, war im öffentlichen Leben Roms ein gefeierter Redner. Obwohl er nicht dem Adel entstammte, konnte er am Ende seines Lebens auf eine Bilderbuch-Laufbahn zurückblicken. Tacitus war ein glühender Verfechter der Ideale der römischen Republik, kritisierte allerdings den politischen und moralischen Verfall in der Kaiserzeit heftig.

Obwohl er um 88 zum Prätor, zum höheren Justizbeamten, ernannt wurde, wandte er sich mehr und mehr der Schriftstellerei zu. So schrieb er u. a. eine Biografie über seinen Schwiergvater, den Feldherrn Gnaeus Iulius Agricola, einen Text „über den Verfall der Beredsamkeit" sowie mit den „Historien" und den „Annalen" eine zweiteilige Geschichte des Römischen Reiches. Eines seiner bekanntesten Werke wurde aber „Germania". Die Schrift machte Furore auch dank der Detailkenntnisse, mit denen Tacitus aufwarten konnte. Es gibt und gab allerdings eine Reihe von Historikern, die meinen, Tacitus sei nie in germanischen Gefilden gewesen. Er habe aus literarischen Quellen, etwa den Schriften des Titus Livius, geschöpft. Viele Details stammen offenbar aus Gesprächen mit Legionären, die am Römisch-Germanischen Limes Dienst taten. Es ändert nichts am Erfolg der kleinen Schrift.

Bräuche der Deutschen beschreibt, andererseits wollte er den dekadenten Römern einen Spiegel vorhalten. Dass der Text auch den Germanenkult in der Zeit der Romantik und (schlimmer noch) im Nationalsozialismus bediente, dafür kann man Tacitus nicht verantwortlich machen.

Bis heute ist der Ort, an dem die Varus-Schlacht stattgefunden hat, nicht lokalisiert. Man vermutete finstere Wälder in Ostwestfalen, Norddeutschland oder den Niederlanden. Ende der 1980er-Jahre wurden intensive Ausgrabungen bei Kalkriese durchgeführt. Den letzten Beweis blieb man bislang schuldig. Seit 1875 erinnert das

---

Bis heute ist der Ort, an dem die Varus-Schlacht stattgefunden hat, nicht lokalisiert.

Hermannsdenkmal bei Detmold im Teutoburger Wald an die Varus-Schlacht. Die Figur des Helden ragt 26,57 Meter in den Himmel, allein sein Schwert misst sieben Meter.

Ist die nationalistische Heldensymbolik der Grund, warum weit über 500.000 Menschen pro Jahr das Denkmal im Teuburger Wald besuchen? Ja und Nein!

Für Wilhelm Heinrich Riehl (1823–1897), Journalist und Volkskundler, war der Wald das Modell einer gesunden Volksgemeinschaft. Er verknüpfte geschickt die Begriffe Wald, Nation und Deutschsein. Heraus kam eine heimattümelnde Weltanschauung, der viele prominente Dichter und Denker folgten. Friedrich Gottlieb Klopstock (1724–1803) ließ in seinem Drama „Hermanns Schlacht" Soldaten „wie die Eiche eingewurzelt" auftreten. Joseph von Eichendorff (1788–1857) gab dem Wald eine Seele. In seinen „Zeitliedern" hieß es:

Gleich wie die Stämme in dem Wald
Woll'n wir zusammenhalten,
Ein feste Burg, Trutz der Gewalt,
Verbleiben treu die alten.

Für Jacob Grimm waren in der „Deutschen Mythologie" die Eichen heilig und die Haine Orte eines „altdeutschen waldcultus". Mit Ergriffenheit wurde des Waldes gedacht. Friedrich Schlegel (1772–1829), Kopf der Frühromantik, dichtete:

Jahrtausende standest du schon
O Wald, so dunkel kühn
Sprachst allen Menschenkünsten Hohn
Und webtest fort dein Grün.

Das Hermannsdenkmal bei Detmold trohnt über dem Teutoburger Wald.

Reichsjägermeister Hermann Göring (in der vorderen Reihe 2. von links) bei der Einweihung eines Wisentgeheges in der Schorfheide, 1934.

100-Mark-Schein mit Germania unter einer Eiche, 1910

Ernst Moritz Arndt (1769–1860) stellte Deutschland, dem „Vaterlande grüner Eichen" ein Italien als „Land der Citronen und der Banditen" gegenüber. Und sein Schüler, der schon erwähnte Riehl, forderte in seiner mehrbändigen „Naturgeschichte des Volkes": „Wir müssen den Wald erhalten, [...] damit die Pulse des Volkslebens warm und fröhlich weiter schlagen, damit Deutschland deutsch bleibe."

Von diesem Zitat ist es nur noch ein kleiner Schritt zum Reichsforstmeister, Reichsjägermeister und Obersten Beauftragten für den Naturschutz Hermann Göring (1893–1946). Sein Bild vom Wald liest sich so: „Wenn wir durch den Wald gehen, sehen wir Gottes herrliche Schöpfung, erfüllt uns der Wald mit unendlicher Dankbarkeit, erfüllt uns mit hohem Denken, erfüllt uns mit edlem Sinn und einer ungeheuren Freude an Gottes herrlicher Natur. Das unterscheidet uns von jenem Volke, das sich auserwählt dünkt und das, wenn es durch den Wald schreitet, nur den Festmeter berechnen kann."

Unberührt und ursprünglich sollte er sein, der Wald, voller Kraft und Schönheit. Dabei wurde dieser Anspruch schon seit Jahrhunderten nicht mehr bedient. Die meisten Wälder in Deutschland, Österreich und der Schweiz sind planvoll angelegte Landschaften. Wirtschaftsgebilde und Freizeitraum, Sehnsuchtsort und Holzeinschlagfabrik, Jagdrevier, Pilzsuch-Gebiet, Trimm-Dich-Pfad und freudig benutztes Wanderresort für freilaufende Menschen.

Der Wald ist eine sich ständig verändernde Kulturlandschaft. Er ist Gegenstand der Dichtung, der Malerei und der Musik. Seine Symbolkraft liefert Bilder, die alle verstehen: Ohne eine liebevoll geschmückte

Tanne im Wohnzimmer gibt es keine „deutsche Weihnacht", die knorrige Eiche ist das Abbild urdeutscher Kraft.

Und wenn der deutsche Wald gefährdet ist, dann gehen die Menschen auf die Straße. Wie in den 1980er-Jahren. Der Waldschadensbericht rüttelte die deutsche Öffentlichkeit auf. Vor allem der dunkle Tann litt unter dem Schwefeldioxid der Kohlekraftwerke. Natürlich machte der saure Re-

---

Unberührt und ursprünglich sollte er sein, der Wald, voller Kraft und Schönheit.

---

gen vor Ländergrenzen nicht halt … Doch niemand in Europa reagierte so panisch wie die Deutschen. „Le Waldsterben" ist seither als Fremdwort Bestandteil der französischen Sprache.

Der Wald kann sich nicht wehren. Man kann mit ihm machen, was man will. So pflanzten 1933, als Hitler Deutschland übernahm, tausende von Gemeinden „Hitlereichen" und „Hitlerlinden". Zwei Holzarten mit langer Lebensdauer. Sie sollten das Tausendjährige Reich symbolisieren. Viele von ihnen stehen noch heute.

Ganze Hakenkreuzwälder entstanden, weil besessene Forstbeamte den Wald in Form eines Hakenkreuzes aufforsteten. Das 1938 entstandene Waldhakenkreuz in einem kleinen Waldstück bei Zernikow in der Uckermark, etwa 16 Kilometer von Prenzlau entfernt, war eine Anpflanzung von ca. 140 Lärchen in Form des Nazi-Symbols. Es hatte die Größe von 60 x 60 Metern. Zu erkennen war es nur aus einer bestimmten Höhe und zu einer bestimmten Jahreszeit. Da Lärchen die Eigenschaft besitzen, sich im Herbst gelb und danach braun zu färben, ehe sie ihr Nadelkleid abwerfen, hoben sie sich zu diesem Zeitpunkt deutlich von den umstehenden dunkelgrünen Kiefern ab. Das wiederholte sich im Frühjahr, wenn die frischen Nadeln in hellem Grün austrieben. Da die „Waldkunst" vom Boden aus nicht

zu erkennen war, dauerte es bis 1992, ehe jemand das Symbol aus der Luft entdeckte. Inzwischen haben Motorsägen die schaurige Hinterlassenschaft entfernt.

Die Vorstellung von den angeblich so ursprünglichen Wäldern war stets mit politischen Zielen verknüpft. Walter Schoenichen, der Leiter der Reichsstelle für Naturschutz in der NS-Zeit, schrieb in seinem Buch „Urwaldwildnis in deutschen Landen": „In der Wildnis reckenhafter Baumgestalten hat sich der heldenhafte Geist

Auf einem Porträt von Germania, hier von Philipp Veit, 1837, durfte die Eiche nicht fehlen.

240 DER WALD DURCH DIE JAHRHUNDERTE

Szenenfoto aus dem Film „Schwarzwaldmädel" mit Rudolf Prack und Sonja Ziemann von 1950.

germanischer Krieger immer aufs Neue gestählt und gefestigt. Eine gehärtete Rasse wuchs hier heran – Geschlechter von Führern, bestimmt und befähigt, die Geschicke der Welt zu leiten. In hartem Kampfe mit

---

Die Bäume wurden gebraucht als eine vom Krieg unberührte Gegenwelt zu den zerstörten Städten.

---

den Walde schuf sich der deutsche Mensch mit zäher Entschlossenheit vorwärtsdringend, seinen Lebensraum."

Eben noch war der deutsche Wald Erzieher von Weltenlenkern, ein paar Jahre später, nach dem verlorenen Krieg, brauch-

te man ihn als Seelentröster, um ein wahrhaft „historisches Trauma" zu bewältigen.

Und dafür wurde tief in die Kitschkiste gegriffen. Der Heimatfilm spielte die Hauptrolle bei der cineastischen Wiedergeburt einer heilen Welt. 1950 kam mit dem „Schwarzwaldmädel" der erste Farbfilm der Bundesrepublik in die Kinos. „Der Förster vom Silberwald" (1954) oder „Und ewig singen die Wälder" von 1959 halfen ein paar Jahre später mit der Bildkraft des Waldes, die Deutschen durch die mediale Genesungsphase zu führen. Die erste Farbfilmproduktion der DDR griff 1950 mit der Verfilmung von Wilhelm Hauffs Märchen „Das kalte Herz" ebenfalls den Wald thematisch auf.

Mit dem Ende des Zweiten Weltkrieges verschwanden die nationalsozialistischen

Ideen zum deutschen Wald in der Mottenkiste. Die Bäume wurden gebraucht als eine vom Krieg unberührte Gegenwelt zu den zerstörten Städten. Und als beliebtes „Rückzugsgebiet" zur Erholung, inneren Sammlung und Gestaltung der freien Zeit.

Heute verspricht uns die Esoterik, die durch die Heranziehung okkultistischer, anthroposophischer oder metaphysischer Lehren auf die Selbsterkenntnis und Selbstverwirklichung des Menschen zielt, den Wallnussbaum. Er besitzt die Fähigkeit, uns zu motivieren. Die Buche soll das Selbstvertrauen stärken, die Fichte entspannen. Der Chi-Gong-Experte Li Thi Chang rät dazu, die Rinde der Bäume zu berühren, das Rauschen der Blätter zu hören, die Kraft der Wurzeln zu spüren. – Ungesund ist das sicherlich nicht.

Die Zeit hat im Wald eine andere Dimension. Betrachtet man die heutige Struktur der Wälder, so muss man die Umstände berücksichtigen, unter denen die Bäume vor vielen Jahrzehnten gesetzt wurden.

Die aktuell weit verbreiteten Fichten und Kiefern sind etwa 70 Jahre alt, Kinder der Nachkriegszeit. Manche uralte Eiche hingegen wurde noch zu Napoleons Zeiten mit dem Ziel gepflanzt, später einmal Schweine darunter hüten zu können. Damals galt die heute unbekannte Weisheit: „Auf den Eichen wachsen die besten Schinken."

Der spirituelle Wert der Eiche hat die Zeiten überdauert.

DAS KYFFHÄUSER-DENKMAL

Das Kyffhäusergebirge, kurz „Kyffhäuser" genannt, bedeckt eine Fläche von ca. 60 Quadratkilometern. Seine Ost-West-Ausdehnung beträgt insgesamt zwölf Kilometer, von Norden nach Süden sind es sieben Kilometer. Aufgrund seiner geringen Größe wird der Höhenzug oft als kleinstes Mittelgebirge Deutschlands bezeichnet.

Schon aus großer Entfernung ist das Kyffhäuser-Denkmal auf dem historischen Burgberg zu sehen. Der Kyffhäuser ist Mittelpunkt einer Sage, nach der in einer Höhle des Berges Friedrich I., genannt Barbarossa, tief schläft. Der Kaiser hofft, eines Tages zu erwachen, das Reich zu retten und es wieder zu neuer Herrlichkeit zu führen.

Das insgesamt 131 Meter lange, 96 Meter breite und 81 Meter hohe Denkmal besteht aus dem Denkmalturm, dem Schlosshof mit der steinernen Barbarossafigur und dem 9,70 Meter hohen Reiterstandbild Wilhelm I., der mit der Reichseinigung 1871 die Barbarossa-Sage erfüllt und ihn damit erlöst hat. Im August 1890 begannen die Vorbereitungen zum Bau des Denkmals, im Juni 1896 wurde es eingeweiht.

Barbarossa sitzt bis heute im Wald.

WÄLDER

sind heutzutage vor allem Wirtschafts- und Erholungsraum. Sie zu hegen und zu schützen, ist wichtig, damit der Mensch weiterhin von den Schätzen der Natur profitieren und ihre Schönheit genießen kann. Der Wald ist in Gefahr, aber wir alle können dazu beitragen, dass er weiterhin ein Sehnsuchtsort bleibt.

HOLZ: VIELSEITIG UND NÜTZLICH

Wenn Menschen etwas bauen, ist seit Tausenden von Jahren fast immer Holz mit im Spiel. Werkzeuge, Möbel und Spielzeuge, vor allem aber Häuser aller Art entstanden mithilfe von Holz. Dabei zeigt sich nicht nur, wie vielseitig einsetzbar das Material ist, sondern auch, dass es in vielerlei Hinsicht anderen Rohstoffen überlegen ist. Nicht umsonst erleben Holzhäuser in allen Formen und Größen gegenwärtig eine Renaissance.

Gutes Bauholz entsteht durch das Zusammenspiel aus natürlichem Wachstum, guter Pflege und fachmännischer Bearbeitung.

Im Frühjahr 1929 las der junge Konrad Wachsmann eine kleine Meldung in der Zeitung. Da stand, dass Berlin dem Nobelpreisträger Albert Einstein zum 50. Geburtstag ein Landhaus schenken wolle. Der Physiker wünsche sich ein Holzhaus, hieß es. Da zu jener Zeit die Telefonnummer eines Nobelpreisträgers noch keine geheime Staatssache war, rief Wachsmann bei Einstein an, sagte, er sei Architekt und wolle ihm das Holzhaus bauen. Der Physiker, der für originelle Menschen und Ideen stets ein offenes Ohr hatte, ließ sich auf den Unbekannten ein und erläuterte ihm, wie sein Haus beschaffen sein sollte: schlicht, modern, funktional und naturnah. Das war eine geistige Einladung. Schnell wurden sich die beiden einig. Der junge Architekt machte sich an die Arbeit.

Als das Haus fertig war, hatten die Einsteins ein Holzhaus mit Ziegeldach, das bis zum Boden reichende, sogenannte französische Fenster besaß sowie mehrere kleine Räume und ein großes Wohnzimmer mit Einbauschränken. Darüber „thronte" ein Terrassenflachdach. Das Haus gefiel dem Nobelpreisträger sofort, es war Liebe auf den ersten Blick.

Albert Einstein, der sein Leben lang nirgendwo richtig zu Hause war, fühlte sich in Caputh zum ersten Mal wirklich wohl. Hätten ihn die politischen Umstände nicht zur Flucht gezwungen, er wäre gewiss

---

Das außergewöhnliche Holzhaus in Caputh gefiel Albert Einstein sofort, es war Liebe auf den ersten Blick.

---

dort geblieben. Für ihn war das Haus sein Paradies, ein Ort, an dem man, wie er es ausdrückte, auf die Welt pfeifen konnte. Obwohl sein Haus für den Sommer konzipiert worden war, lebte Einstein dort – bis auf wenige kalte Wochen – das ganze Jahr über.

HOLZ: VIELSEITIG UND NÜTZLICH

In der Caputher Seenlandschaft bei Potsdam konnte er segeln, Spaziergänge durch die Wälder machen, der lästigen gesellschaftlichen Etikette entkommen. Gäste, die an die Formalitäten der Preußischen Akademie der Wissenschaften gewöhnt waren, zeigten sich oft überrascht, in Caputh von einem barfüßigen Einstein mit freiem Oberkörper begrüßt zu werden. Als ihm seine Frau einmal riet, sich „fein zu machen" für eine Delegation von Würdenträgern, antwortete Einstein: „Wenn sie mich sehen wollen, bin ich da. Wenn sie meine Kleider betrachten wollen, öffne ich den Kleiderschrank." Das Einzige, was in seinem Paradies fehle, so erzählte er einem Freund, sei ein Erzengel, dessen glühendes Schwert unerwünschte Besucher vertreibe.

Ein Holzhaus, wie das in Caputh, strahlt Wärme aus und Geborgenheit. Holz hat einen angenehmen Geruch. Es fühlt sich gut an. Mit etwas Fantasie könnte man sogar glauben, man stünde mitten im Wald. Außerdem sorgt das Holz für ein angenehmes und gesundes Raumklima, es reguliert auf natürliche Art und Weise die Luftfeuchtigkeit in den Zimmern.

Wer aber war dieser Konrad Wachsmann? Geboren 1901 in Frankfurt/Oder, absolvierte er eine Tischlerlehre in Frankfurt (Oder) und studierte von 1920 bis 1924 in Berlin und Dresden bei Heinrich Tessenow,

Holzbaupionier Konrad Wachsmann im Jahr 1958.

Albert Einsteins hölzernes Paradies in Caputh.

einem wichtigen Vertreter der deutschen Reformarchitektur. Anschließend wurde er Meisterschüler des Malers, Architekten und Bühnenbildners Hans Poelzig in Berlin.

Konrad Wachsmann gilt heute als Pionier des industriellen Bauens. Seine konstruktiven Neuerungen im modernen Holzbau waren zukunftsweisend. 1925 entwickelte er ein industriell vorgefertigtes Holzbausystem, in dem viele Ideen aus Einsteins Landhaus steckten. 1941 flüchtete er in die USA und gründete mit dem bereits dort lebenden Walter Gropius ein gemeinsames

---

Konrad Wachsmann gilt heute als Pionier des industriellen Bauens und des modernen Holzbaus.

Büro. Beide entwickelten das vielgerühmte General-Panel-System. Es handelte sich dabei um hölzerne Bauplatten, die das gleiche Profil aufweisen und durch standardisierte Hakenverschlüsse miteinander verbunden werden. In den Platten sind sämtliche elektrischen Installationen enthalten, sie mussten nach Aufbau des Hauses nur noch ans Stromnetz angeschlossen werden. Dieses Fertighaus-System wurde ein Meilenstein in der Geschichte des industriellen Bauens.

1926 „verschlug" es den jungen Architekten in die Oberlausitz nach Niesky. Dort hatte die damals größte Holzbau- und Maschinenfabrik in Europa, die Firma Christoph & Unmack AG, ihren Sitz. In Niesky wurden zerlegbare, transportable Holzbauten maschinell vorgefertigt, in den Werkhallen zur Probe zusammengesetzt, verladen und weltweit von Nieskyer Arbeitern innerhalb weniger Stunden montiert.

Niesky war für Robert Wachsmann der Anfang. „Alles, was danach kam", sagte er einmal, „was in Berlin, New York, Tokio, Chicago, London, Moskau, Paris, Rom, Zürich oder Warschau geschah, das alles begann in Niesky, einem Dorf der Herrnhuter Brüdergemeinde. In dieser Holzhausfabrik entdeckte ich den Weg, der mich zum Wendepunkt im Bauen führte."

Der Wald ist ein besonderes Wesen, von unbeschränkter Güte und Zuneigung, das keine Forderungen stellt und großzügig die Erzeugnisse seines Lebenswerks weitergibt; allen Geschöpfen bietet er Schutz und spendet Schatten selbst dem Holzfäller, der ihn zerstört.

SIDDHARTA GAUTAMA BUDDHA

WERKSTOFF HOLZ

Holz gilt als eines der ältesten Baumaterialien der Menschheit. Seit Tausenden von Jahren wird es vielfältig eingesetzt und verwendet. Die ersten Funde von Pfahlbauten gehen bis in die Bronzezeit zurück. Und selbst im 19. Jahrhundert, als viele Holzbauten durch Mauerwerk ersetzt wurden, bestanden die Fußböden, Dächer und Treppen noch immer aus Holz.

Im 20. Jahrhundert kamen weitere Materialien wie Stahl, Aluminium, Zement, Glas und Kunststoff hinzu und der Hausbau aus Holz rückte ein wenig in den Hintergrund. Die großen Städte wuchsen aus Beton empor. In den letzten Jahren fand jedoch eine Rückbesinnung auf den natür-

Hölzerne Bauernhäuser in Österreich sind oft mehrere Hundert Jahre alt.

HOLZ: VIELSEITIG UND NÜTZLICH

lichen Bau- und Werkstoff statt und inzwischen sind Buche, Fichte und Erle wieder auf der Überholspur.

Holz hat viele Vorteile, an die andere Materialien nicht herankommen. Immer wieder schwören Handwerker, Designer, Bauherren, Tischler und Architekten auf die einzigartigen Eigenschaften der verschiedenen Holzarten. Vor allem auf die hohe Speicherfähigkeit für Wärme bei geringem Gewicht. Die Vorteile von Holz sind vielfältig:

- Holz ist ein nachwachsender Rohstoff. Er ist unerschöpflich, wenn er nachhaltig genutzt wird. Holz hat die Fähigkeit, Kohlenstoffdioxid aus der Luft zu binden und den CO_2-Spiegel zu senken. Eine Drei-Zimmer-Wohnung mit durchschnittlich 1.400 Kilogramm Holz bindet unglaubliche 2,6 Tonnen Kohlenstoffdioxid.
- Holz ist ein einheimischer, nachhaltiger Rohstoff. Es wächst mehr nach, als geerntet wird. Vitalität, Produktivität, biologische Vielfalt und Regenerationsfähigkeit des Waldes bleiben erhalten. Transportwege fallen deutlich kürzer aus und der Ausstoß von Kohlenstoffdioxid wird verringert.
- Holz verbessert das Raumklima. Es ist ein lebendes Material mit einer offenporigen, einzigartigen Zellstruktur. Diese arbeitet als Luftfilter, kann Schadstoffe aufnehmen und absorbieren, reguliert die Luftfeuchtigkeit und hat so Einfluss auf die Raumtemperatur.
- Holz ist innen und außen einsetzbar. Es wird für Möbel verwendet, als Parkett, Dielen, Laminat, für Türen, Fenster und Dekorationselemente. Jedes Stück ist ein Unikat. Es ist pflegeleicht, langlebig und vermittelt ein Gefühl der Wärme. Für den Außenbereich kommen unemp-

Pfahlbauten zählen zu den ältesten erhaltenen Holzgebäuden der Welt wie hier in Unteruhldingen am Bodensee.

Buchenholz eignet sich sehr gut für Parkettfußböden.

findliche Holzarten wie Douglasie oder Lärche zum Einsatz.

- Holz lässt sich einfach ver- und bearbeiten. Es hat hervorragende Eigenschaften als Baustoff, ist durch seine vertikalen Zellröhrenfasern und horizontalen Holzstrahlen extrem stabil. Außerdem lässt es sich besser bearbeiten als Ziegel, Aluminium oder Kunststoff. Es ist biegsam und verträgt hohe Drücke.
- Holz ist leichter als andere Werkstoffe, es kann mehr als sein eigenes Gewicht tragen. Das geringe Gewicht lässt Bauten auch an Orten mit kompliziertem Untergrund zu.
- Holz ist deutlich günstiger als Zement, Stahl oder Kunststoff. Es fallen geringere Bau- und Transportkosten an. Holz hat selbstregulierende Isoliereigenschaften und ist ein guter Dämmstoff.

Zu pflanzen einen schönen Baum,
braucht´s eine halbe Stunde kaum.
Zu wachsen, bis man ihn bewundert,
braucht er – bedenk es – ein Jahrhundert.

EUGEN ROTH

Die Welt der Holzhäuser beginnt meist am Rande der großen Städte, da, wo sich die Landschaft öffnet und den Blick freigibt auf langgezogene Felder und satte Wiesen. Dort findet man verschiedene Typen von Gebäuden, die im Folgenden vorgestellt werden sollen.

DAS BLOCKBOHLENHAUS

Über die Geschichte von Blockbohlenhäusern weiß man nicht viel. Es wird vermutet, dass die ersten während der Bronzezeit vor 5000 Jahren im Norden Europas entstanden. Die Blockbohlenbauweise ist eine der ältesten der Welt. Sie hat sich bis in unsere Zeit hinein erhalten. Auch heute noch werden die Wände Bohle für Bohle aufgeschichtet und an den Ecken durch sogenannte Verkämmungen miteinander verbunden. Es gibt drei verschiedene Formen von Bohlen: die Rundstamm-, die Vierkant- und die Lamellen-Bohle.

Bei den heutigen Blockbohlenhäusern sind die Außenwände meist doppelschalig gebaut, so kann eine zusätzliche Wärmedämmung eingebracht werden. So wird das Blockhaus höchsten Energiespar-Ansprüchen gerecht. Im Inneren kommen nur einfache Wände zum Einsatz.

Bei der Konstruktion eines Blockbohlenhauses ist zu beachten, dass das Holz in den ersten Jahren nachtrocknet und sich verziehen kann. Dem kann durch das Einbringen

In den USA sind die traditionellen Blockhäuser bis heute weit verbreitet (wie hier im Bundesstaat Colorado).

MINIMALISMUS ALS PHILOSOPHIE

Tiny Houses sind in aller Munde. Es gibt sie in verschiedenen Formen, mit Spitzdach, Runddach oder mit Dachterrasse. Besonders schön und nachhaltig ist so ein Tiny House, wenn es ganz aus Holz gebaut wird. Kiriholz, auch bekannt unter dem Namen Paulownia, eignet sich besonders gut. Es ist leicht, stabil und schwer entflammbar.

Alles ist möglich, solange dem Gesetz Rechnung getragen wird. Und das sagt: Ein Tiny House darf maximal 50 Quadratmeter groß und nicht höher als 3,50 Meter sein. Auch als Wohnwagen darf es nur diese Maße haben. Und ein Höchstgewicht von 3500 Kilogramm. Für die dauerhafte Bewohnung muss ein Grundstück als Wohngrundstück zugelassen und erschlossen sein.

Der Ursprung der „Small House Movement" liegt in den USA. Auslöser war das 1998 erschienene Buch „The Not So Big House" der Architektin Sarah Susanka. Die Welle, die seither aus den USA nach Europa schwappt, wird immer größer. Dabei geht es um die Philosophie des Minima-

Wohlfühlort: Tiny House aus Holz.

lismus, um ein Rückbesinnen auf das Einfache. Keine 50 Paar Schuhe, keine 20 Jeans. Nur das, was man wirklich nutzt. Und mitnehmen kann, um seine Rente im warmen Süden zu verbringen. Zum Beispiel.

vorgespannter senkrechter Stahlseile zur Fugenrichtung vorgebeugt werden.

Aber warum so kompliziert, wenn's auch einfacher geht? Blockhäuser werden heute schlüsselfertig angeboten. Wer trotzdem Hand anlegen möchte, hat durchaus die Möglichkeit, sich auf das Abenteuer Hausbau einzulassen: mit im Werk vorgefertigten, nummerierten Bauteilen, die an Ort und Stelle persönlich zusammengesetzt werden können.

Viele europäische Auswanderer, die Amerika zum Ziel hatten, nahmen das Wissen über den Bau von Blockhäusern mit. Häuser dieser Art waren schnell errichtet und schützten zuverlässig vor Regen, Schnee und Wind.

Die frühen Hütten sahen anders aus, als wir sie heute kennen. Sie waren viel primitiver. Oft besaßen sie nicht einmal ein Fundament, die untersten Bohlen wurden direkt auf die nackte Erde gelegt. Das typische amerikanische Haus im 17./18. Jahrhundert war ein Blockhaus mit zwei Zimmern und einem großzügigen Vordach. Von Beginn an symbolisierte es den Geist der Pionierzeit. Die Häuser wurden in Amerika zum politischen Symbol. Viele Präsidenten der USA

Die Blockbohlenbauweise ist eine der ältesten der Welt. Sie hat sich bis in unsere Zeit hinein erhalten.

---

lebten in solchen Häusern, darunter James Polk, der 11., Millard Fillmore, der 13., James Buchanan, der 15., Abraham Lincoln, der 16., Andrew Johnson, der 17. und James Garfield, der 20. Präsident.

Auch im 21. Jahrhundert ist die Idee, sich ein eigenes Holzhaus zu bauen, so populär wie eh und je.

*Mensch. Ich bin
die Wärme deines Heimes
in kalten Winternächten,
der schirmende Schatten,
wenn des Sommers Sonne brennt.
Ich bin der Dachstuhl deines Hauses,
das Brett deines Tisches.
Ich bin das Bett, in dem du schläfst.
Ich bin das Holz,
aus dem du deine Schiffe baust.
Ich bin der Stiel deiner Haue,
die Türe deiner Hütte.
Ich bin das Holz deiner Wiege
und deines Sarges.
Ich bin das Brot der Güte,
die Blume der Schönheit.
Erhöre mein Gebet:
zerstöre mich nicht.*

VERFASSER UNBEKANNT

DAS UMGEBINDE-HAUS

Ein Umgebindehaus ist ein wahrer Architekturschatz, angesiedelt irgendwo zwischen Blockhaus und Fachwerkhaus, aber außerhalb der Oberlausitz kaum bekannt. Der Name hat seinen Ursprung in dem umlaufenden Balken, der das Haus wie eine Klammer zusammenhält. Daran „hängt" ein Fachwerkgerüst, das sogenannte Umgebinde. Die Oberlausitz besitzt mit circa 20.000 Umgebindehäusern das größte in sich geschlossene Reservat, von denen rund 6000 denkmalgeschützt sind.

Herzstück eines Umgebindehauses ist die Blockstube im Erdgeschoss, die aus mächtigen Stämmen besteht. Das Fachwerk-Obergeschoss ruht auf Ständern, die durch Holzstreben verbunden sind. Diese Konstruktion nimmt die Lasten des Daches oder des Obergeschosses (bei mehrgeschossigen Häusern) auf und entlastet die Blockbohlen. Ein mittig liegender Flur trennt das Haus in einen Wohn- und einen Wirtschaftsbereich.

Ein interessantes Element vieler Umgebindehäuser ist der aus Granit oder Sandstein gefertigte Türstock, meist mit dem

Eins der schönsten Umgebindehäuser: das „Schunkelhaus" in Obercunnersdorf.

> Ein Umgebindehaus ist ein wahrer Architekturschatz, angesiedelt irgendwo zwischen einem Blockhaus und einem Fachwerkhaus.

Geburtsjahr des Hauses versehen. Kunstvoll verziert, repräsentierten die Türstöcke den gesellschaftlichen Stand des Besitzers.

In Obercunnersdorf, einem idyllischen Dörfchen im Landkreis Görlitz mit gerade einmal 1.300 Einwohnern, steht mit dem „Schunkelhaus" eines der schönsten Umgebindehäuser der Oberlausitz.

DAS FACHWERKHAUS

Die Geschichte der Fachwerkhäuser geht zurück ins 14. Jahrhundert. Seinen Ursprung aber hat der Fachwerkbau bereits in der Jungsteinzeit, wo Holz, Lehm und Stroh als wichtige Baumaterialien zum Einsatz kamen. Die ältesten Fachwerkhäuser in Deutschland stammen aus dem 13. Jahrhundert. In Limburg stehen sechs „Exemplare", deren Errichtung auf die Jahre 1289 und 1296 schließen lassen.

Das Fachwerkhaus besteht aus einem „Holz-Skelett". Die von außen sichtbaren Zwischenräume werden mit einem lehmverputzten Holzgeflecht oder mit Mauerwerk gefüllt. Die schrägen Balken sind nicht nur ein optischer Aspekt, sie sorgen für eine Versteifung der Hauswand, die sie weniger anfällig für Wind und Witterungseinflusse macht. Das Fachwerkhaus ist sicherlich das typischste deutsche Haus. Es ist aber deshalb noch lange keine deutsche Erfindung, denn es ist in vielen Ländern Mitteleuropas zu finden – etwa in Österreich, Frankreich, den Niederlanden oder der Schweiz, wo man sie „Riegelhüsli" nennt.

Auf gut vier Millionen wird die Zahl der noch vorhandenen Fachwerkhäuser geschätzt. Viele sind gar nicht mehr als solche erkennbar, da die Fassaden verputzt oder mit Platten und Schindeln versehen wurden.

Das 16. Jahrhundert gilt als Fachwerk-Blütezeit, insbesondere die Periode um 1550. Aber auch im 19. Jahrhundert wurden noch Fachwerkgebäude errichtet, obwohl in den Städten zu dieser Zeit schon der Steinbau dominierte. Auch auf dem Lande behielt das Fachwerk-Bauernhaus seine Bedeutung.

Der ländliche Fachwerkbau erreichte zwischen 1720 und 1780 seine Blüte. Nicht wenige Liebhaber sehen in den schlichten Fachwerk-Bauernhöfen – im Gegensatz zu den reich mit farbigem Schnitzwerk versehenen städtischen Bauten – die einzig wahre Fachwerkbauweise, da ihre Einfachheit dem Auge wohltue.

Fachwerkhäuser sind in vielen Ländern Mitteleuropas verbreitet. In der Schweiz (hier im Kanton Thurgau) werden sie „Riegelhüsli" genannt.

HOHE HÄUSER AUS HOLZ

Aber nicht nur in ländlichen Regionen erlebt der Holzhausbau eine Renaissance. Auch in den Städten wachsen immer mehr Holzhochhäuser in den Himmel. Architekturbüros überbieten sich mit immer spektakuläreren Entwürfen: In der Hamburger Hafen-City wird das mit 65 Metern höchste Holzhochhaus Deutschlands entstehen, das „Roots". Auf insgesamt 18 Etagen sind 181 Wohnungen geplant. Fertiggestellt werden soll das Gebäude 2023. Man spare, so die Architekten, gegenüber einem Bau mit herkömmlichen Materialien 26.000 Tonnen Kohlenstoffdioxid ein. Dank neuester Technologien wie Brettschicht- oder Brettsperrholz ist es zudem möglich, über die gesetzlich definierte Hochhausgrenze von 22 Metern hinauszugehen.

Weltweit wagen sich immer mehr Architekten und Städteplaner an Ho-Ho's, also Holz-Hochhäuser. Das derzeit höchste steht im norwegischen Brumunddal und ragt stolze 84,5 Meter in den Himmel. Das Ho-Ho in Wien folgt mit 84 Metern knapp dahinter. Das „Rocket" im Schweizer Winterthur ist in Planung und soll 100 Meter

Das höchste Holzhochhaus der Welt steht im norwegischen Brumunddal.

> Aber nicht nur in ländlichen Regionen erlebt der Holzhausbau eine Renaissance. Auch in den Städten wachsen Holzhochhäuser in den Himmel.

hoch werden. Auch in Zug/Schweiz wächst ein 80 Meter hohes Haus vom Architekten-Schreibtisch aus empor. Auf den Dachterrassen der Ho-Ho's sind in der Regel begrünte Gemeinschaftsflächen und Mietergärten geplant.

Auch aus Deutschland, Österreich und der Schweiz sind viele Objekte zu nennen. In München/Riem wird ein ganzes Viertel emporwachsen, elf Ho-Ho's stehen dann gemeinsam an einen attraktiven Boulevard, einem Holzweg. In Berlin-Kreuzberg entsteht – noch auf dem Reißbrett – Deutschlands höchstes Holzhaus mit 98 Metern Höhe und 29 Stockwerken.

VIELE ARTEN UND QUALITÄTEN

Doch nicht nur die Häuser wachsen in die Höhe, auch die Ansprüche, die an Holzberufe und Menschen, die solche ausüben, gestellt werden. Eine berühmte Adresse in diesem Zusammenhang ist die HTBLA, die Höhere Technische Bundeslehranstalt Hallstatt in Österreich. Sie wurde im Jahr

1873 vom k.u.k. Handelsminister Anton von Bannhans mit vier Schülern eröffnet. Das Quartett wollte Holzschnitzen lernen und Marmorstein bearbeiten.

Heute ist die HTBLA eine über die Grenzen Österreichs hinaus angesehene Fachinstitution für Holz und Holz-Bearbeitung. Zurzeit werden dort 480 Schülerinnen und Schülern von 68 Lehrkräften unterrichtet. In Hallstatt kann man alles lernen, was man schon immer über Holz und seine Bearbeitung wissen wollte. Tischlern und Drechseln, Kunsthandwerk und Design, Möbelbau, Bildhauerei, Innenarchitektur, Bootsbau, Holztechnologie und Restauriertechnik, Instrumentenbau, Zimmerei und Holzhaus-Bau.

Ein „Meister aus Hallstatt" weiß natürlich, dass das Holz von Ahorn, Pappel, Kastanie und Tanne eine weißliche Farbe hat, während das von Birke, Douglasie und Fichte gelblich aussieht, Kiefern, Rotbuchen und Erlen unter der Rinde rot-braun sind, Eiche, Mahagoni und Zeder bräunliches Holz haben und das von Mooreichen und Ebenholz schwärzlich ist. Die Farbtöne beziehen sich auf unbehandeltes, frisch geschnittenes Holz. Zudem gibt es häufig Farbabweichungen, da jeder Baum an verschiedenen Orten und unter variierenden Umwelteinflüssen aufwächst.

Holzarten sind unterschiedlich lange haltbar. Hier spielen die wechselnden Wetterbedingungen eine ebenso große Rolle wie zersetzende Pilze, Würmer und Insekten. Die Dauerhaftigkeit wird in Klassen definiert.

- ■ Klasse 1 (sehr dauerhaft): verschiedene Tropenhölzer
- ■ Klasse 2 (dauerhaft): europäische Eiche, Edelkastanie, Tropenhölzer
- ■ Klasse 3 (mäßig dauerhaft): Douglasie, Lärche, Nussbäume
- ■ Klasse 4 (wenig dauerhaft): Kiefer, Tanne, Fichte, Ulme
- ■ Klasse 5 (nicht dauerhaft): Buche, Ahorn, Birke, Esche, Linde

Die warme und natürliche Ausstrahlung von Holz passt zu allen Wohnstilen und bildet einen wunderbaren Kontrast zu Beton, Glas oder Metall.

Man unterscheidet zwischen Hart- und Weichholz. In der Regel handelt es sich bei Hartholz um Laub- und bei Weichholz um Nadelbäume. Aber keine Regel ohne Ausnahme: Linde, Pappel und Weide zählen, obwohl Laubbäume, zu den Weichhölzern, während die europäische Lärche als Nadelholz hart ist.

Der wesentliche Unterschied zwischen Hart- und Weichholz besteht in der Dichte. Eine Holzart gilt als Weichholz, wenn seine Darrdichte (die Dichte von getrocknetem Holz) unter 0,55 Gramm je Kubikzentimeter liegt. Weichholz verwendet man eher für den Innenbereich, für den Möbelbau und den Bau von Instrumenten. Hartholz wird im Außenbereich genutzt, für klimaresistente Gartenhäuser, Carports und Hochbeete.

Gott schuf das Holz, mal hart, mal weich.
Doch eins, sprach er, ist immer gleich:
Es wird nie rasten und nie ruh'n
Wird arbeiten, wird stets was tun.
Und so gab er dem Holz die Zellen,
Jetzt konnt' es schwinden und auch quellen.

Holz ist nicht gleich Holz, sondern je nach Baumart mal härter oder weicher, widerstandsfähiger oder empfindlicher.

WIRTSCHAFTEN IM WALD

Der Wald versorgt uns mit zahlreichen wichtigen Rohstoffen: Kräutern, Heilpflanzen, Pilzen und natürlich Holz. Doch es dauerte lange, bis die Menschen begriffen, dass dies besser und vor allem ertragreicher funktioniert, wenn die Bewirtschaftung von Wäldern als Geben und Nehmen gestaltet wird. Der Weg hin zu einer nachhaltigen, umweltverträglichen Waldwirtschaft begann im 18. Jahrhundert und ist noch lange nicht beendet.

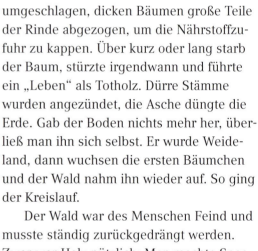

Im Mittelalter war Holz der wichtigste Rohstoff und Energielieferant. Mönche im Wald, Buchmalerei aus dem 12. Jahrhundert.

Anders als heute, wo Wälder grüne Inseln in einem besiedelten Raum sind, waren früher Dörfer Zivilisationspunkte in einem grünen Meer. Riesige Urwälder bedeckten Mitteleuropa vor Beginn der Zeitrechnung. Typisch war der düstere, geschlossene, wegelose Buchenhochwald, den der Römer Tacitus meinte, als er von „schaurigen" Wäldern und „widerwärtigen" Sümpfen sprach. Wald war unbewirtschaftete Natur. Die Bewirtschaftung bestand anfangs vor allem im Roden.

Dünne Stämme wurden mit der Steinaxt umgeschlagen, dicken Bäumen große Teile der Rinde abgezogen, um die Nährstoffzufuhr zu kappen. Über kurz oder lang starb der Baum, stürzte irgendwann und führte ein „Leben" als Totholz. Dürre Stämme wurden angezündet, die Asche düngte die Erde. Gab der Boden nichts mehr her, überließ man ihn sich selbst. Er wurde Weideland, dann wuchsen die ersten Bäumchen und der Wald nahm ihn wieder auf. So ging der Kreislauf.

Der Wald war des Menschen Feind und musste ständig zurückgedrängt werden. Zwar war Holz nützlich: Man machte Speere daraus, Pfeile, Lanzen, baute sich Pflüge und benutzte es als Brenn- sowie Bauholz. Aber das war noch lange kein Grund, den Wald als Freund zu betrachten. Lediglich Eichenbäume hatten ein positives Image, die Eicheln wurden von den Schweinen sehr geschätzt.

Die ersten Anfänge von dem, was heute Forstwirtschaft genannt wird, gab es im 14. Jahrhundert. Wie eine zarte Pflanze wuchs die Frage, was dem Wald nützen und schaden könnte. Holz war in der damaligen Zeit der wichtigste Rohstoff und Energielieferant. Lediglich Adel und Klerus besaßen Eigentum an Wald. Sie entschieden über Rodung und Jagd, wobei es dabei weniger um den Schutz des Waldes ging als um persönliche Interessen.

Mitte des 18. Jahrhunderts schließlich setzte eine bahnbrechende Veränderung ein: So etwas wie Forstwirtschaft begann. Fürsten und Förster stellten Regeln für den Umgang mit dem Wald auf. Erste Forstschulen wurden gegründet, ganz zaghaft setzte sich die Erkenntnis durch, dass nicht mehr Holz dem Wald entnommen werden sollte, als auch nachwächst. Das war die Geburtsstunde der Nachhaltigkeit.

Auf ewig damit verbunden ist der Name des bereits erwähnten Hans Carl von Carlowitz (1645–1714). Der sächsische Beamte führte den Begriff der Nachhaltigkeit in die Forstwissenschaft ein.

Die zielgerichtete Wiederaufforstung des Waldes fand hauptsächlich durch Nadelhölzer statt. Das lag vor allem an den noch immer im Vordergrund stehenden ökonomischen Interessen. Nadelhölzer waren anspruchslos, litten weniger unter Wildtierverbiss und lieferten in gleicher Zeit dreimal so viel Nutzholz wie Laubbäume.

So entstanden eintönige, homogen gewachsene Wälder. Die Gefahren, die von solchen Beständen ausgingen, waren schon damals bekannt. Karl Gayer (1822–1907), Professor für forstliche Produktionslehre an der Universität München, setzte alternative Waldkonzepte dagegen. Das Schlüsselwort

---

Die ersten Anfänge von dem, was heute Forstwirtschaft genannt wird, gab es im 14. Jahrhundert.

---

hieß „gemischter Wald". Damit erweiterte Gayer (auch Geyer geschrieben) den forstlichen Begriff der Nachhaltigkeit um eine ökologische Dimension.

Besonders nach dem Zweiten Weltkrieg wurde Holz immer knapper: In den ersten Nachkriegsjahren wurde bis zu 15-mal mehr Holz geschlagen, als nachwachsen konnte. Grund war nicht nur der hohe Eigenbedarf, sondern Reparationen, die Deutschland nach dem verlorenen Krieg an die Alliierten leisten musste – auch in Form von Naturalien. In der Zeit der sogenannten „Reparaturhiebe" wurden zehn Prozent der deutschen Waldfläche kahlgeschlagen. Damals wurde die „Schutzgemeinschaft Deutscher Wald" gegründet, die bis heute ihre Aufgabe darin sieht, den Bestand zu sichern, den Wald zu schützen und ihn für die Zukunft zu erhalten.

Im Laufe der Forstgeschichte hat sich die Bedeutung des Waldes entscheidend gewandelt. Bäume übernehmen heute wichtige Funktionen für den Menschen. Sie regulieren erstens den Wasserhaushalt, fangen zweitens Klimaextreme ab und filtern drittens Schadstoffe aus der Luft und binden sie.

Durch den Ausstoß von Treibhausgasen und die damit einhergehende Erderwärmung verändert sich das Klima gegenwärtig rasant. Immer wieder zerstören Stürme, Trockenheit und Insektenplagen ganze Waldflächen, machen Bäume so krank, dass sie ihre Funktion nur schwer erfüllen können.

Die moderne Forstwirtschaft setzt deshalb schon länger auf Mischwälder, die mit den Klimaveränderungen besser zurechtkommen als die traditionell gepflanzten Bestände. Natur- und Artenschutz sichert den Wald und hilft, ihn zu erhalten. Doch angesichts der beschleunigten Auswir-

Pionier der Forstwirtschaft: Der kurfürstlich-sächsische Kammer- und Bergrat Hans Carl von Carlowitz wird heute mit einer Büste vor Burg Rabenstein in Sachsen geehrt.

UNSER WALD HEUTE UND MORGEN

1948 in Berlin: Nach dem Zweiten Weltkrieg war Holz knapp, sodass die Menschen viele Parks und Grünanlagen abholzten.

Bei dieser Neuanpflanzung im Landkreis Osnabrück ersetzen junge Laubbäume die bislang vorherrschende Kiefernmonokultur.

kungen des Klimawandels gerät er an die Grenzen seiner Leistungsfähigkeit. In den letzten Jahren zeigen sich vielerorts großflächige Waldschäden und riesige Mengen an Schadholz. Im Jahr 2020 stammten rund 75 Prozent des eingeschlagenen Holzes – insgesamt 80,4 Millionen Kubikmeter – von geschädigten Bäumen.

Um sowohl die Leistungen und die Produktivität der Waldökosysteme dauerhaft zu gewährleisten als auch biologische Vielfalt auf der gesamten Waldfläche zu erhalten, ist eine nachhaltige, naturnahe und multifunktionale Waldbewirtschaftung nötig.

Aber nachhaltiges Wirtschaften ist mehr als die Sicherung von Holzmengen. 1993 hat eine hochrangige Ministerkonferenz zum Schutz der Wälder in der Helsinki-Deklaration die Waldbewirtschaftung definiert als „die Betreuung und Nutzung von Wäldern und Waldflächen auf eine Weise und

---

Zu nachhaltigem Wirtschaften im Wald gehört mehr als die Sicherung von Holzmengen beim Einschlag.

---

in einem Ausmaß, welche deren biologische Vielfalt, Produktivität, Regenerationsfähigkeit und Vitalität erhält und ihre Fähigkeit, gegenwärtig und in Zukunft wichtige ökologische, wirtschaftliche und soziale Funktionen auf lokaler, nationaler und globaler Ebene zu erfüllen, gewährleistet, ohne dass dies zu Schäden an anderen Ökosystemen führt".

Dass, was hier in sperrigen Worten gefordert wird, ist nichts anderes als eine Lebensversicherung und ein Generationenvertrag zwischen Mensch und Wald. Deutschland ist das waldreichste Land Mitteleuropas und das holzreichste dazu. Aktuell sind rund 11,4 Millionen Hektar mit Wald bedeckt. Das entspricht knapp einem Drittel der Gesamtfläche des Landes. Dank einer nachhaltigen Bewirtschaftung hat die Waldfläche trotz intensiver Nutzung seit dem Zweiten Weltkrieg stetig zugenommen.

Sie ist in den letzten 50 Jahren um mehr als eine Million Hektar gewachsen. Hinter dieser Zahl verbirgt sich nicht nur eine verantwortungsvolle Bewirtschaftung des Waldes, sondern auch seine behutsame Öffnung für gesellschaftliche Interessen wie Erholung, Freizeit und Sport. Der Wald gewinnt durch diesen Zweiklang in den Augen der Menschen an Wert. Das ist die beste Garantie für seinen Erhalt.

Die naturnahe und nachhaltige Forstwirtschaft in Mitteleuropa strebt struktur- und artenreiche Mischwälder an. Die bewusste Abkehr von Monokulturen hin zu möglichst artenreichen Mischwäldern zeigt in den letzten Jahrzehnten deutliche Erfolge: In Deutschlands Wäldern gibt es wieder mehr Laubbäume. Sie „besetzen" 43 Prozent des Holzbodens. Damit ist ihr Anteil gegenüber 2002 um rund sieben Prozent (ca. 315.000 Hektar) gestiegen, während der Anteil der Nadelbäume um ca. vier Prozent (267.000 Hektar) zurückging. Die Umsetzung solcher forstlichen Maßnahmen ist ökonomisch

Mischwälder wie hier nahe Bad Freienwalde sind das Ziel nachhaltiger Waldwirtschaft.

dann erfolgreich, wenn sie ökologisch klug flankiert werden. Kennzeichen einer naturnahen Forstwirtschaft sind:

- Der Aufbau stabiler, mehraltriger Wälder.
- Laub- und Mischwälder mit standortgerechten Baumarten. Mit Blick auf die ökologische Stabilität ist auf eine ausreichende Artenvielfalt zu achten. Nur so sind die Risiken der Klimaveränderungen abzufedern.
- Eine natürliche Waldverjüngung mit langen Verjüngungszeiträumen.
- Die Erziehung starker Bäume mit wertvollem Holz. Die Nutzung erfolgt möglichst einzelstamm- bis gruppenweise, ohne Kahlschlag.
- Die Erhaltung der natürlichen Leistungsfähigkeit des Bodens durch Verzicht auf Düngung, durch bodenschonende Holzerntemethoden und Rückeverfahren.

Die Globalisierung brachte nicht nur den Menschen Vor- und Nachteile, auch die Schädlinge in deutschen, österreichischen und Schweizer Wäldern haben von ihr profitiert. Ihre Zunahme und Ausbreitung in Mitteleuropa sind dem globalisierten Welthandel und den veränderten Klimabedingungen der letzten Jahre zu danken. Nur gesunde Wälder besitzen genug Abwehrpotenzial gegen die neuen Feinde.

Gegen Schadinsekten und Pilzkrankheiten mussten sich Bäume und Wälder schon immer wehren. Durch den Klimawandel allerdings sind die eingespielten Beziehungen zwischen Freund und Feind außer Takt geraten. Während einige Baumarten durch Klimastress an Widerstandskraft verlieren, bringt die zunehmende Erwärmung der Atmosphäre Baumschädlinge erst richtig in Schwung.

Der von Waldbesitzern gefürchtete Fichtenborkenkäfer nutzt zum Beispiel die Hitze eines trockenen Sommers zu explosionsartiger Vermehrung. Über 100.000 gefräßige Nachkommen kann ein einziges Borkenkäferweibchen pro Käferjahr „produzieren".

Die Rinde abgestorbener Bäume gibt Aufschluss darüber, welche Schäden durch den Befall mit Borkenkäfern verursacht werden.

Auch der Eichenprozessionsspinner liebt die Wärme und setzt sich gefährlich in Szene. Doch nicht nur Insekten, auch Erreger gefährlicher Pilzkrankheiten wie die Phythophthora-Wurzelhalsfäule oder das vom Pilz *Chalara fraxinea* verursachte Eschentrieb-Sterben tun alles, um sich in der Mitte Europas einzunisten.

Die wenigen Beispiele zeigen, wie die Zukunft der Wälder in Mitteleuropa aussieht. Große Bedeutung kommt der Züchtung resistenter Baumarten zu. Dazu müssen alle jungen Pflanzen in die Baumschule gehen, wobei der Begriff „Baumschule" nichts mit einem Gymnasium zu tun hat. Bäume zu „verschulen" bedeutet schlicht, dass sie mehrfach verpflanzt werden, ehe sie in den Handel kommen. So bilden sie bessere Wurzeln aus, und die sind – wie man weiß – die Basis für das Leben der Pflanze. Sie geben ihr den nötigen Halt im Boden, nehmen Wasser und Nährstoffe auf. Bei jedem Verschulen beschneidet der Baumschuler das Wurzelwerk. Es bilden sich immer neue Feinwurzeln, die Pflanze wird robuster. Das ist aber nicht der einzige Grund für ein regelmäßiges Verschulen.

Ein Borkenkäfer – und die Spuren seines gefräßigen Weges durch den Baum.

Durch den Klimawandel sind die Beziehungen zwischen Freund und Feind außer Takt geraten.

Die Pflanzen werden dabei auch in immer größeren Abständen voneinander gepflanzt. Je mehr Platz sie haben, desto kräftiger werden sie.

Die Zeitabstände, in denen Bäume und Sträucher ihren Standort wechseln, sind unterschiedlich. Die Intervalle richten sich nach der Art des Gehölzes und seinem Alter. Die Schulzeit für die meisten Bäume beträgt drei bis vier Jahre.

Wichtig wird in Zukunft auch die Förderung von Resistenzen durch erworbene individuelle Immunität. Noch fehlen resistente Bäume, aber die „Prägung" als Methode hat das Potenzial, bedrohte Baumarten zu retten. Unter „Prägung" versteht man einen physiologischen Zustand, der den Zellen bzw. Pflanzen eine schnellere und robustere Abwehrreaktion gegenüber Stressfaktoren ermöglicht.

Um den Wald mit seinen vielfältigen, unersetzbaren Leistungen für unser Ökosystem zu erhalten, sind alle Akteure gefragt, vom Waldbesitzer über die Forstindustrie bis hin zur Politik.

Gegenwärtig „tobt ein Kampf" um den richtigen Baum zur rechten Zeit. Die Douglasie hat alle Chancen, vorne mit dabei zu sein. Sie ist eine Baumart der feuchtgemäßigten Zone. Sie wächst im Westen Nordamerikas, in den Rocky Mountains, von British Columbia über Oregon, Washington bis hinunter nach Mexiko. Dort gibt es die Bedingungen, auf die wir uns gerade erst einstellen: (hoffentlich) ausgiebige Winterniederschläge und Sommerdürre.

In Deutschland wird die Douglasie seit Ende des 19. Jahrhunderts angebaut. Für den Naturschutz allerdings gilt sie immer

UNSER WALD HEUTE UND MORGEN

Aufforstung im Arnsberger Wald (Nordrhein-Westfalen): Junge Douglasien ersetzen einen Fichtenwald, der nach starkem Borkenkäferbefall abgestorben war.

Der Blauglockenbaum gehört zu den am schnellsten wachsenden Bäumen der Welt. Seine meist blauvioletten Blüten duften nach Vanille.

noch als „invasive Art", weil sie heimische Bäume verdrängt. Bei der Suche nach dem Zukunftsbaum kommt man um sie aber nicht herum.

Noch schneller im Wachstum ist nur der Blauglockenbaum (*Paulownia tomentosa*), auch Kaiserbaum oder Kiri genannt. Er wächst etwa drei Meter im Jahr – ein Rekord fürs Guinness-Buch. Auch die Holzindustrie ist begeistert von ihm, denn sein leichtes und hochwertiges Holz ist optimal für den Bau von Möbeln und Instrumenten. Die riesigen, bis zu 1,20 Meter großen Blätter binden zudem viel CO_2. Der Kiri ist sehr klimafreundlich und stammt aus Asien. In Deutschland gibt es ihn seit 1834. Er wird bis zu 15 Meter hoch und stellt keine besonderen Ansprüche an den Boden. Sein Holz ist wie Aluminium, leicht und stabil zugleich.

FORSTWIRTE BEI DER ARBEIT

Zu den interessantesten Berufen, die der Wald zu bieten hat, gehört der des Forstwirtes. Viel hängt von seiner Leidenschaft ab, seinem Wissen und seinem Können. Das Berufsbild dieses Allround-Waldmenschen ist breit gefächert. Er muss den Wald erhalten, pflegen und erneuern. Forstleute planen Wege und strukturieren Neuanpflanzungen, schützen bestehende Bäume und halten Schädlinge in Schach. Sie bauen Wildfutterstellen und bringen Nistkästen an. Aber sie kümmern sich nicht nur um Tiere, Pflanzen und Menschen, sondern leiten oder arbeiten auch für einen Wirtschaftsbetrieb. Sie produzieren und ernten den wichtigen Rohstoff Holz und sorgen dafür, dass die verarbeitende Industrie immer genügend davon hat, ohne das ökologische Gleichgewicht aus der Waage zu bringen. Sie wachen über die Qualität des heranwachsenden Holzes, fällen Bäume, transportieren, sortieren und lagern das Holz fachgerecht. Der Forstwirt pflegt und erhält Biotope und glaubt manchmal, sein Beruf würde ihn den Bäumen immer ähnlicher machen. Aber das stimmt nicht. Oder nur ein wenig.

Der Forstwirt ist kein Büromensch. Sein Arbeitsplatz ist der Wald. Bei jedem Wetter. Ob es stürmt, regnet oder schneit, ob Nebel zwischen den Bäumen hängt oder Blitzeis den Wald verzaubert.

Trotz zunehmender Mechanisierung ist die Arbeit im Wald körperlich schwer. Man braucht handwerkliches Geschick und technisches Wissen. Die Handhabung von Axt und Kettensäge ist gefährlich und verlangt viel Können. Forstwirt zu sein ist ein Beruf für Naturliebhaber, die allerdings auch mit

---

Das Berufsbild Forstwirt ist breit gefächert. Er muss den Wald erhalten, pflegen und erneuern.

---

der modernsten Technik vertraut sein müssen. Mit dem Harvester beispielsweise. Wie ein technisches Wundertier bewegt sich der Maschinenriese durch den Wald. Er benötigt nicht einmal zwei Minuten, um einen Baum zu fällen, ihn zu entasten und in Stücke zu sägen. Er arbeitet bis zu zehnmal schneller als ein Mann mit Axt und Säge.

Forstwirte sind vor allem Forstpfleger.

UNSER WALD HEUTE UND MORGEN

Mit einem Harvester lässt sich Holz in großer Geschwindigkeit ernten.

Rückepferde waren lange Zeit die stärksten Arbeiter im Wald.

Harvester können sehr unterschiedlich aussehen. Manche haben vier, andere acht Räder. Manche fahren mit Ketten, andere bewegen sich auf Stelzen durchs Gelände. Die Reifen der Baum-Erntemaschine sind dick und breit, so verteilen sie besser das Gewicht.

Ein Harvester wiegt zwischen 15 und 24 Tonnen. Mit seinem Kran-Arm kann er bis zu 15 Meter weit greifen. Den Baum, den er zu packen bekommt, verarbeitet er in Sekundenschnelle mithilfe seines sogenannten Harvester-Aggregats. An diesem befinden sich ein Sägeschwert, das den Baum fällt, die Vorschubwalzen, die den Stamm vor und zurück bewegen, Messer, die die Äste vom Stamm entfernen, und zahlreiche weitere raffinierte Instrumente. Die Kabine,

---

In den 1960er Jahren bereits fast verdrängt, erhalten Rückepferde heute wieder mehr Bedeutung.

---

in welcher der Fahrer sitzt, hat verstärkte Stahlrahmen und dickes Panzerglas. Es schützt ihn vor herabstürzendem Holz. Ein Nachteil des Harvesters ist sein Gewicht. Es zerstört den Waldboden, drückt die unterirdischen Wasseradern zusammen und macht aus den Wurzeln Wurzelmus.

Ein „Arbeitstier" wie den Harvester „schlägt" auch der geschickteste Forstwirt nicht. Doch nicht nur er muss sich mit ihm messen, auch Rückepferde tun das. Rückepferde nennt man die im Wald zum Holzrücken eingesetzten Kaltblüter. Sie ziehen die gefällten und entasteten Baumstämme zum nächsten Waldweg bzw. Polterplatz. Es sind sanfte Riesen, zuverlässige Pferde mit einem Körpergewicht nicht unter 700 Kilogramm. Sie lernen schnell, sind geduldig und nervenstark und selbst in steinigem und unebenem Gelände sehr trittsicher. Im Gegensatz zum Harvester verursachen sie keine Bodenschäden.

Nachdem sie in den 1960er Jahren bereits weitgehend verdrängt waren, erhalten Rückepferde heute wieder die ihnen gebührende Bedeutung. Im deutschen Wald ist ihr Einsatz neuerdings gesetzlich festgeschrieben. Aus gesundheitlichen Gründen darf ein Rückepferd nicht mehr als zehn bis 15 Prozent seines Körpergewichts ziehen – kurzzeitig maximal bis zu 50 Prozent. In der Regel werden sie zusammen mit Forstmaschinen eingesetzt, die nämlich im Unterschied zu den Pferden hochstapeln können.

VOM WALD ZUM HOLZ

Da Baumstämme auch für Menschen ein wenig zu groß geraten sind, müssen sie handhabbar gemacht werden. Das übernimmt das Sägewerk. Ob für den Bau von Möbeln oder Parkett: Nach dem Fällen eines Baumes sind zahlreiche Schritte nötig, um das Holz zu verarbeiten. Was früher mehrere Tage dauerte, ist heute in Minutenschnelle erledigt.

Nach der „Ernte" werden die grob entasteten Rundstämme entrindet und zum Rundholzplatz gebracht. Die Stämme werden vermessen und sortiert. Danach gelangen sie in die Ablängstation. Der Name ist Programm: Hier werden sie auf die ihnen zugewiesene Länge gebracht.

Anschließend gelangen sie ins Herz eines jeden Sägewerkes, die Einschnitt-Linie. Mit riesigen Gatter- und Bandsägen werden die Rundhölzer dort in breite Streifen geschnitten, aus denen später Balken, Bretter und Kanthölzer entstehen. Doch bevor es ans Schneiden geht, erstellen die Arbeiter einen Plan für jeden Baum, um so wenig Ausschuss wie möglich zu produzieren. Aus den abgefrästen Äußerlichkeiten der Stämme werden Hackschnitzel gemacht, auch das anfallende Sägemehl wird weiterverarbeitet. Abfall gibt es so gut wie keinen.

Nicht alle Bretter bleiben gewöhnliche Bretter. Einige werden im Hobelwerk veredelt, bekommen eine noble, glatte Haut, die beim Bau von Holzdecken etwa Verwendung findet. Andere wiederum werden frisch verleimt und unter richtig dosiertem Druck in der Biegestation auf Vordermann gebracht. Die Bretter und Hölzer werden exakt vermessen und geprüft. Dabei gilt es nicht nur, auf Stärke, Breite und Länge zu achten, sondern auch auf den geraden Verlauf ihrer Kanten und eventuelle fehlerhafte Stellen im Holz. Anschließend sortieren Roboter die Bretter und Balken je nach Größe und Stärke. In der Ablagerung werden sie dann so gestapelt, dass sie von allen Seiten Luft bekommen. Eine Feuchtigkeit von knapp unter 20 Prozent ist ideal.

Geerntet, entrindet, zersägt, geschnitten, verleimt, gebogen, alles wird im Sägewerk berechnet und vollautomatisch verarbeitet. Nach digitalisierten Befehlen bewegen sich Sägen, rotieren gezähnte Scheiben. Nichts erinnert mehr an die wassergetriebene Mühle, die am rauschenden Bach klappert. Das alte Volkslied ist deswegen nicht vergessen.

Rundholzplatz vor einem Sägewerk in Tirol.

AUF DER JAGD

Die Jagd war über viele Jahrtausende hinweg für Menschen überlebenswichtig. Wer essen wollte, musste jagen. Doch spätestens mit dem Übergang zu Ackerbau und Viehzucht wandelte sich auch die Funktion der Jagd: Sie wurde das Privileg jener, die über Geld, Macht und Grundbesitz verfügten. Für alle übrigen wurde sie lange Zeit unerreichbar. Gleichzeitig ist die Jagd bis heute wichtiger Bestandteil der Waldpflege – und der Förster zugleich oberster Waldhüter und erster Jäger.

Zu den Aufgaben eines Försters gehört auch die Jagd. Hier ein Revierförster beim Gang durch das Biosphärenreservat Schorfheide-Chorin.

Seit dem Morgen war der Jäger dem Rothirsch auf den Fersen gewesen. Durch Moore, Hochwald und unwegsame Schonungen war er ihm gefolgt. Endlich hatte er das Tier gestellt. Er hob die Waffe, setzte nochmal ab, zielte erneut, verwundert hob der Hirsch den Kopf. Für den Bruchteil einer Sekunde sah es so aus, als würden sich Jäger und Hirsch taxieren, dann riss das Tier unerwartet den Kopf herum und sprang mit einer eleganten Bewegung ins Unterholz. Das Geweih stieß gegen die Äste und weg war er. Enttäuscht ließ der Jäger die Büchse sinken.

Das Jagd-Handwerk ist so alt wie die Menschheit selbst und diente lange vor allem der Beschaffung von Nahrung. Fleisch stand bei unseren Vorfahren ganz oben auf dem Speisezettel. Doch ein erlegtes Tier bot noch weit mehr. Aus dem Fell nähte man Kleidung, die Sehnen wurden als Schnüre benutzt und aus den Knochen machten sich die Menschen Waffen und Schmuck.

Die Jagdleidenschaft vieler Herrscher prägte ganze Landschaften, die zur Jagd hergerichtet und umgestaltet wurden. So auch die Schorfheide. Seit dem 12. Jahrhundert war der riesige Waldfleck vor den

---

Das Jagd-Handwerk ist so alt wie die Menschheit selbst und diente vor allem der Beschaffung von Nahrung.

Toren Berlins bevorzugtes Jagd-Gebiet der Hohenzollern. Und wenn geschossen und getroffen wurde, wurde penibel gezählt. Im „Hirsch und Wilt Prats Register von Michaelis 1583 bis Ostern 1584" steht für das

Jagdgebiet der Schorfheide geschrieben: „Gepirschtes Wildpret 41, Wildpret so in der Schweinejagd gefangen 308, Hirsch so in der Schweinejagd gefangen 84, Wildkalb so in der Schweinejagd gefangen 1, Schweine mit dem Jagen 809, Rehe in der Schweinejagd 210, 1 Bär am 15. Dezember in der Grimnitzschen Heide, Federwild anno 1584: Gänse, Enten, Tauben, Brachvogel, Kiebitz, Reiher, Möwen 856, Hasen 184."

Die Förster notierten jeden Abschuss, sie kannten die Tiere und Bäume, die Hecken und Sträucher im Revier. Förster zu sein, war mehr als ein Beruf, es war eine Berufung.

Und da die Schorfheide ein bedeutender Forst war, galten auch ihre Förster als bedeutend. Seit dem 20. September 1898, dem Tag, an dem Kaiser Wilhelm II., geführt von seinem Leibförster Balduin von Hövel, „Allerhöchst Seinen 1000. edel Hirschen von XX Enden" in der Schorfheide zur Strecke gebracht hatte, wusste ganz Berlin: „Zuerst kommt der liebe Gott. Dann Seine Majestät. Und dann der Förster in der Schorfheide."

An dieser volkstümlichen Einschätzung preußischer Machtverhältnisse konnte auch der Erste Weltkrieg nichts ändern. Nach der Niederlage allerdings wurde der Spruch personell ein wenig abgerüstet. Nun klang er so: „An den lieben Gott glaubt sowieso keiner mehr. Und S. M. ist stiften gegangen. Bleibt also nur der Förster in der Schorfheide."

Passionierter Jäger: Der deutsche Kaiser Wilhelm II. (3. von rechts) auf der Wildschweinjagd, um 1912.

Jäger brauchen viel Geduld.

Zur Jagd gehört auch Wild, das sich davonmacht. Wildschweine sind kluge Tiere und deshalb schwer zu jagen.

Der Förster ist der natürliche Verbündete des Jägers. Beide sind in Deutschland dem Bundesjagdgesetz verpflichtet. Das wiederum versteht unter Jagd das „Aufsuchen, Nachstellen, Erlegen und Fangen von Wild" durch den Jäger. Traditionell wird

---

Jeder darf in Deutschland auf seinem Grund und Boden das Jagdrecht ausüben, wobei das Jagdrevier mindestens 75 Hektar groß sein muss.

---

diese Tätigkeit Weidwerk genannt. Sie verbindet die Befugnis zur Jagd mit der Pflicht zur Hege eines gesunden Wildtierbestandes sowie der Pflege und Sicherung seiner Lebensgrundlagen. Jäger legen Biotope an, bestellen und bewässern Wildäcker, die den Tieren Nahrung und Deckung bieten. Der Jäger muss sich um die gejagten Arten kümmern, also etwa Brutplätze pflegen, die Tiere mit Futter versorgen sowie Daten zum Zustand und zur Entwicklung heimischer sowie invasiver Arten sammeln.

Dies alles geschieht unter Beachtung der anerkannten Grundsätze deutscher Weidgerechtigkeit, womit der Ehren-Kodex für Jäger gemeint ist. Dazu gehört auch, dass den während der Jagd verfolgten Tieren die Chance eingeräumt wird, zu entkommen. Und natürlich muss der Jäger seine Waffe beherrschen, um einen sicheren Schuss setzen zu können, dem Tier nicht mehr als die unvermeidbaren Schmerzen zuzufügen. Ein guter Jäger bewahrt stets die Ehrfurcht vor dem Tier, das er erlegt hat. Der Jagdhistoriker Kurt Lindner (1906–1987) nannte dies den „moralischen Imperativ", dem sich der Jäger zu unterwerfen habe.

Die Jagdausübung ist in der deutschen Rechtsordnung untrennbar mit dem Begriff „Grundeigentum" verbunden. Jeder darf auf seinem Grund und Boden das Jagdrecht ausüben. Dies ist eine der wenigen Regeln, die von der bürgerlichen Revolution von 1848 übriggeblieben ist. Damals hob die Nationalversammlung das an den Adel gebundene Privileg der Jagd auf. Endlich durfte auch Otto Normalverbraucher jagen.

Das Jagdrevier eines Jagdausübenden muss allerdings die Mindestgröße von 75 Hektar haben. Das ist viel Land. Wer als Grundeigentümer nicht so großflächig im Erbe bedacht worden war, ist daher verpflichtet, einer Jagdgenossenschaft beizutreten, in der die Flächen seiner Mitglieder zusammengelegt und an Jäger oder Jagdvereine verpachtet werden.

Die jagdbaren Tiere sind laut Gesetz in Haarwild (= Säugetiere) und Federwild (= Vögel) gegliedert. Zum Haarwild gehören u.a. Rotwild, Damwild, Rehwild, Gamswild, Feldhase, Muffelwild, Schwarzwild, Wildkaninchen, Fuchs, Baummarder, Steinmarder, Nutria, Waschbären und Dachse. Als Federwild gelten u.a. Rebhühner, Fasane, Wildtauben, Wildenten und Waldschnepfen.

„Eine Durchschnittsjagd", schreibt der bekannte Förster Peter Wohlleben in seinem Buch „Gebrauchsanleitung für den Wald", „kostet einschließlich Jagdaufseher, Treibjagden und zu begleichenden Wildschäden bis zu 50.000 Euro – jährlich. Das kann sich nur ein ganz geringer Teil der Jagdscheininhaber leisten, sodass das Waidwerk nach wie vor als elitäres Hobby gelten darf.

Und damit sind wir beim Ausgangsargument der ‚grünen Fraktion', Jagd sei eine alte Tradition. Für einen winzigen Bruchteil der Bevölkerung mag das zutreffen, für den großen Rest war sie das nie. Unsere Tradition des Nahrungserwerbs ist seit Jahrtausenden die Landwirtschaft, nicht das Schießen von Waldtieren."

Dessen ungeachtet nehmen die Mitgliederzahlen in den Jagdverbänden der Schweiz, Österreichs und Deutschlands immer mehr zu. Allein in Deutschland gibt es mehr als 400.000 Jägerinnen und Jäger mit Jagdschein. Mit 93 751 leben die meisten davon in Nordrhein-Westfalen. Auf Platz 2 liegt Niedersachsen mit 60.000, gefolgt von Baden-Württemberg mit 55 150. Heruntergerechnet auf die Einwohnerzahl bietet sich ein anderes Bild: Mit 8,2 Jägern und Jägerinnen pro 1000 Einwohner ist Mecklenburg-Vorpommern Spitzenreiter, gefolgt von Schleswig-Holstein (8,1) und Niedersachsen (7,5).

Männliche Rothirsche bieten einen imposanten Anblick, hier im Wildpark Aurach in den österreichischen Alpen.

Rebhühner gehörten früher zu den am meisten geschossenen Wildvögeln; heute sind die Bestände fast überall eingebrochen.

WAIDMÄNNISCHE REDENSARTEN

äsen: fressen

Bache: weibliches Schwarzwild

Blattschuss: Schuss auf das Blatt (Brustraum) der Wildtiere

Brunftrute: Geschlechtsteil beim männlichen Schalenwild

Decke: Haut mit Haaren, Fell beim Schalenwild (außer Schwarzwild) sowie bei Bär, Wolf und Hund

Fang: Maul des Fuchses

Geißkitz: weibliches Rehwild im 1. Lebensjahr

Geweihträger: Schalenwild mit Geweih, das jährlich erneuert wird und nur beim männlichen Geschlecht vorhanden ist

Haken schlagen: Wenn der Feldhase beim Flüchten die Richtung ändert.

Hitze: Begattungsbereitschaft, Empfängnisbereitschaft des Weibchens

Lauscher: Ohren des Schalenwilds (außer Schwarzwild)

Löffler: junger Damhirsch mit zweitem oder drittem Geweih

Losung: Exkremente bei Haarwild, Auerwild, Trappen und Schnepfen

Lunte: Schwanz des Fuchses

Maske: Farbzeichnung am Haupt von Gams- und Muffelwild

Mönch: geweihloser Hirsch

Pinsel: Haarbüschel am Austritt der Brunftrute

Ranzzeit: Fortpflanzungszeit beim Haarraubwild

Sauwaffen: Eckzähne des Keilers (männliches Wildschwein)

Schalen: Füße, Klauen beim Schalenwild

Schüsseltrieb: das gemeinsame Essen nach Beendigung der Jagd mit anschließendem gemütlichen Beisammensein

Schweiß: ausgetretenes Blut bei allen Wildarten

Stangen: einzelne Geweihteile der Hirschartigen

Teller: Ohren beim Schwarzwild

Wind bekommen: Riechen der Wildtiere

In Österreich üben auf rund 84.000 Quadratkilometern Fläche etwa 130.000 Jäger die Jagd aus. In der Schweiz gibt es 30.000 aktive Jäger, davon sind 1500 Frauen.

Da Jagen etwas mit Fähigkeiten zu tun hat, muss man sie erlernen. Und auch die Fertigkeiten wollen trainiert sein. Übung macht den Meister. Auch in der Jagd. In Deutschland bemühen sich immer mehr Menschen, die gut 180 Stunden dauernde Ausbildung zum Jägersmann oder zur Jägersfrau zu bestehen. Nach dem Grund befragt, gaben die meisten an, die Jagd verschaffe ihnen ein intensives Naturerleben.

Wer Beute machen will, muss die Welt der Wildtiere kennen und eine gute Artenkenntnis haben. Die Jagdschulen bieten dazu in Theorie und Praxis ein breitgefächertes Wissen zu folgenden Sachgebieten:

- Kenntnis der Wildarten, Wildbiologie
- Jagd- und Waffenrecht, Waffenkunde, Unfallverhütungsvorschriften
- Jagdbetrieb, Führung von Jagdhunden
- Wildkrankheiten, Behandlung von erlegtem Wild, rechtliche Vorschriften
- Tier- und Naturschutz

Die Prüfung ist sehr anspruchsvoll. Diejenigen, die durchfallen und in die ungeliebte Nachprüfung müssen, dürfen jedes Prüfungsgebiet bis zu zweimal wiederholen, bevor die Vollprüfung noch einmal in Gänze absolviert werden muss. Hat der Kandidat bestanden, hat er die Pflicht, seine Fähigkeiten an der Waffe ständig zu trainieren, das erworbene Wissen auf dem neusten Stand zu halten und sich fortzubilden.

Die Jägersprache, die ein wenig an die Sprache alter Geheimbünde erinnert, ist übrigens kein Lehrfach. Ursprünglich in den Alltag eingebunden, entwickelte sie sich mit der beginnenden Feudaljagd unter Karl dem Großen (743–814 n. Chr.) zur Fachsprache der Jäger. Rund 13.000 Begriffe umfasste ihr Wortschatz, doch nur etwa 3000 davon sind heute noch im Gebrauch. Viele bildhafte Redewendungen wurden von der Alltagssprache übernommen. So zum Beispiel „durch die Lappen gehen", „auf die Sprünge helfen", „Fährte aufnehmen", „Lunte riechen" oder „auf der Strecke bleiben".

Zum jagdlichen Brauchtum gehören neben der Sprache die Kleidung, die Bruchzeichen und das Jagdhornblasen. In der Jagd werden Befehle und Mitteilungen per Horn erteilt, so u. a. das Signal Aufbruch zur Jagd, Begrüßung der Jagdgesellschaft, Dank dem Jagdherrn, die Jagd läuft gut, Jagd vorbei – Halali, Heimkehr nach guter Jagd, Horrido, Huldigung der Jagd, Weidmannsdank.

Der Gesetzgeber hat die Jagd bis ins Kleinste geregelt. Grundsätzlich gilt: Wild darf nur zu bestimmten Zeiten und in festgelegten Revieren gejagt werden. Die Zeiträume für die Jagd können von Region zu Region unterschiedlich sein, da es den einzelnen Bundesländern zusteht, Jagdzeiten zu verkürzen oder aufzuheben. Auch innerhalb derselben Wildart können die Jagdzeiten variieren, da nach Geschlecht und Alter der Tiere unterschieden wird. Rotwild darf in der Regel von August bis Januar gejagt werden, Rehböcke von Mai bis Mitte Oktober, Rebhühner lediglich im September

Nur wer den Jagdschein abgelegt hat, darf eine Jagdwaffe benutzen.

In Deutschland ist das Reh die zahlenmäßig bedeutendste jagdbare Wildart, gefolgt vom Wildschwein. Im Jagdjahr 2019/20 wurden hier bundesweit über 1,2 Millionen Rehe und über 880.000 Wildschweine erlegt. Übrigens ist das Reh nicht die Frau des Hirsches. Beim Rehwild heißt das männliche Tier Rehbock, das weibliche

War einst zur Kommunikation bei der Jagd nötig: das Jagdhorn.

Der Gesetzgeber hat die Jagd bis ins Kleinste geregelt: Wild darf nur zu bestimmten Zeiten und in festgelegten Revieren gejagt werden.

---

und Oktober. Wildkaninchen und Frischlinge, so heißen die Jungen des Wildschweins, dürfen das ganze Jahr über erlegt werden, da die Bestände sehr groß sind.

Die übrigen Monate ist Schonzeit. Die Jäger müssen die Tiere in Ruhe lassen, damit diese ihre Jungen großziehen und den Bestand sichern können. Zur Schonzeit zählen meist die ersten Monate eines Jahres bis hin zum Frühling. Wer gegen die Schonzeit verstößt, begeht eine Straftat. Für einzelne Tierarten gilt in bestimmten Regionen sogar eine ganzjährige Schonzeit. So dürfen mancherorts Blässhühner oder Ringelgänse, Rebhühner und bestimmte Enten gar nicht gejagt werden.

Fast 900.000 Wildschweine wurden 2019/20 allein in Deutschland erlegt.

Das Reh ist Jagdbeute Nummer eins in Deutschland.

Der Rothirsch ist die größte freilebende heimische Wildart.

Tier Ricke und das Jungtier Kitz. Beim Rotwild gehört zum männlichen „Hirsch" das weibliche „Alttier" und das Jungtier wird Kalb genannt.

Rotwild zählt zu den größten Hirscharten Mitteleuropas. Das Fleisch ist dunkelbraun, von керniger Struktur und hat einen kräftigen Wildgeschmack. Wenn es von jungen Tieren stammt, ist es hervorra-

---

Rotwild zählt zu den größten Hirscharten Mitteleuropas. Das Fleisch ist dunkelbraun und hat einen kräftigen Wildgeschmack.

---

gend zum Braten und Grillen geeignet. Das Fleisch von älteren Tieren wird am besten geschmort. Hirschgulasch mit Backpflaumensoße und Polenta ist ein Genuss für den Gaumen.

Die Jagd ist in den letzten Jahren in schweres Fahrwasser geraten. Zwei unversöhnliche Parteien stehen sich gegenüber. Für die einen ist die Jagd nichts weiter als ein blutrünstiger Freizeitspaß, die anderen sehen sich als gute Naturfreunde, die durch den Abschuss die Wildbestände regulieren, da die natürlichen Feinde wie Bär oder Luchs längst aus den mitteleuropäischen Wäldern verschwunden sind. Und, so argumentieren sie, kein Jäger schieße aus purer Freude am Töten auf Wild. Es gehe ihm vielmehr darum, Wald und Tiere den Menschen nutzbar zu machen. Wenn einzelne Tiere getötet werden, sei die gesamte Art noch lange nicht in ihrem Bestand gefährdet.

Angezweifelt werden von den Jagdgegnern auch die Schießkünste der Jäger, denen man vorwirft, den Tieren unnötige Schmerzen zu bereiten, da bei der Jagd die Tiere oftmals nur angeschossen werden. Die Nachsuche dauere viele Stunden, in denen die Tiere qualvoll durch den Wald irren würden, ehe es zum erlösenden Schuss kommt.

Außerdem ist die Verwendung von Bleigeschossen ein großes Problem. Vom Schrot der Jäger werden unzählige andere Tiere, insbesondere Vögel, getroffen. Und manches Stückchen Blei landet auch unfreiwillig über den Sonntagsbraten auf den Tellern.

Um Ausgleich zwischen den beiden Lagern bemüht sich der Ökologische Jagdverband, der deutschlandweit in Jagdverbänden organisiert ist. Ziel des ÖJV ist es, eine Alternative zur traditionellen Jagd aufzuzeigen und durchzusetzen.

Demonstriert wird immer wieder – für und gegen die Jagd.

DAS „WAIDFRÄULEIN" SCHIESST ZURÜCK

Längst ist Jagen nicht mehr nur Männersache.

Immer häufiger finden Frauen Gefallen an der Jagd. Ihr Anteil stieg in den letzten Jahren von 20 auf 28 Prozent. „Genauso wie Frauen heute zur Bundeswehr gehen, werden sie auch Jägerinnen", sagt der Pressesprecher des Deutschen Jagdverbandes.

So wie Sinah B., eine junge Frau, die unter dem Pseudonym „Waidfräulein" regelmäßig in den sozialen Medien über ihre Jagdleidenschaft berichtet. „Ich liebe die Natur", sagt sie. „Ohne zu wissen, wie sich ein Tier im Wald verhält, welche Eigenarten es hat, kann ich nicht jagen." Das „Waidfräulein" redet offen über ihre Jagdleidenschaft und lässt sich auch gern mal mit ihrer Jagdbeute ablichten.

Als sie sich ein erstes Mal mit einem erlegten Fuchs zeigte, schrieben ihr mehr als 2000 Menschen Hass-Kommentare. Als es ihr zu bunt wurde, „schoss" Sinah B. zurück. Und traf. Sie hat viele Verfahren vor Gericht gewonnen.

ERHOLUNGSORT UND FREIZEITPARADIES

Kaum ein Ort, der allen gehört und zugänglich ist, bietet so viel wie der Wald. „Raus ins Grüne!", ist seit mehr als 100 Jahren der begeisterte Ausruf aller, die sich in den Wald aufmachen – auf der Suche nach Abenteuern, Erholung, Ruhe oder der Gesellschaft der Natur. Joggen, Walken, Spazierengehen, Pilze suchen oder einfach nur Entspannen: Im Wald geht alles. Und wenn wir uns als würdige Gäste erweisen, bleibt das auch so.

Der Philosoph Arthur Schopenhauer meinte, dass 90 Prozent unseres Glücks auf das Konto der Gesundheit gehen. Wenn ein Mensch gesund ist, läuft alles wie von selbst. Er sieht positiv auf sein Leben, ist voller Unternehmungslust, Energie und Freude.

Die Gesundheit ist allerdings ein Kapital, das gepflegt sein will. Man muss schon etwas tun gegen den inneren, fettansetzenden Schweinehund. Wandern, Joggen, Spazierengehen, Laufen – viele gesundheitliche „Kapitalanlagen" führen in den Wald. Eine Stunde Waldwandern pro Woche genügt wahrscheinlich nicht, um diese neun Zehntel vom Glück zu erreichen, aber es ist immerhin ein Anfang. Man hat Spaß an der Natur und kommt dem Ziel näher. Der Wald ist das beste Fitness-Center.

Freizeitaktivitäten im Wald nehmen seit Jahren zu – insbesondere bei schönem Wetter und wärmeren Temperaturen treibt es die Menschen hinaus ins Grüne. Der harzige Geruch der Bäume, das leichte Rascheln der Blätter im Wind, die saftigen

Der Wald lädt zu Bewegung aller Art ein.

Mediziner sind sich einig, dass es nichts Gesünderes gibt als eine Wanderung durch den Wald.

Moospolster, das Herz-Kreislauf-System entspannt sich, bereits nach wenigen Minuten sinken (medizinisch nachgewiesen) Puls und Blutdruck. Die Lungenflügel weiten sich. Endlich feinstaubfreie Luft atmen. Gut für Körper und Seele. Mit jedem Atemzug nimmt der Mensch gesunden Sauerstoff auf. Und Terpene. Duftstoffe, die die Bäume absondern, um miteinander zu kommunizieren und Insekten zur Bestäubung anzulocken.

Für viele ist Wandern die perfekte Art Natur zu erleben.

Mediziner sind sich einig, dass es nichts Gesünderes gibt als eine Wanderung durch den Wald. Es ist kein Zufall, dass die meisten heilklimatischen Kurorte Mitteleuropas in waldreichen Gegenden liegen.

Gehen ist des Menschen beste Medizin, sagte schon Hippokrates. Schritt für Schritt im Einklang mit der Natur, vorbei an kristallklaren Bergseen, alpinen Gebirgsketten, an gigantischen Waldschluchten und malerischen Almen. Doch was versteht man eigentlich unter Gehen? Ist damit strammes Wandern gemeint oder ein schlichter Spaziergang?

WANDERN

Das Wort Wanderung definiert ein Vergnügen, das aus aktiver Erholung und Naturgenuss besteht. Laut Definition erstreckt sich eine Wanderung über mehrere Stunden und ist keine alltägliche Sache. Berufstätige wandern deshalb zumeist am Wochenende. Oder nutzen ihren Urlaub dazu.

Es gibt Kurz- und Fernwanderrouten, die über Hunderte von Kilometern führen und aus mehreren Etappen bestehen. Eine Fernwanderung benötigt eine gute Vorbereitung. Übernachtungsmöglichkeiten müssen geplant, Lokale und Restaurants an der Strecke sollten bekannt sein. Gutes Schuhwerk gehört an die Füße und ein Rucksack auf den Rücken. In dem wiederum finden sich die Regenbekleidung, der Sonnenschutz, ein Erste-Hilfe-Paket sowie Trinken und Essen.

In Deutschland gibt es ein Wanderwegenetz von gut 300.000 Kilometern. Durch Österreich führen mehr als 11.000 Kilometer Wanderwege. Die Schweiz und das Fürstentum Liechtenstein verfügen insgesamt über 65.000 Kilometer, davon sind gut 22.000 Kilometer Bergwanderwege.

Ausgeschilderte Wanderwege im Ebersberger Forst.

Angesichts dieser Auswahl ist es gut zu wissen, dass es auch Wanderer gibt, die mit einer einzigen, ihnen gut vertrauten Wanderstrecke zufrieden sind und diese immer wieder mit Freude laufen, weil die Landschaft, durch die ihre Beine sie tragen,

Wandern ist viel mehr als nur einen Fuß vor den anderen zu setzen. Es ist für zahlreiche Menschen eine tiefgreifende Lebensauffassung.

so schön, so besonders, so reizvoll ist. Und natürlich gibt es auch Rundwanderwege, bei denen Start und Ziel identisch sind.

Im Gegensatz zum Wandern ist die Planung eines Spaziergangs nicht nötig. Man lässt sich einfach gehen. Das Wort Spazieren hat italienische Wurzeln, in ihm steckt das klangvolle „spaziare". Es signalisiert einen genussvollen Bummel durch Einkaufsstraßen und Promenaden. Damit kann der Wald nicht dienen. Dafür hat er aber alles, was die Seele eines Menschen zum Klingen bringt. Man erholt sich an Leib und Seele, sobald man unter jungen und alten Bäumen wandert.

Das gut ausgebaute Wandernetz in unseren Wäldern wird allen körperlichen Individualitäten gerecht. Auch der Tatsache, dass der Mensch gerne mal an seine Grenzen geht, sich ausprobiert, testet, wissen will, wie gut er in Form ist, wie viel Kraft und Wille in ihm stecken.

Wandern ist viel mehr als nur einen Fuß vor den anderen zu setzen. Es ist für viele Menschen eine Lebensauffassung, ein geistiger und körperlicher Plan. Weil das so ist, haben die Gesetzgeber Deutschlands, Österreichs und der Schweiz ins Eigentumsrecht eingegriffen und die Wälder für jedermann geöffnet.

In Deutschland ist dies im Paragrafen 14 des Bundeswaldgesetzes geregelt. Wem auch immer der Wald gehört, ob einer privaten Person, einer Gruppe von Menschen, einer Körperschaft oder dem Staat, er steht den Bürgern „zum Zwecke der Erholung" jederzeit offen. Das ist insofern von Bedeutung, da sich in Deutschland 48 Prozent der Wälder in Privatbesitz befinden, 29 Prozent gehören den Bundesländern, 19 Prozent den Körperschaften und vier Prozent dem Bund. In Österreich teilen sich 145.000 Eigentümer 82 Prozent der Waldfläche.

Die restlichen 18 Prozent gehören zum sogenannten „öffentlichen Wald". In der Schweiz gibt es zirka 250.000 Waldbesitzer. In ihren Händen befinden sich 30 Prozent der 1,31 Millionen Hektar großen Waldfläche. In einigen Kantonen sind mehr als die Hälfte der Wälder in privatem Besitz.

Auch wenn in der Regel das Eigentum der Waldbesitzer Allgemeingut ist, muss jeder Besucher sich so verhalten, dass er den

VIER SCHÖNE WALDWANDERWEGE

Wanderer am Herrenwieser See.

Auf 217 Kilometern über zehn Etappen führt der Märkische Landweg einmal quer durch drei Naturlandschaften: den Naturpark Uckermärkische Seen, das Biosphärenreservat Schorfheide-Chorin und den Nationalpark Unteres Odertal. Prädikat: Schön abwechslungsreich.

Wer es aussichtsreich mag, für den ist die Waldwanderung zum Herrenwieser See und auf die Badener Höhe (1.002 Meter) im Schwarzwald wie geschaffen. Mit tiefen Einblicken ins Murgtal und hohen Ausblicken auf die Baden-Badener Berge. Prädikat: Viel Augenschmaus.

Einmal rund um die Karawanken: Die beliebte Tour auf den Singerberg in der Carnica-Region Rosental in Kärnten ist fast ganzjährig möglich, doch im Frühjahr und Herbst offenbart sich die ganze Farbpracht der Wälder. Prädikat: Richtig bunt.

Im Zürcher Weinland, da, wo die Thur in den Rhein mündet, erstreckt sich über fast 400 Hektar ein idyllisches Auenwaldgebiet aus Weiden und Erlen. Mit üppigem Unterholz sowie hohen Gräsern und Kletterpflanzen. Wer hier wandert, wird beschenkt mit dem Anblick und dem Gesang vieler Vogelarten. Prädikat: Äußerst klangvoll.

Wald so wenig wie möglich beeinträchtigt, ihn weder gefährdet noch schädigt oder verschmutzt. Wenn sich jeder daran hält, sind Wald und Tourismus Verbündete.

PILZE SUCHEN

Wie kein anderer Raum bietet der Wald den Menschen alle Möglichkeiten, um sich gesund, mit Spaß und Lebensfreude zu betätigen. Wald hat für Millionen von Menschen einen sehr hohen Stellenwert. Dazu trägt das Vergnügen, Pilze zu sammeln, nicht unwesentlich bei.

Wer sich dem Spaß hingibt, braucht allerdings Wissen, Ausdauer und ein gutes Messer. Jeder leidenschaftliche Pilzsammler hat seine Stellen, an denen er fündig wird. Wo diese genau sind, bleibt nicht selten sein gut gehütetes Geheimnis.

Anfänger sollten nicht ohne erfahrene Begleitung losziehen, und nur Pilze in den Korb tun, die sie wirklich kennen. Hat man einen Speisepilz gefunden, kann man ihn vorsichtig aus der Erde herausdrehen, oder ihn mit einem geraden Schnitt über dem Boden abschneiden. Ganz junge und ganz alte Exemplare bitte stehen lassen. Die Pilze sollten im Korb locker liegen und nicht gequetscht werden. Da Waldpilze geschützt sind, darf man sie lediglich in kleineren Mengen für den Eigenbedarf sammeln.

Speisepilze wachsen gerne zu Füßen großer Bäume. Hohe Luftfeuchtigkeit und milde Witterung fördern ihr Wachstum.

Der Steinpilz gehört zu den beliebtesten Arten. Pilzsucher finden ihn von Juli an in Nadel- oder Mischwäldern, oft auf sandigen Böden. Besonders junge Steinpilze haben ein außergewöhnlich festes Fleisch, daher der Name.

Erholung mit Mehrwert: Pilzesuchen. Sammeln darf man übrigens nur für den Eigenbedarf – in den meisten deutschen Bundesländern ein Kilogramm pro Person.

Eine Marone steht selten allein, sagt man. Findet man die erste, hat man in Kürze den halben Korb voll. Der Maronen-Röhrling, der bis November in Nadelwäldern zu finden ist, wächst am besten unter Fichten und Kiefern.

Je nach Witterung kommt der Pfifferling von Juni bis in den November in Laub- und Nadelwäldern vor. Zu finden ist er sehr häufig im Moos unter Fichten und Kiefern.

Ebenfalls von Juni bis November gibt es den Birkenpilz. Er kann bis zu 15 Zentimeter hoch werden und gedeiht unter Birken. Junge Exemplare sind sehr fest und schmackhaft.

Ebenso beliebt bei Pilzsammlern sind die festen Rotkappen. Sie wachsen vom Juni bis in den November. Zu erkennen ist der aromatische Pilz am rot-braunen Hut.

Der Parasolpilz, auch Schirmpilz genannt, wächst sowohl in Wäldern als auch auf Wiesen und an Wegrändern. Der Pilz kann bis zu 30 Zentimeter groß werden.

Speisepilze wachsen besonders gerne zu Füßen großer Bäume. Hohe Luftfeuchtigkeit und milde Witterung fördern zudem ihr Wachstum.

Er ist ein hervorragender Speisepilz. Der Hut größerer Exemplare kann paniert und wie ein Schnitzel in der Pfanne gebraten werden.

KLETTERN

Beinahe so schnell wie Pilze wachsen seit einigen Jahren Kletterparcours in unseren Wäldern empor. Mit einem „Klick" hängt das Leben an zwei Karabinerhaken. Sicherheitsnetze gibt es nicht. Mut und Angst wechseln beim Anblick hin- und herpendelnder Baumstämme oder schwankender Hängebrücken.

Man muss sich überwinden, das Herz in beide Hände nehmen und los geht's.

Steinpilz: für viele der König unter den Speisepilzen.

Birkenpilz: am leckersten, wenn er jung ist.

Parasolpilz: der Schnitzel-Pilz.

Kletterparks laden zum Sich-Überwinden ein.

Der Mut wächst beim Überschreiten der eigenen Grenzen und wird in der Regel mit neuem Körperbewusstsein belohnt. Auf den Adrenalinkick folgt ein Höhenflug der Gefühle.

In jedem Kletterpark oder Hochseilgarten sind Mut, Gleichgewichtssinn und Geschicklichkeit gefragt. Zumeist besteht die Herausforderung darin, über freischwebende Holz- und Seil-Elemente von Punkt A nach Punkt B zu gelangen. Ein Gefühl von Sicherheit stellt sich erst ein, wenn man ein erstes Mal ins Seil „gefallen" ist. Es hält. Hochseilgärten bieten Spaß, den man auch in der Gruppe erleben kann, da viele Elemente nur Hand in Hand gemeistert werden können.

BAUMWIPFELPFADE

Eine eigene Art, den Wald zu erleben, ist ein Spaziergang über einen Baumwipfelpfad. Einmal hinauf in die Baumkronen steigen und dem Wald auf den Kopf sehen – das begeistert nicht nur Kinder. In Österreich gibt es sechs Baumwipfelpfade, der älteste ist der Baumkronenweg Kopfing, unweit von Passau, der jüngste der 2018 eröffnete Baumwipfelpfad Salzkammergut in Gmunden. In Mogelsberg nahe St. Gallen wurde im Mai 2018 der erste, 500 Meter lange und barrierefreie Baumwipfelpfad der Schweiz eröffnet. Die „Senda dil Dragun" dagegen, der längste Baumwipfelpfad der Welt, windet sich in Graubünden durch den Laaxer Wald und hat nach einem Jahr Bauzeit seit 2021 für Mutige geöffnet.

In Deutschland gibt es mehr als ein Dutzend Baumwipfelpfade. Der nördlichste liegt auf der Insel Rügen. Er ist 1250 Meter lang und barrierearm. Schon von Ferne sieht man die Silhouette des hölzernen Aussichts-

> Eine ganz eigene Art, den Wald zu erleben, ist ein Spaziergang hoch oben über einen Baumwipfelpfad.

turms. Er ragt wie ein Adlerhorst aus dem Waldgebiet bei Prora. Man „erklimmt" ihn über einen 600 Meter langen, serpentinenartigen Weg, der eine 80 Jahre alte und 34 Meter hohe Buche umrundet. In einer Höhe von 82 Metern über Normalnull und ca. zehn Meter über den Baumwipfeln öffnet sich ein grandioser Panoramablick, der wie zur Belohnung große Teile Rügens zeigt: den kleinen Jasmunder Bodden, die Prorer Wiek und die Kreideküste bei Saßnitz.

Außergewöhnlich ist auch der Baumwipfelpfad Steigerwald. Nur langsam windet sich hier der Pfad in die Höhe. So minimal, dass auch Rollstuhlfahrer oder Familien mit Kinderwagen gut vorankommen. Höhepunkt des 1150 Meter langen Pfads ist ein 42 Meter hoher Aussichtsturm mit grandiosem Rund-um-Blick.

Der Baumwipfelpfad Steigerwald kann sogar mit dem Rollstuhl „erklommen" werden.

Baumwipfelpfad im schweizerischen Mogelsberg.

GEOMANTIK, YOGA UND MEDITATION

Wer lieber den Waldboden unter seinen Füßen spüren möchte, für den heißt das Zauberwort Geomantik. Darunter versteht man die Kunst, Orte im Wald zu entdecken, die mit den Lebenskräften der Natur im Einklang sind. Der Ursprung dieser Kunst (einige sagen sogar Wissenschaft) liegt im alten China. Diese Orte verbreiten Ruhe, berühren die Seele, erfrischen Herz und Geist. Da diese Energiequellen, so heißt es, sehr empfindsam sind, wirkt ihre Kraft nur bei denen, die an sie glauben. Den „Ungläubigen" wird sich das Geheimnis nie offenbaren.

Die Geomantik ist eine ferne Verwandte der Meditation. Für viele Menschen ist es ein intensives Erlebnis, im Wald zu meditieren. Eine Praxis, mit der man versucht, innere Ruhe zu gewinnen. Wichtig für Menschen, die ständig unter Strom stehen, schlecht schlafen und nicht wissen, wie sie ihren Kopf abschalten können.

Meditation ist ein langer Weg. Es braucht regelmäßige Übung, sich mit dem eigenen Bewusstsein auseinanderzusetzen. Gedanken zuzulassen, ohne ihnen große Aufmerksamkeit zu schenken. Die meisten Leute meditieren, um besser mit sich und dem Leben klarzukommen. Der Wald bietet das ideale Umfeld dazu: Vielen dürfte es schon helfen, sich still unter einen schönen, alten Baum zu setzen, die Rinde im Rücken zu spüren und seine Kraft aufzunehmen. Die Krone des Baumes wiegt sich im Wind, Vogelgezwitscher dringt aus den Zweigen und die Gedanken fangen an, eigene Wege zu gehen.

Diese geistige Kunst ist wie ein Spaziergang durch den Wald, der Stress abbaut, das Immunsystem stärkt, die Konzentration verbessert und die Laune aufhellt. Nichts liegt näher, als Meditation mit Wald zu verbinden.

Über den Wipfeln auf luftigen Höhen finden viele Menschen die nötige Ruhe.

WALDBADEN AUF JAPANISCH

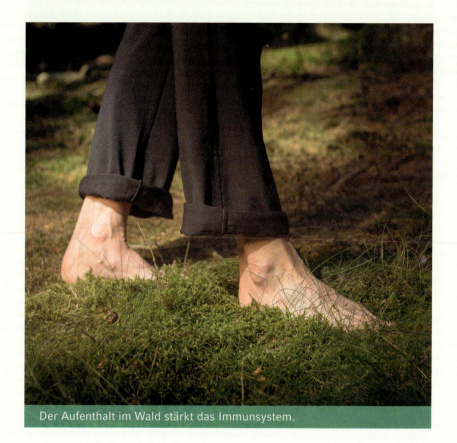
Der Aufenthalt im Wald stärkt das Immunsystem.

Das, was so feucht-fröhlich klingt, ist eigentlich nichts weiter als die japanische Art, den Wald zu entdecken, ihn mit allen Fasern des Körpers wahrzunehmen. Das klingt einfach, ist aber von fast philosophischer Tiefe.

Shinrin-Yoku, was so viel wie „Baden im Wald" bedeutet, wird in Japan als Bestandteil eines gesunden Lebensstils gepriesen. Ziel ist es, mit allen Sinnen in die Stille und Unberührtheit des Waldes einzutauchen. An japanischen Universitäten ist Waldmedizin ein anerkanntes Forschungsgebiet. Schon ein kurzes Waldbad verbessert den Blutdruck und die Stressfaktoren.

Dass Ärzte gegen Burnout eine Waldtherapie verordnen, ist in Japan nichts Ungewöhnliches. Blutanalysen haben ergeben, dass der Gehalt an natürlichen Killerzellen, die Krebszellen zerstören können, nach einem „Bad" um fast 40 Prozent steigt. Zur Stärkung des Immunsystems reichen zwei Waldtage pro Monat, so japanische Wissenschaftler.

Auch Yoga im Wald ist ein kleiner Urlaub für Körper, Geist und Seele. Den gibt es sogar umsonst. Im Wald fühlt sich der Mensch Mutter Erde sehr nah. Outdoor-Yoga berührt alle Sinne und sorgt für tiefe Entspannung. Auch die volle Palette Waldesgrün wirkt meditativ. Die Farbe ist ein Sinnbild für Leben und Natürlichkeit. Auf die Psyche wirkt Grün erholsam und ausgleichend, es bringt Körper und Geist in Einklang.

Das berühmte „Om" beim Yoga wirkt im Wald noch eindringlicher. Der Klang löst eine harmonische Schwingung aus, die den Körper spürbar vom Bauch bis zum Scheitel durchdringt. In fast allen Yoga-Stilen wird das „Om" am Anfang und Ende der Yogastunde „gesungen", um innere Ruhe und Harmonie herzustellen.

LEBEN IM BAUMHAUS

Auch diejenigen, die eine oder mehrere Nächte in einem Baumhaus verbringen möchten, um sich einen Kindertraum zu erfüllen, können harmonisches Erleben am ehesten im Wald finden. Wer das ernst meint, sucht dafür keine selbstgezimmerte Bretterbude, die irgendwo zwischen zwei Ästen hängt, sondern eine richtige Ferienwohnung in den Bäumen. Mit einer modernen Küche, einem Badezimmer, zwei Schlafzimmern und einer Terrasse, von der aus man tagsüber auf alle und alles hinabschaut und in der Nacht dem Sternenhimmel nahe ist.

2005 eröffnete Deutschlands erstes Baumhaushotel seine Türen im Abenteuer-Freizeitpark Kulturinsel Einsiedel. Es blieb

Baumhaushotels wie dieses im niedersächsischen Naturpark Solling-Vogler bieten ausgefallene Übernachtungsmöglichkeiten.

Auf dem Singletrail am Kahlen Pön in Hessen haben Mountainbiker freie Fahrt. In immer mehr Waldgebieten gibt es eigens für Radfahrer ausgewiesene Wege.

nicht lange einzigartig. Heute gibt es in vielen Bundesländern Baumhotels. Einige haben Komposttoiletten in den Bäumen und eine Gemeinschaftsdusche am Boden, andere Küchenzeile, Designerbad und Fußbodenheizung. Die meisten Baumhotels in Deutschland besitzen eine Heizung und sind damit auch im Winter bewohnbar. Ob für einen Kurzurlaub mit der ganzen Familie oder einen romantischen Aufenthalt zu zweit: Eine Nacht oben in den Baumwipfeln lohnt sich allemal und ist ein Abenteuer für Kinder und Erwachsene.

RADFAHREN UND MOUNTAINBIKING

Ein besonderes Kapitel zum Thema Tourismus, Sport und Freizeit im Wald ist das Mountainbiking. Um es klar zu sagen: Biken im Wald ist verboten, wo es nicht explizit erlaubt ist.

Die wichtigste Regel lautet: Rücksicht hat Vorfahrt. Der Wald ist Erholungsgebiet und zugleich Wirtschaftsraum. Fahrradfahrer und Biker treffen dort auf Wanderer, Reiter, Pilzsammler, die ihr Recht auf Erholung wahrnehmen, nicht gestört werden wollen und nicht gestört werden dürfen. So sieht es das Bundeswaldgesetz im schon erwähnten Paragrafen 14 (1) vor. Gleichzeitig erlaubt dieses Gesetz generell das Rad fahren auf den Straßen und Wegen im Wald. Verboten ist indes, sich zwischen Bäumen hindurch eigene Wege zu suchen.

Mit anderen Worten: Auf unbefestigten Trassen im Wald, Fußwegen, Sport- und Lehrpfaden sowie abseits der Wege ist Radfahren verboten und wird mit Bußgeld bedroht. Auf dauerhaft angelegten, befestigten oder naturfesten Wegen sollte es unterdessen so erfolgen, dass Sicherheit und Erholung anderer Waldbesucher nicht beeinträchtigt werden. – Und was für Fahrradfahrer gilt, gilt für Mountainbiker schon lange. Länderspezifische Regeln können weitere Einschränkungen nach sich ziehen, weshalb es grundsätzlich ratsam ist, sich vor einer Tour durch Waldgebiete nach den örtlichen Regelungen zu erkundigen.

RAFTING

Ein Vergnügen in Anführungsstrichen wurde bisher im Text umschifft: Rafting im Wald, besser gesagt, auf einem von Wald umgebenen wilden Fluss. Unter „Rafting" versteht man das Befahren eines reißenden Flusses mit einem Schlauchboot. Dieses

> Rafting ist ein Gruppenerlebnis, bei dem Teamfähigkeit, Koordination und Ausdauer gefragt sind.

wird mit Stechpaddeln gesteuert und ist für vier bis zwölf Personen vorgesehen. Rafting ist als ein Gruppenerlebnis, bei dem Teamfähigkeit, Koordination und Ausdauer gefragt sind. Um an einer Rafting-Tour teilnehmen zu können, sollten alle Teilnehmer über eine gewisse Kondition und Kraft verfügen – und natürlich gut schwimmen können. Die reißenden Gebirgsflüsse dürfen nicht unterschätzt werden. Selbst geübte Schwimmer kommen schnell in Not, wenn sie ins Wasser fallen.

Um diese gefährliche Sportart gefahrlos betreiben zu können, müssen einige Dinge beachtet werden. Erstens braucht es hochwertiges und modernes Material, zweitens erfahrene Guides, die in der Lage sind, im Notfall richtig zu reagieren. Zudem sollten drittens immer Handy, ein erste Hilfe-Besteck, ein Wurfsack, das ist ein Nylonbeutel mit einem Auftriebselement und etwa 20 Metern Seil, der vom Ufer aus einem im Fluss treibenden Schwimmer zugeworfen wird, und Bergematerial zur Hand sein.

Zur Standard-Ausrüstung gehören ein Neoprenanzug plus Jacke, eine Schwimmweste in der passenden Größe, ein verstellbarer Helm, Neoprensocken, hochwertige Boote ohne Löcher sowie dazugehörige Paddel.

Übrigens: Trocken geblieben ist beim Rafting noch niemand. Also dann: Viel Vergnügen!

Beim Rafting auf der Berchtesgadener Ache lässt sich der Wald auf besondere Weise erleben.

EIN BLICK IN DIE ZUKUNFT

Der Klimawandel macht auch vor den Wäldern nicht halt. Jahrelange Trockenheit und extreme Unwetter setzen den Bäumen derart zu, dass der Fortbestand vieler traditionell in Europa beheimateter Arten in Gefahr ist. Längst haben die Verantwortlichen dies erkannt und sind auf der Suche nach der Formel für den Wald von morgen. Aufwendige Versuche sollen zeigen, welche Bäume wo am besten überleben. Doch am Ende sind wir alle gefragt, wenn es darum geht, unsere Wälder zu erhalten!

Borkenkäfer, *Scolytidae*, *Ipidae*, aus der Familie der Rüsselkäfer, weltweit ca. 5500, in Mitteleuropa über 130 Arten. Borkenkäfer sind kleine, länglich-walzenförmige Käfer von 1 bis 6 Millimeter, ausnahmsweise 9 Millimeter (Riesenbastkäfer) Körperlänge, hell bis dunkelbraun gefärbt; Fühler kurz, an der Spitze keulenförmig verdickt; Flügeldeckenenden oft abgestutzt, der Rand des Absturzes bei Männchen häufig charakteristisch gezähnt. Dieser Absturz dient beim Rückwärtsgehen als Schaufelbagger zum Herausschaffen des Bohrmehls aus den Bohrgängen."

Der Wald braucht dringend unsere Hilfe.

Das ist er, der berühmt-berüchtigte Borkenkäfer, auch Buchdrucker genannt, der ganze Nadelwälder in Deutschland, Österreich und der Schweiz auffrisst. Seine Vorgehensweise ist „waldpolizeilich" lange bekannt. Er bohrt sich von außen durch die Rinde eines Nadelbaums und vermehrt sich im Inneren. Fichten, Weißtannen, aber auch Kiefern sind seine bevorzugten Fress-Objekte.

Zwar versuchen die Bäume, Feinde durch den Ausstoß von Harz abzuwehren, doch das gelingt ihnen nur, wenn sie von

---

Die Invasion der Borkenkäfer wird unterstützt durch heiße, dürre Sommer, die den Mutterboden bis ins Mark austrocknen.

---

wenigen Exemplaren angegriffen werden. Sobald die Insekten in Massen über einen Baum herfallen, ist er machtlos. Kaum ins Holz eingedrungen, bauen sich die Männchen eine „Rammelkammer", in der sie die Weibchen befruchten. Der Name ist Programm. Nach dem Akt legen die Weibchen ihre Eier unter die Borke. Wenig später schlüpfen viele kleine Borkenkäfer und beginnen, Gänge durch das Holz zu graben. Der Baum stirbt, er wird von innen her aufgefressen.

Mischwald in Sachsen-Anhalt.

Die Invasion der Borkenkäfer wird unterstützt durch heiße, dürre Sommer, die den Mutterboden bis ins Mark austrocknen. Meist genügt ein Funke und die kraftlosen Wälder stehen in Flammen. Der Klimawandel ist für die Lebensgemeinschaft aus Pflanzen, Tieren, Pilzen und mikrobiellem Leben zu einer bedrohlichen Herausforderung geworden. Die Wälder müssen immer häufiger Starkregen über sich ergehen lassen, ebenso Stürme und Hitzeperioden mit langanhaltender Trockenheit. Dem haben sie wenig entgegenzusetzen, da die einheimischen Baumarten in der geschädigten Umwelt mehr und mehr ihre Widerstandskraft, Resilienz genannt, verlieren.

Ziel aller menschlichen Bemühungen ist es, einen gesunden Mischwald aus verschiedenen Laub- und Nadelbäumen zu pflanzen. Wälder mit einer hohen Artenvielfalt sind deutlich widerstandsfähiger als Monokulturen. Auch geben hier starke Bäume den schwachen Schutz. Der Wald ist robuster und kommt mit widrigen Witterungsbedingungen besser zurecht.

AUF DER SUCHE NACH DEM PERFEKTEN BAUM

Neue Bäume braucht das Land. Und zwar Baumarten, die Hitzeperioden und längere Trockenphasen besser verkraften können. Auf die Frage, welche Bäume das denn sein könnten, gibt es derzeit noch keine überzeugende Antwort. Allerorten wird nachgedacht, experimentiert, geforscht, verworfen, große Bedeutung kommt der Züchtung resistenter Baumarten zu.

Die Unsicherheiten, die auf die Waldlandschaften Deutschlands, der Schweiz und Österreichs zukommen, sind riesig. Niemand weiß genau, mit welchem Tempo sich das Klima verändern wird, wer oder was Einfluss darauf hat. Meteorologen sagen milde Winter voraus, heiße, regenarme Sommer und ein vermehrtes Auftreten von Spätfrösten. Das würde sich deutlich auf das Wachstum und das Überleben forstwirtschaftlich genutzter Bäume auswirken. Trotzdem müssen heute waldbauliche Entscheidungen getroffen werden, von denen

Die Küstentanne könnte ein Baum mit Zukunft sein.

man in frühestens 50 oder 100 Jahren weiß, ob sie richtig oder falsch waren. Folglich bleibt zu hoffen, dass nicht der Baum, der heute großer Favorit ist, die Fichte von morgen sein wird.

Die Forstliche Versuchs- und Forschungsanstalt Baden-Württemberg hat zu dem Thema in zweiter Auflage eine Stoffsammlung mit dem Titel „Alternative Baumarten im Klimawandel" herausgegeben. In Form von Steckbriefen werden darin klimarelevante „Literaturkenntnisse zu Ökologie, Standortsbindung, Anbau, Ertrag, Holzverwendung und Risiken in Frage kommender Baumarten zusammengetragen".

35 Baumarten wurden für die Publikation auf ihre klimatische Tauglichkeit hin untersucht und beschrieben. Dabei wird Vorhandenes zusammengeführt und leicht zugänglich gemacht. Gleichzeitig decken die Baumart-Steckbriefe in aller Klarheit auf, was man bislang noch nicht weiß. Sie sind eine Art Screening aussichtsreicher Baum-Kandidaten.

Der Klimawandel setzt unsere Wälder zunehmend unter Druck. Daher ist es wichtig, künftige Entwicklungen zu modellieren und im Labor durchzuspielen. Das gibt den Wissenschaftlern die Möglichkeit, den Einfluss konkreter klimatischer Daten auf die Wälder genauer zu bestimmen. Wenn es gelingt, die Veränderung des Klimas aus der virtuellen Landschaft auf einen konkreten geografischen Raum zu übertragen, können Regionen identifiziert werden, in denen mit hoher Wahrscheinlichkeit heute schon klimatische Bedingungen herrschen, die in Mitteleuropa erst in der Zukunft zu erwarten sind. Solche Versuche erlauben es, Baumarten neu zu bewerten und klimatisch anfällige Bäume durch widerstandsfähigere zu ersetzen. Damit ist ein wichtiger Schritt zum klimabewussten Waldumbau getan. Hier ist die Forstwirtschaft in besonderem Maße gefragt.

Welche Rolle spielt in diesem Zusammenhang beispielsweise die Zitterpappel (*Populus tremula* L.), auch Espe oder Aspe genannt? Hat sie das Zeug zum Favoriten zukunftssicherer Waldwirtschaft?

Im Steckbrief ist Folgendes über sie zu lesen: „Die Aspe verfügt über ein breites ökologisches Spektrum und zahlreiche Subspezies. Daher hat sie das zweitgrößte

---

Der Klimawandel setzt unsere Wälder unter Druck. Daher ist es wichtig, Entwicklungen zu modellieren und im Labor durchzuspielen.

Verbreitungsgebiet aller Baumarten der Welt, welches von Osteuropa bis nach Asien reicht. Ihre Verjüngung ist auf Störungen angewiesen. Sie besiedelt oft Schadflächen nach Kalamitäten und ist eine wichtige Biotopbaumart für zahlreiche Arten. In bewirtschafteten Wäldern wurde sie oftmals entfernt, da sie die Wirtsbaumart für den Kieferndrehrost (*Melampsora pinitorqua*) ist. Heutzutage kommt sie verstreut in alten Baumbeständen vor und die Populationen fangen an, sich zu erholen."

Die Aspe ist in beinahe ganz Europa verbreitet. Ihr Hauptvorkommen liegt zwischen dem 53. und 60. Breitengrad. Sie besiedelt Höhenlagen von bis zu 2000 Metern ü. NN. In südöstlicher Richtung erstreckt sich das Vorkommen von Afrika (einzelne Populationen) über Kleinasien und China bis in den Norden Japans.

Dies zeigt: Die Zitterpappel ist ein Internationalist und offenbar mutiger, als ihr Name suggeriert. Trotzdem bleibt aus wissenschaftlicher Sicht die Frage, was wir wann wo warum pflanzen sollten. Die Buche, die noch vor wenigen Jahren als eine sichere Bank im Wald der Zukunft galt, ist mittlerweile vom Tisch. Die Klimaveränderungen treffen unsere heimischen Waldarten mit voller Wucht. Da kommt die Anpassungsfähigkeit einer Buche nicht mit. Sie kann sich nicht einfach schütteln und so weiterwachsen wie bisher. Anpassung dauert Jahrhunderte, geht über viele Baumgenerationen, zumal die klimatische Entwicklung nicht stehenbleibt. Welche Baumart wird als nächste an ihre Grenzen stoßen?

Es gibt Modelle, mit deren Hilfe sich recht gut berechnen lässt, was in der Zukunft passieren wird. Aber ihre Prognosen sind noch nicht treffsicher genug. Besonders schwierig wird dies durch die Komplexität des Waldes, denn dieser ist ja mehr als die Ansammlung einzelner Bäume. Die vielschichtigen Beziehungen dieser sachlichen „Ehe" sorgen für mehr offene als beantwortete Fragen.

Die Forstliche Versuchs- und Forschungsanstalt Baden-Württemberg jedenfalls bescheinigt einigen Bäumen großes Zukunftspotenzial. So ist der Spitz-Ahorn (*Acer platanoides*) tolerant gegen Trockenheit, liebt nährstoffreiche Böden und benötigt sonnige Standorte. Beobachtungen in Süddeutschland haben ergeben, dass die nordamerikanische Rot-Eiche (*Quercus rubra*) sich an mäßig frischen bis mäßig trockenen Standorten wohlfühlt und die heimischen Eichen in der Wuchsleistung

Auch die Zitterpappel könnte an mehr Orten heimisch werden.

Der Feld-Ahorn verträgt Trockenheit besser als andere Bäume.

Die Zerreiche wächst besonders stark.

Die Amerikanische Linde erweist sich als sehr genügsam.

übertrifft. Bei der Esskastanie (*Castanea sativa*) handelt es sich um einen anspruchslosen Baum, der bekannt ist für seine essbaren Früchte; er liefert wertvolles und nachgefragtes Holz und kann bereits nach 60 Jahren verwertet werden.

Für das „Netzwerk Zukunftsbäume", an dem sich mehrere Universitäten und Einrichtungen beteiligen, beobachten Biologen in einem Zeitraum von zehn Jahren, wie nicht-heimische Baumarten an verschiedenen Standorten in Deutschland auf Wetterveränderungen reagieren. Es seien zwar noch nicht die perfekten Bäume gefunden worden, heißt es, aber bereits deutliche Tendenzen erkennbar. Zukunftsbäume müssten beispielsweise in der Lage sein, lange Wurzeln zu bilden, um an die tief in

---

Es bleibt ein Vabanque-Spiel, neue Baumarten in ein bestehendes Ökosystem zu integrieren.

---

der Erde gelegenen Wasservorkommen zu gelangen. Drei Bäume sind im Rahmen der Versuche besonders positiv aufgefallen.

Der Feld-Ahorn (*Acer campestre*) verträgt Hitze und Trockenheit gut. Der wärmeliebende Baum besitzt von allen Ahornarten das größte Verbreitungsgebiet. Er ist in Europa, in Westasien und Nordwestafrika zu finden.

Die Zerreiche (*Quercus cervis*) hat ihren Ursprung in Süd- und Südosteuropa. Sie kommt dort vorwiegend in Laubmischwäldern vor. Natürliche Areale finden sich auch in Südösterreich, dem Tessin oder Südtirol. Der Baum überrascht durch seinen besonders starken Wuchs.

Die Amerikanische Linde (*Tilia americana*) ist ein Laubbaum, der bis zu 23 Meter hoch wird. Sein Stamm kann einen Durchmesser von bis zu 70 Zentimetern erreichen. Der Baum ist genügsam, robust und widerstandsfähig.

Es bleibt jedoch ein Vabanque-Spiel, neue Baumarten in ein bestehendes Öko-

system zu integrieren. Heimische Insekten, Vögel und Wildtiere sind an die neuen „Mitbürger" (noch) nicht angepasst. Deshalb finden sie kein Futter und können die fremden Bäume schwer als Lebensraum nutzen. Dennoch ist der Umbau zu naturnahen Laubmischwäldern alternativlos.

Diese Transformation dürfte dadurch erschwert werden, dass in Deutschland, Österreich und der Schweiz die Wälder zum größten Teil privaten Besitzern gehören. Ohne ihnen nahetreten zu wollen, käme es einem kleinen Wunder gleich, wenn sie alle offenen Herzens bereit wären, in diese Umgestaltung zu investieren.

Anders der Wald. Es gehört zu seinen Fähigkeiten, Wunder zu vollbringen. Der Wald weiß sich immer zu helfen, man muss ihn nur machen lassen. Auch geschädigte Wälder regenerieren sich selbst. Anfliegende Samen oder zu Boden gefallene Früchte keimen und schaffen es immer wieder, geschlossene Areale zu bilden. Auf diese Weise entsteht über Generationen hinweg ein Wald, in dem die besten, an den Standort angepassten Baumarten, die Oberhand gewinnen.

DIE RÜCKKEHR DER WÖLFE

Das Wunder des „Zufalls" hat uns auch den Wolf beschert. Plötzlich war *Canis lupus* wieder da. Kaum ein anderes Wildtier bewegt derart die Gemüter wie Isegrim. Sprach man anfangs noch von Einzelgängern, die sich ohne Wissen der Behörden von Polen her auf deutsches Staatsgebiet verirrt hatten, wurden Ende der 1990er Jahre die ersten freilebenden Wölfe in Sachsen beobachtet. Ein Truppenübungsplatz in der Oberlausitz war ihr Zuhause. Zwei Jahre später wurden dort erstmals seit über 100 Jahren wieder Wolfswelpen in Freiheit geboren.

Die Freude über den Wolf ist in Deutschland geteilt. Für den Naturliebhaber gehört er zum Wald wie das Rotkäppchen. Fast 80 Prozent der Menschen fänden es gut, wenn der Wolf langsam, aber sicher wieder heimisch werden würde. Das ergab eine repräsentative Forsa-Umfrage im Auftrag des Naturschutzbundes. Das Tier wird wegen seiner Kraft, Wildheit und Klugheit bewundert. Doch genau diese Eigenschaften machen ihn zum Feind einer offenen

Der Wald erneuert sich stetig – und wir können ihm dabei helfen.

Die Wölfe sind wieder im Wald. Ein gutes Zeichen?

Schaf- und Ziegenhaltung. Wie die Dokumentations- und Beratungsstelle des Bundes zum Thema Wolf mitteilte, kam es im Kalenderjahr 2020 in Deutschland zu 942 Übergriffen von Wölfen auf Nutztiere. Dabei wurden 3959 Nutztiere getötet, verletzt oder als vermisst gemeldet. In Brandenburg stieg die Zahl der gerissenen Nutztiere in diesem Zeitraum sogar um über 35 Prozent gegenüber dem Vorjahr – von 864 auf 1173. Darunter sind erstmalig auch 172 Rinder, Pferde, Hunde, Alpakas und Hühner. Die Schafhalter sind verunsichert und fragen sich, ob Schafe überhaupt noch frei gehalten werden können.

Die Rückkehr der Wölfe ist ein emotional aufgeladenes Thema. Seit dem Jahr 2000 hat sich ihr Bestand in Deutschland stark erhöht. Stand November 2022 gibt es in Deutschland insgesamt 161 bestätigte Rudel, 43 Paare und 21 sesshafte Einzeltiere, die durch unsere Wälder streifen. Die Verbreitung der Wölfe ist dabei innerhalb der deutschen Bundesländer sehr ungleich verteilt. Zwar wurde 2021 das erste Mal seit 150 Jahren ein Rudel von Wölfen in Bayern gesichtet, die meisten aber leben in Brandenburg, Sachsen und Niedersachsen.

Die Frage, ob der Wolf bejagt werden sollte, ist umstritten. Zurzeit ist er streng geschützt. Wird das Jagdrecht nicht bald geändert, so die Wolfsgegner, ist es absehbar, dass Schafe bald nur noch im Zoo frei herumlaufen können. Die Wolfsbefürworter dagegen betonen, dass der Wolf – ohne die Angriffe auf Schafe und andere Nutztiere verharmlosen zu wollen – ein sehr scheues Tier ist. Er meidet jede direkte Begegnung mit den Menschen. Meldungen, in denen über Bissattacken auf Menschen berichtet wurde, haben sich nie bestätigt.

Sollte es doch einmal dazu kommen, den Wolf in freier Wildbahn zu Gesicht zu bekommen, hat der Mensch zwei Möglichkeiten: Entweder er freut sich über die seltene Begegnung oder er klatscht in die Hände. Und schon, so die Erfahrung, dürfte der Wolf im Dickicht verschwunden sein.

DER WALD IST UNVERZICHTBAR

Dass überhaupt wieder Wölfe durch unsere Wälder streifen, ist indes auch auf lange Sicht ein ermutigendes Zeichen: dafür, dass die Natur uns vormacht, wie Anpassung an sich verändernde Umwelt- und Lebensbedingungen möglich ist; dafür, dass wir auf dem richtigen Weg sind, um die Wälder fit zu machen für die Zukunft. Und zwar für Tiere und Pflanzen, aber auch für uns selbst. Denn klar ist: Wir brauchen den Wald! Er ist Quelle für Ressourcen, die uns nachhaltiges Bauen ermöglichen, unersetzlicher CO_2-Speicher, Heimat von Tausenden Tier- und Pflanzenarten sowie nicht zuletzt ein Ort, der uns Menschen an Leib und Seele guttut. Der ebenfalls menschengemachte Klimawandel hat den Wald an seine Belastungsgrenze und in existenzielle Gefahr gebracht. Es ist an uns, ihn zu erhalten. Und wir alle können dazu beitragen!

> Dass wieder Wölfe durch unsere Wälder streifen, zeigt auch, dass wir auf dem richtigen Weg sind, um diese fit zu machen für die Zukunft.

Es bleibt viel zu tun, damit wir uns auch in Zukunft an einem farbenprächtigen Wald erfreuen können.

LANGWEILIG GIBT ES NICHT

Jede Jahreszeit bietet Spaziergängern im Wald zahlreiche Möglichkeiten, das Ökosystem in seiner Lebendigkeit zu beobachten. Wenn man sich als rücksichtsvoller Gast versteht, wird man eingeladen, in die wunderbare Welt des Waldes einzutauchen, und nicht nur mit einer Walderdbeere oder einem Körbchen voller Pilze belohnt, sondern auch mit faszinierenden Einblicken in das Leben der Waldbewohner.

FRÜHLING

Die ersten Sonnenstrahlen durch die noch unbelaubten Bäume lassen den Wald nicht nur wunderschön erscheinen, sie sind auch echte Energiepakete, die alles wieder zum Leben erwecken und faszinierende Blicke auf die erwachende Natur freigeben.

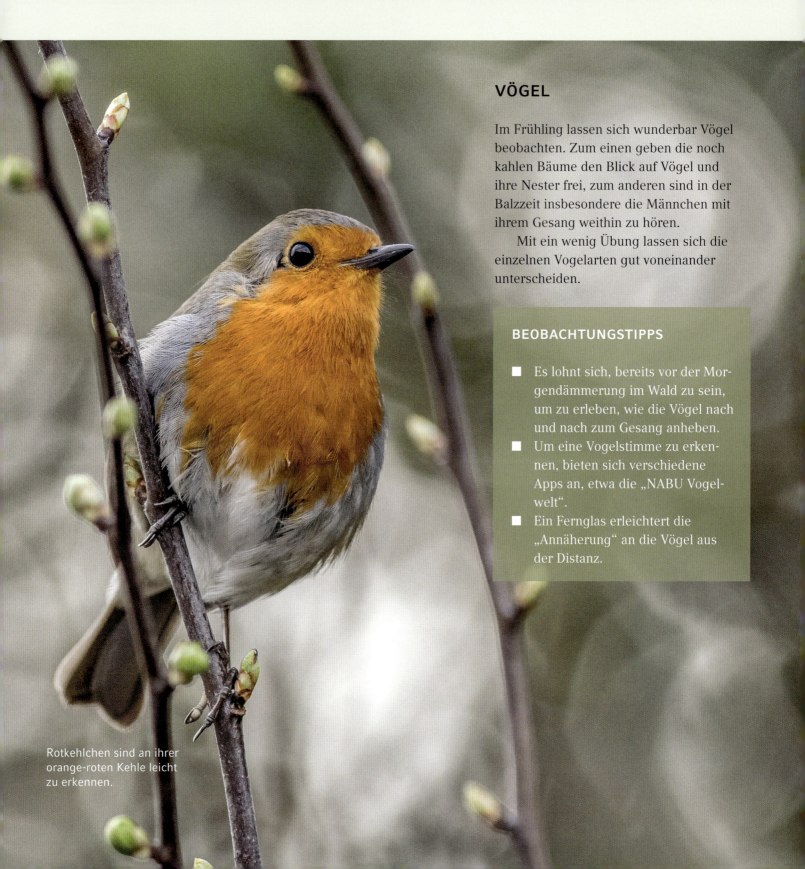

Rotkehlchen sind an ihrer orange-roten Kehle leicht zu erkennen.

VÖGEL

Im Frühling lassen sich wunderbar Vögel beobachten. Zum einen geben die noch kahlen Bäume den Blick auf Vögel und ihre Nester frei, zum anderen sind in der Balzzeit insbesondere die Männchen mit ihrem Gesang weithin zu hören.

Mit ein wenig Übung lassen sich die einzelnen Vogelarten gut voneinander unterscheiden.

BEOBACHTUNGSTIPPS

- Es lohnt sich, bereits vor der Morgendämmerung im Wald zu sein, um zu erleben, wie die Vögel nach und nach zum Gesang anheben.
- Um eine Vogelstimme zu erkennen, bieten sich verschiedene Apps an, etwa die „NABU Vogelwelt".
- Ein Fernglas erleichtert die „Annäherung" an die Vögel aus der Distanz.

Zwischen Mitte März und Anfang April erwachen Igel aus dem Winterschlaf und begeben sich wieder auf Nahrungssuche.

WALDEIDECHSEN

Schon Anfang März lassen sich Eidechsen-Männchen beim Sonnenbaden beobachten, etwa vier Wochen später kommen auch die Weibchen dazu. Wenige Tage darauf findet die Paarung statt. Bei sommerlichen Temperaturen sind die wechselwarmen Tiere nicht mehr auf die häufigen Sonnenbäder angewiesen und verbergen sich vor den Blicken der Waldbesucher. Im Herbst kann man sie noch einmal gut beim Sonnetanken beobachten, bevor sie sich in die Winterstarre zurückziehen.

PFLANZEN DER KRAUTSCHICHT

Im Frühling erreicht dank der unbelaubten Zweige noch ausreichend Sonnenlicht den Waldboden. Dies machen sich zahlreiche Frühblüher wie Buschwindröschen, Leberblümchen, Bärlauch oder Waldveilchen zunutze und bilden blühende Teppiche aus.

Am Boden von Laubwäldern finden Buschwindröschen ausreichend Licht.

SOMMER

Im Sommer lohnt sich ein Ausflug in den Wald ganz besonders. Insekten schwirren durch die Luft, es summt und brummt überall. Früchte reifen heran und die dichten Baumkronen spenden Schatten und Abkühlung.

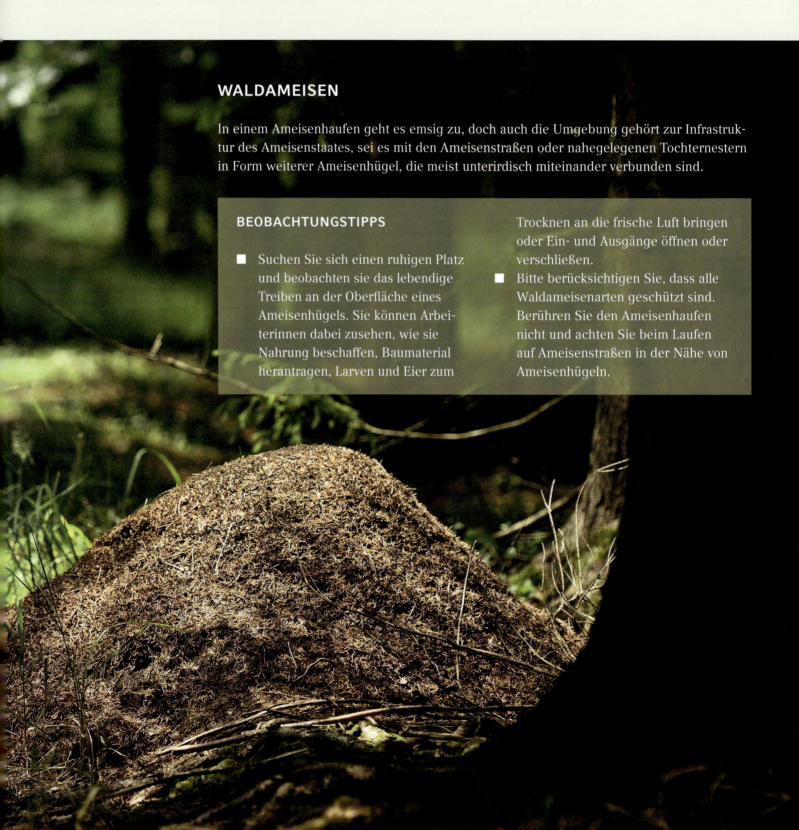

WALDAMEISEN

In einem Ameisenhaufen geht es emsig zu, doch auch die Umgebung gehört zur Infrastruktur des Ameisenstaates, sei es mit den Ameisenstraßen oder nahegelegenen Tochternestern in Form weiterer Ameisenhügel, die meist unterirdisch miteinander verbunden sind.

BEOBACHTUNGSTIPPS

- Suchen Sie sich einen ruhigen Platz und beobachten sie das lebendige Treiben an der Oberfläche eines Ameisenhügels. Sie können Arbeiterinnen dabei zusehen, wie sie Nahrung beschaffen, Baumaterial herantragen, Larven und Eier zum Trocknen an die frische Luft bringen oder Ein- und Ausgänge öffnen oder verschließen.
- Bitte berücksichtigen Sie, dass alle Waldameisenarten geschützt sind. Berühren Sie den Ameisenhaufen nicht und achten Sie beim Laufen auf Ameisenstraßen in der Nähe von Ameisenhügeln.

FARNE

Farne leben seit mehreren hundert Millionen Jahren auf der Erde, was sich in ihrer Lebensform widerspiegelt: Sie blühen nicht und vermehren sich mithilfe von Sporen. Während man im Frühling die Farne mit aufgerollten Blättern bestaunen kann, lassen sich im Sommer an der Unterseite der Blätter die dunklen Sporenkapseln entdecken, die bei trockenem Wetter aufreißen und die Sporen verteilen.

TIPPS ZUM EXPERIMENTIEREN

- Halten Sie ein Farnblatt unter eine Lampe. Durch die Wärme reißen die Sporenkapseln schon nach wenigen Sekunden auf und die Sporen treten als Pulver aus.
- Lassen Sie die Sporen auf einen Topf mit Erde fallen und halten Sie die Erde feucht. Mit ein wenig Glück wachsen neue Farne daraus.

WALDBODEN

Die Streuschicht des Waldbodens bietet unzähligen Insekten, Spinnen, Würmern und Co. Lebensraum. Schieben Sie vorsichtig die Streuschicht zur Seite, bis sie den Boden sehen, und verfolgen Sie, was sich dort alles bewegt. Schauen Sie sich auch das Laub aufmerksam an. Wie viel davon ist bereits von Bakterien und Pilzen zersetzt worden?

HERBST

Wenn die Tage langsam kürzer werden und das Laub sich verfärbt, zeigt sich auch der Wald von seiner herbstlich bunten Seite, bevor er sich für die Winterruhe bereit macht. Nicht nur zum Pilzesammeln lohnt sich jetzt ein Besuch.

BUNTES LAUB

Laub- und Mischwälder bieten dem Waldbesucher jeden Herbst aufs Neue ein farbenfrohes Spektakel, das an einem nebligen Morgen ganz anders wirkt als an einem sonnigen Tag. Wenn Sie die Möglichkeit haben, einen Wald in kurzen Abständen öfter zu besuchen, achten Sie auf die kleinen Veränderungen, die die Bäume innerhalb weniger Tage durchlaufen.

DETAILS BEOBACHTEN

Mit den Blättern fallen auch die sogenannten Gallen zu Boden. Hierbei handelt es sich um Blasen an den Blättern, die meist auf Insekten zurückgehen, die spezielle Pflanzenhormone in die Blätter gespritzt haben. Aber auch Viren, Bakterien, Milben oder Pilze können diese hervorbringen. Gallen haben die unterschiedlichsten Ausprägungen und auch ihre Entstehung unterscheidet sich stark, weshalb es schwierig ist, sie eindeutig zu beschreiben. Häufig leben Erreger in den Gallen, aber auch einige Insektenarten wie die Gallwespe legen ihre Eier in ihnen ab. Mitunter überwintern die in den Gallen geschlüpften Larven in ihrer schützenden Blase auf dem Waldboden, nachdem das Blatt vom Baum gefallen ist.

PILZE SAMMELN

Im Herbst sprießen allerorts die Fruchtkörper der Mykorrhizapilze, die das Erdreich des Waldes in symbiotischer Verbindung mit den Pflanzenwurzeln durchziehen. Allerdings ist Vorsicht geboten beim Pilzsammeln, nicht wenige sind giftig. Pilzwanderungen oder Menschen, die sich gut mit Pilzen auskennen und gerne beraten, bringen Hintergrundwissen. Für Deutschland findet man Pilzsachverständige über die Internetseite der Deutschen Gesellschaft für Mykologie e. V. In Österreich erfährt man über die Internetseite der Österreichischen Mykologischen Gesellschaft, wo Pilzauskunftstellen zu finden sind. In der Schweiz kann man sich an Pilzkontrollstellen wenden, deren Standorte auf der Internetseite der Vereinigung amtlicher Pilzkontrollorgane der Schweiz versammelt sind.

SPINNEN

Im Herbst lassen sich bei Tau und Sonnenschein besonders gut Spinnennetze beobachten, beispielsweise der Baldachinspinnen, deren Netze im Herbsttau beeindruckend funkeln. Die Netze findet man häufig in Bodennähe, wo sie – über eine Pflanze gespannt – wie ein Baldachin bis hinab gewebt werden.

WINTER

Im Winter legt sich Stille über den Wald, die Natur und mit ihr viele Tiere schlafen oder ruhen. Diejenigen, die noch unterwegs sind, lassen sich bei einem ausgedehnten Spaziergang nun jedoch umso besser beobachten.

FUNDSTÜCKE IN KAHLEN BÄUMEN

Wenn die Bäume ihre Blätter abgeworfen haben, offenbart sich, was sich zwischen den Zweigen befindet: Neben Vogelnestern wird die große Zahl an Misteln erkennbar, die dort als immergrüne Halbschmarotzer ihr Leben verbringen. Die weißen Früchte der Mistel reifen im November und Dezember. Eine Mistel bildet jedes Jahr eine neue Astverzweigung. Das Alter von Misteln, die bis zu 50 Jahre alt werden können, lässt sich daher leicht an den Verzweigungen abzählen.

SCHNEEFLÖHE

Wenn im Winter Schnee liegt, werden auch die kleinsten Waldbewohner sichtbar. So beispielsweise der nur etwa einen Millimeter große Schneefloh, der zu den Springschwänzen zählt. Die kleinen Tierchen wandern in unzähliger Menge durch den Wald und sind dank ihrer Vielzahl auf dem weißen Grund im Winter gut zu erkennen. Wohin die Reise geht, ist nicht ganz klar, aber es wird vermutet, dass sich die Gesellschaft neue Lebensräume erschließt. Ist man ganz leise, kann man sogar hören, wie sich die Kolonne fortbewegt. Und nicht nur das: Man kann Schneeflöhe auch riechen. Werden sie zertreten, verströmen sie einen terpentinartigen Geruch.

SPUREN IM SCHNEE

Im Schnee hinterlassen die zahlreichen Waldtiere ihre Spuren. Mit ein wenig Übung lassen sie sich den einzelnen Tierarten gut zuordnen, wenn der Schnee nicht allzu hoch liegt. Im Bild sind die Spuren eines Rehs zu sehen.

VORBOTEN DES FRÜHLINGS

Bereits im Winter bilden viele Pflanzen Knospen aus, die jedoch von mehreren Blätterlagen und teilweise von Haaren vor der Kälte und eindringendem Wasser geschützt sind. Dennoch lassen sich die deutlich sichtbaren Verdickungen gut erkennen und machen unzweifelhaft deutlich, dass der Wald nur auf die ersten Sonnenstrahlen lauert, um voller Energie wieder ins Leben zu starten.

Die zarten Winterknospen einer Rotbuche.

BILDNACHWEIS

Adobe Stock: 6, 32, 56, 105 u., 106, 108 u., 109, 110, 116, 118, 119, 120, 121 u., 122 o., 122 Mi., 122 u., 126, 127 o., 144 o., 150 o., 150 u., 153 li., 157 u., 161 o., 161 u. r., 186, 209, 242/243, 244, 259 l., 259 r., 268, 269 u., 272, 281, 292/293, 295 Mi., 297 u., 298, 299 Mi., 299 u., 301 o.; **akg-images / arkivi:** 226 u.; **akg-images / brandstaetter images:** 208 r., 229; **akg-images / British Library:** 207; **akg-images / Interfoto:** 230 u.; **akg-images / Sammlung Berliner Verlag / Archiv:** 235 o.; **akg-images / TT News Agency / SVT:** 238 o.; **akg-images / Heritage Images / Fine Art Images:** 214, 216 u., 222 u.; **akg-images / Quagga Media UG:** 187 u.; **akg-images:** 187 o., 188, 189, 190, 191, 193 o., 194, 195, 197, 204, 206, 208 l., 210, 212, 215, 216 o., 217, 218 o., 219, 200 (Herwig Mayer), 218 u. (Laurent Lecat), 220/221 (Erich Lessing), 222 o., 225 (Paul W. John), 236, 240, 265 o.; **bpk / Kupferstichkabinett, SMB:** 223 (Jörg P. Anders); **Bundesarchiv:** 235 u. (Bild 133-116); **iStock:** 2/3 (Alexandra Giese), 301 u. (Sieboldianus); **Laienschauspiel Mainhardter Wald e. V.:** 203 u. (Frank Köpf); **Lüneburger Heide GmbH:** 29, 31; **Norbert Flückiger:** 82; **picture alliance:** 39 (Jochen Tack), 41 u. (Ernst Weingartner), 52 (Hauke-Christian Dittrich), 74 (Ralph Goldmann), 78 (Jan Eifert), 79 (Udo Bernhart), 88 (KITTY KLEIST-HEINRICH TSP), 92 u. (Andreas Franke), 96 (Rupert Oberhäuser), 123 (Weingartner), 177 (Michael Latz), 181 o. (Rupert Oberhäuser), 193 u. (Jens Koehler), 198 (Jan Eifert), 253 (Weingartner), 260 o. (Jochen Tack), 265 u. (Robert Schlesinger), 271 o. (BeckerBredel), 288 u. (Hinrich Bäsemann), 295 u. (Thomas Kottal); **picture alliance / akg-images:** 178, 238 u., 239, 254, 256 o. (Hilbich); **picture alliance / Bildagentur-online:** 27 u. (Volz-McPhoto), 80 (Exss), 231 u. (Sunny Celeste), 248 (Blend Images / BUILT Images); **picture alliance / Bildarchiv Monheim:** 38 (Florian Monheim); **picture alliance / blickwinkel:** 10 (H. J. Igelmund), 11 (R. Bala), 46 u. (A. Hartl), 47 (R. Bala), 50 o. (P. Frischknecht), 63 u. (B. Zoller), 70 (I. Weber), 101 (A. Hartl), 104 (A. Held), 112 (T. Will), 141 (W. Willner), 113 (F. Hecker), 125 (McPHOTO / P. Hofmann), 132 o. (M. Woike), 134 (AGAMI / D. Occhiato), 135 (M. Kuehn), 140 (R. Sturm), 146 o. (McPHOTO / A. Schauhuber), 146 u. (R. Sturm), 147 (F. Hecker), 149 o. (D. & M. Sheldon), 156 o. (McPHOTO / O. Schreiter), 156 u. (AGAMI / T. Douma), 159 o. (B. Trapp), 163 u. (C. Stenner), 166 (S. Derder), 168 (J. Fieber), 169 u. (H. J. Igelmund), 192 (A. Held), 260 u. (F. Hecker), 263 (Erich Teister), 270 o. (S. Meyers), 270 u. (S. Meyers), 288 Mi. (D. Maehrmann), 296 (D. & M. Sheldon), 299 Mi. r. (G. Fischer), 300 (allover / TPH); **picture alliance / botanikfoto:** 50 u. (Steffen Hauser); **picture alliance / brandstaetter images:** 224 (Öst. Volkshochschularchiv / Anonym), 245 o. (Franz Hubmann); **picture alliance / CHROMORANGE | Weingartner-Foto:** 169 o., 181 u.; **picture alliance / Countrypixel | FRP:** 256 u., 271 u.; **picture alliance / Cultura / Image Source:** 231 o. (Monty Rakusen); **picture alliance / dieKLEINERT.de:** 174 (Susan Kragut); **picture alliance / dpa / dpa Grafik | dpa-infografik GmbH:** 111; **picture alliance / dpa / dpaweb:** 245 u. (Nestor Bachmann); **picture alliance / dpa / dpa-Zentralbild:** 86 (Jens Kalaene), 87 (Jens Kalaene), 93 (Patrick Pleul), 133 (Patrick Pleul), 142 o. (Patrick Pleul), 257 (Patrick Pleul); **picture alliance / dpa Themendienst:** 167 l. (Andrea Warnecke), 299 o. (Klaus-Dietmar Gabbert); **picture alliance / dpa:** 12 (Marc Tirl), 13 (Martin Schutt), 19 (David Ebener), 23 o. (Soeren Stache), 23 u. (Patrick Pleul), 34 (Robert Michael), 44 (Armin Weigel), 176 (Caroline Seidel), 49 o. (Uli Deck), 66 (Karl-Josef Hildenbrand), 73 u. (Martin Schutt), 77 o. (Harald Tittel), 81 (Jan Woitas), 91 (Patrick Pleul), 95 u. (Wolfram Steinberg), 136 (Wolfram Steinberg), 145 (Karl-Josef Hildenbrand), 151 (Wolfram Steinberg), 152 u. (Matthias Bein), 165 (Martin Schutt), 213 (Robert Michael), 241 u. (Jan-Peter Kasper), 247 o. (Felix Kästle), 249 (Federico Gambarini), 261 (Oliver Berg), 281 (Swen Pförtner), 282 o. (Swen Pförtner), 286 (Marcel Kusch); **picture alliance / DUMONT Bildarchiv:** 180 (Peter Hirth), 283 (Christian Baeck); **picture alliance / EXPA / picturedesk.com | JFK:** 184; **picture alliance / Foodcollection:** 170; **picture alliance / Fotostand:** 21 (Schmitt); **picture alliance / Geisler-Fotopress:** 262 u. (Christoph Hardt); **picture alliance / greatif:** 175 (Florian Gaul); **picture alliance / Helga Lade Fotoagentur GmbH, Ger | NiB:** 64; **picture alliance / Hippocampus-Bildarchiv:** 139 u. (Frank Teigler); **picture alliance / imageBROKER:** 7 (AVTG), 8/9 (Ronald Wittek), 20 (Norbert Probst), 22 (AVTG), 26 (Robert Haasmann), 28 (Evelyn Mazanke), 30 (Evelyn Mazanke), 33 u. (Hermann Brehm), 35 (alimdi / Arterra), 36 u. (Thomas Hinsche), 37 (Gabriele Hanke), 42 (Robert Haasmann), 43 (Stefan Huwiler), 45 (Frank Sommariva), 46 o. (Hans Kuczka), 48 (Ronald Wittek), 49 u. (J. Pfeiffer), 53 (Arterra / Sven-Erik Arndt), 57 (Michael Dietrich), 59 (Iris Kürschner), 61 o. (Erich Geduldig), 62 (Jörn Friederich), 65 (Andreas Vitting), 69 (Siepmann), 71 (Andreas Keil), 72 (Andreas Vitting), 73 o. (Frank Sommariva), 75 (G. Thielmann), 77 u. (Jürgen & Christine Sohns), 90 (Anette Jäger), 94 (Andreas Vitting), 97 (Sunbird Images), 102/103 (Erhard Nerger), 105 o. (A. Trunk), 129 (Dieter Mahlke), 138 (Maciej Olszewski), 142 u. (Rita Priemer), 143 (Richard Becker / FLPA), 144 u. (Dirk Funhoff), 152 o. (David & Micha Sheldon), 153 r. (David & Micha Sheldon), 154 u. (Wilfried Martin), 155 (Farina Graßmann), 158 (Ottfried Schreiter), 161 u. l. (O. Diez), 162 (Helmut Meyer zur Capellen), 163 o. (Ottfried Schreiter), 167 r. (Wilfried Wirth), 169 Mi. (Manuel Kamuf), 171 r. (Ulrich Niehoff), 172/173 (Wolfgang Veeser), 179 (Andreas Vitting), 201 (Gerald Abele), 203 o. (A. Scholz), 226 o. (Kurt Möbus), 237 (Rainer Herzog), 241 o. (Kevin Prönnecke), 246 (Reinhard Hölzl), 250 u. (Gabriele Hanke), 262 o. (Friedhelm Adam), 266 (alimdi / Arterra), 267 o. (David & Micha Sheldon), 267 u. (W. Rolfes), 269 o. (Martin Moxter), 275 (Jürgen Wackenhut), 277 o. (Angelika Schmelzer), 277 u. (Justus de Cuveland), 282 u. (Joerg Reuther), 284 (Luidger Weyers), 285 (AVTG), 287 (Frank Sommariva), 289 (alimdi / Arterra), 290 (Terry Whittaker / FLPA), 291 (Patrick Frischknecht), 297 Mi. (Andreas Jäkel), 301 Mi. (Wothe, K.), 303 (Andreas Vitting); **picture alliance / KEYSTONE | ARNO BALZARINI:** 228; **picture alliance / KEYSTONE | GAETAN BALLY:** 17, 24, 25, 58, 107; **picture alliance / KEYSTONE | GIAN EHRENZELLER:** 279 u.; **picture alliance / KEYSTONE | STEFFEN SCHMIDT:** 100; **picture alliance / KURIER / picturedesk.com | Jeff Mangione:** 14, 15, 89; **picture alliance / Minden Pictures:** 183 (Silvia Reiche); **picture alliance / OKAPIA KG, Germany:** 157 o. (Rainer Berg), 230 Mi. (Heinz Niehaus); **picture alliance / photothek:** 258 (Thomas Trutschel); **picture alliance / picturedesk.com:** 27 o. (Franz Pritz), 63 o. (Daniel Breuer), 84 (Robert Kalb), 85 (Gerhard Wild), 99 (Willfried Gredler-Oxenbauer), 127 u. (Thomas Exel), 205 (Alois Litzlbauer), 273 (Franz Pritz), 276 (Alois Litzlbauer); **picture alliance / Prisma:** 16 (Frischknecht Patrick), 51 (Gerth Roland), 98 (Gygax Ernst); **picture alliance / Sailer Images:** 54, 55; **picture alliance / Shotshop:** 36 o. (lianem), 117 (Smileus), 115 (Bernd Schmidt), 124 (Karin Jähne), 131 (Rosemarie Kappler), 250 o. (Gudrun Krebs); **picture alliance / SvenSimon | FrankHoermann:** 278; **picture alliance / SZ Photo:** 18 (Sebastian Beck), 274 (Christian Endt); **picture alliance / ullstein bild:** 234; **picture alliance / vizualeasy:** 159 u. (Rainer Hunold), 227 (Geronimo), 295 o. (graphix); **picture alliance / Westend61:** 40 (Günter Flegar), 164 (Hubertus Stumpf), 202 (Stefan Schurr), 279 o. (Martin Siepmann); **picture alliance / WILDLIFE:** 161 Mi. (D. Harms), 233 (I. Shpilenok); **picture alliance / Wissen Media Verlag:** 108 o.; **picture alliance / ZB:** 95 o. (Jens Kalaene), 232 (Jens Büttner), 247 u. (Patrick Pleul), 264 (Hubert Link); **picture alliance / Zoonar:** 33 o. (Wieland Hollweg), 41 o. (STAR-MEDIA / Michael Schöne), 67 (Michael Breuer), 68 (Wolfgang Cezanne), 83 u. (Siegmar Tylla), 92 o. (DK-FOTOWELT), 114 (Heiko Kueverling), 139 o. (Wodicka FotoTop), 160 (HJ Janda), 171 l. (H.LEITNER), 196 (Oleksii Hrecheniuk), 230 o. (Anton Starikov), 251 (Thomas Stoiber), 270 Mi. (Matthias Dreizler), 277 Mi. (HJ Janda), 280 (Wojciech Kozielczyk), 288 o. (Heiko Kueverling), 294 (christopher smith); **picture alliance / Zoonar | Jakub Mrocek:** 128, 130 o., 130 u., 132 u., 137, 148, 154 o., 185; **Wikimedia Commons:** 60 (Clemens Stockner), 61 u. (Clemens Stockner), 83 o. (Faldrian), 121 o. (Thomas Steiner), 199 l., 199 r., 221, 252 (Mjøstårnet), 255 (Derbrauni)

Umschlagvorderseite: iStock (RelaxFoto.de); Umschlagrückseite: iStock (rusm)

IMPRESSUM

Sonderausgabe für Reader's Digest Deutschland, Schweiz, Österreich
© 2023 Elsengold Verlag GmbH, Berlin
© 2023 Reader's Digest Deutschland, Schweiz, Österreich
Verlag Das Beste GmbH Stuttgart, Appenzell, Wien

Dieses Werk einschließlich aller seiner Teile ist urheberrechtlich geschützt. Jede Verwertung, die nicht ausdrücklich vom Urheberrechtsgesetz zugelassen ist, bedarf der vorherigen schriftlichen Zustimmung des Verlages. Dies gilt insbesondere für Vervielfältigungen, Bearbeitungen, Übersetzungen, Mikroverfilmungen, die Einspeicherung und Verarbeitung in elektronischen Systemen und die Nutzung im Internet.

Text: Marijke Leege-Topp / Bernd Siegmund

Gestaltung und Satz: Goscha Nowak, Berlin

Umschlaggestaltung: Peter Waitschies, Reader's Digest

Produktion: Arvato Supply Chain Solutions SE, Thomas Kurz

Druck und Binden: Livonia Print, Riga

Printed in Latvia

ISBN 978-3-95619-541-9

Besuchen Sie uns im Internet
www.readersdigest.de | www.readersdigest.at